Erlebnisse schaffen

in Hotellerie & Gastronomie

Axel Gruner • Burkhard von Freyberg • Katharina Phebey

MATTHAES VERLAG GMBH

Axel Gruner • Burkhard von Freyberg • Katharina Phebey

Erlebnisse schaffen

in Hotellerie & Gastronomie

MATTHAES VERLAG GMBH

»»»» Inhalt

»Nicht wer am ältesten wird, hat am längsten gelebt, sondern wer am stärksten erlebt hat.« Jean Jaques Rousseau

Vorwort

Die Zeiten, in denen Konsum und Bedarfsdeckung einander entsprachen, sind vorbei: Gäste kaufen Produkte und Dienstleistungen nicht mehr ausschließlich ihres Nutzens wegen, sie suchen einen emotionalen Mehrwert, ein einzigartiges Erlebnis, sie pflegen einen bestimmten Lebensstil. Nicht mehr die Eigenschaften, sondern das Image des Produkts steht bei der Kaufentscheidung zunehmend im Vordergrund. Der Gast von heute tendiert zu Authentizität und Individualisierung.

Die Hospitality Industrie ändert sich schnell und stetig. Seit Jahren sprechen Experten von der Schaffung von Erlebnissen in Zusammenhang mit der Entwicklung gastgewerblicher Leistungen. Wer künftig mit seinem Konzept erfolgreich sein will, kommt an dem Thema Erlebnisinszenierung kaum vorbei: Inszenierte Erlebniswelten sorgen für einen regelrechten Boom auf dem Dienstleistungsmarkt.

Die neue Konsumkultur der Erlebnisgesellschaft ist der Grund dafür, dass zahlreiche Hotel- und Gastronomiekonzepte sowie Freizeitparks und Markenwelten sich kontinuierlich weiterentwickeln und nach neuesten Trends Ausschau halten, um auf dem hart umkämpften Markt zu den »Gästechampions« zu gehören. Hohe Qualität und guter Service sind nicht mehr das einzige Unterscheidungsmerkmal am Markt – sie sind eine Selbstverständlichkeit geworden.

Das vorliegende Buch setzt sich sowohl mit Strategien zur professionellen Entwicklung und Umsetzung von Erlebnissen als auch mit den Bedürfnissen der Gäste und den gesellschaftlichen Trends auseinander. Die Berufserfahrung der Autoren, eine intensive Forschungstätigkeit an der Fakultät für Tourismus der Hochschule München und spannende Expertengespräche liefern die Grundlage für einen praxisorientierten Führer durch große und kleine Erlebniskonzepte, getreu dem Motto:

»**Happiness is our business!**«[1].

Axel Gruner **Burkhard von Freyberg** **Katharina Phebey**

Grußwort

von Jochen Schweizer, Abenteurer, Erlebnisexperte, Unternehmer mit Visionen

Wie bringe ich meinen Hotelgast dazu, während seines Urlaubs aus dem Staunen nicht mehr herauszukommen? Was macht meinen Restaurantbesucher nicht nur satt, sondern entführt ihn auf außergewöhnliche Weise aus dem Alltag? Wie schaffe ich mit meiner Markenwelt Erinnerungen fürs Leben? Diese oder ähnliche Fragen, die Sie sich vermutlich vor dem Kauf dieses Buches gestellt haben, zahlen meiner Meinung nach alle auf eine einfache Grundhaltung ein, die auch mein ganzes Leben geprägt hat und die Voraussetzung für Erfolg ist: Mut zum Risiko! Trauen Sie sich, neue, ungewöhnliche Wege bei Ihren Planungen zu gehen. Sicher passieren Fehler, Sachen gehen schief – aber dann lernen Sie daraus, stehen wieder auf und beschreiten einen neuen Weg. Ich selbst habe damit stets gute Erfahrungen gemacht.

Gerade im hart umkämpften Hotel- und Gastronomie-Markt muss man sich regelmäßig neu erfinden und seinem Gast Außergewöhnliches bieten, um vorne zu bleiben. Wenn Sie sich für die Realisierung eines bestimmten Erlebniskonzeptes in Ihrem Gastbetrieb entschieden haben, dann sollten Sie dies äußerst konsequent und mit der zentralen DNA jedes Erfolges durchführen – operativer Exzellenz. Was ich damit sagen möchte: Wenn jeder im Rahmen seines Verantwortungsbereichs stets das Beste gibt, aber auch bereit ist, das ein oder andere Risiko einzugehen, führt dies zum Erfolg.

Mit diesem Leitgedanken möchte ich Sie in die spannenden Erkenntnisse dieses Handbuches zur Entwicklung erfolgreicher Erlebnisinszenierungen mit zahleichen Praxisbeispielen und hilfreichen Ratschlägen entlassen. Den Autoren ist es gelungen, Erfolgsmodelle für jeden Gastgeber zu entwickeln – so findet garantiert jeder tolle Anregungen für das optimale Konzept.

In diesem Sinne: Viel Spaß beim Lesen und viel Erfolg bei der Erschaffung unvergesslicher Erlebnisse!

Jochen Schweizer

SZENE 1 – DIE REQUISITEN

»We love to entertain you!«

»Jeder Event ist ein kleines Theaterstück […] Da sind die Kulissen, […] die Schauspieler, die Requisiten, Ton und Licht, der Text, die Inszenierung […] Ein gelungener Theaterabend [braucht] das Zusammenspiel aller Mittel.«[2]

Zum Handwerkszeug eines jeden Regisseurs gehören die Requisiten und ihr dramaturgischer Einsatz. Requisiten sind notwendige Gegenstände, die dem Schauspieler auf der Bühne helfen, die Handlung der Inszenierung zu stärken. Im Zusammenhang mit Erlebnisinszenierung in Hotellerie und Gastronomie gibt es vergleichbare Requisiten, die jeder Gastgeber kennen sollte, um einen erfolgreichen Einsatz möglich zu machen.

In den folgenden Abschnitten finden Sie eine Übersicht über die wichtigsten Requisiten, die Sie für Ihre Inszenierung brauchen, und Hinweise für ihren gekonnten Einsatz.

Erlebnis
=> Produkte
müssen gelebt
werden, der
Service muss
erlebbar sein

DAS PRODUKT »ERLEBNIS«

Der Drang, etwas zu erleben, ist heute größer denn je. Die konsumfreudige Gesellschaft des 21. Jahrhunderts gibt sich nicht länger mit 0815-Produkten und Standard-Dienstleistungen zufrieden: Ein iPhone von Apple ist kein einfaches Mobiltelefon, es ist ein Erlebnis. Die Werbung bringt die Kernaussage des iPhones auf den Punkt: »Wenn Du kein iPhone hast, dann hast Du kein iPhone.« und »Es ist einfach, es zu lieben. Deswegen tun es so viele.«[3]

Produkte müssen also gelebt werden können – und Service muss erlebbar sein. Das Attribut »Erlebnis« ist ein unverzichtbarer Bestandteil touristischer Leistungen geworden.

ABER WAS IST EIN ERLEBNIS?

Glücksmomente inklusive im Hotel Bachmair Weissach

Das traditionsreiche Bachmair Weissach verspricht »dezenten Luxus und moderne Eleganz mit einem großen Schuss bayerischer Herzenswärme. Verknüpft mit der Vielfalt eines Grandhotels und der Privatsphäre eines Boutiquehotels.« – Erfolgreich ist es vor allem durch seine »Glücksmomente«, welche für die strategischen Geschäftsbereiche sowie den jeweiligen Dienstleistungsprozess geplant und entsprechend umgesetzt werden. Ob beispielsweise die Gästebegrüßung mit Handschlag, der unter Berücksichtigung alter Familienrezepte gebackene Kuchen, die Zimmer mit Fernsehschrank in Form eines edlen Überseekoffers oder das Bett, wie es die Großmutter für die Enkel vorbereitet hätte – sämtliche »Glücksmomente« wurden vor der Umsetzung sorgfältig überdacht. Dies gilt neben dem Beherbergungsbereich auch für die Gastronomie, die Spa- und Gesundheitseinrichtungen sowie die mit 2.700 qm Veranstaltungsfläche größte und modernste Eventlocation im Süden Bayerns.

AHA! EIN ERLEBNIS![4]

Ein Erlebnis ist ein Ereignis, das vom Gewohnten oder Alltäglichen abweicht und sich nachhaltig im Gedächtnis verankert. Erlebnisse sind Empfindungen und Reaktionen auf äußere Reize. Ein Erlebnis kann unterschiedlicher Natur sein: Es kann positiv oder negativ wirken, es kann befriedigen, aufregen, faszinieren, erschrecken oder gar traumatisieren. In jedem Fall wird das Erlebnis im emotionalen Gedächtnis abgespeichert und ist in der Erinnerung langfristig abrufbar.

Erlebnisse sind subjektiv und liegen damit immer im Auge des Betrachters bzw. des Erlebenden. Sie sind stark abhängig vom Erfahrungshintergrund des Einzelnen. Positive Erlebnisse sind schwer wiederholbar; dadurch entsteht nicht selten Enttäuschung beim Konsumenten. In der Folge wird das Angebot nicht mehr nachgefragt und bleibt dem Gast zusätzlich negativ in Erinnerung. Diese Eigenschaften von Erlebnissen und die starke Verknüpfung zu den Emotionen zeigen deutlich, worin die Schwierigkeit für die Freizeitindustrie besteht: systematisch (künstliche) Erlebnisse zu produzieren, die bei den umworbenen Lebensstilgruppen Anklang finden. Der Gast bekommt auf dem Erlebnismarkt lediglich die Zutaten für ein Erlebnis serviert, er bestimmt die Intensität jedoch stets individuell.

Von Vorteil für die Freizeitindustrie ist der gemeinschaftliche Charakter des Erlebens. Ereignisse, die gemeinschaftlich erlebt werden, wirken intensiver und nachhaltiger auf den Menschen ein.

Die folgende Abbildung zeigt eine Übersicht der fünf Arten eines Gästeerlebnisses:

VIER DIMENSIONEN DES ERLEBNISSES

Die Wirtschaftswissenschaftler B. Joseph Pine und James H. Gilmore haben bereits 1999 in ihrem Buch THE EXPERIENCE ECONOMY vier Erlebnisdimensionen definiert, die jede für sich berücksichtigt werden sollten, um erinnerbare Erlebnisse zu schaffen. Dieser Definition zufolge unterscheiden sich die Erlebnisdimensionen nach der Art der Beteiligung des Gastes (aktiv oder passiv) und nach der Art der Aufnahme des Erlebnisses, sprich: ob das Ereignis kognitiv aufgenommen wird oder ob der Gast emotional in das Erlebnis eintaucht.

1. Sensorisch

- Erfahrungen, die über einen oder mehrere Sinne erlebt werden
- Sehen, Hören, Riechen, Fühlen, Schmecken
- Bsp.: Apple Pie Geruch in den amerikanischen Four Points Hotels

2. Affektiv

- Emotionales Aufladen einer Marke
- Freude, Neugier, Überraschung, Glücksgefühl
- Bsp.: Lifestyle der 25hours Hotels

3. Kognitiv

- Mentales Erfassen, Verarbeiten und Erinnern von Reizen
- Kommunikation des konkreten Produktvorteils oder -nutzens
- Bsp.: Multimedia Funktionen informieren interaktiv in der BMW Welt

4. Verhaltensbezogen

- Beeinflusst das Gästeverhalten positiv
- Motiviert eine Änderung der Lebensweise
- Bsp.: Nachhaltiges, grünes Verhalten der Explorer Hotels

5. Sozial

- Produkt schafft soziale und kommunikative Gemeinschaften
- Gemeinschaftlich erlebt, verstärkt sich die Erlebnisintensität
- Bsp.: Familienbesuch im Playmobil FunPark

ABBILDUNG 1: **DIE FÜNF ARTEN DES GÄSTEERLEBNISSES**

Quelle: Eigene Darstellung in Anlehnung an DIREKT PLUS 2011, S. 1 ff.

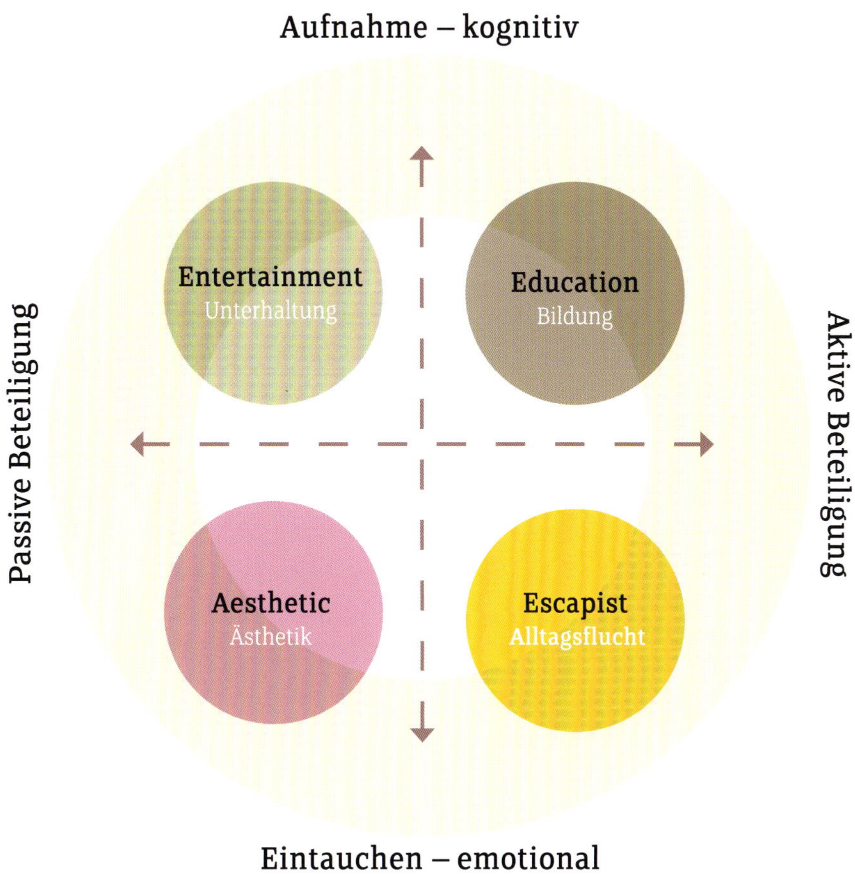

ABBILDUNG 2: **VIER ERLEBNISDIMENSIONEN NACH PINE UND GILMORE**

Quelle: Eigene Darstellung nach KRONEBERG 2006, S. 212 f.

Ein Erlebnis besteht aus den vier Dimensionen: **Unterhaltung** (Entertainment), **Bildung** (Education), **Alltagsflucht** (Escapist) und **Ästhetik** (Aesthetic).

Die **Entertainment-Dimension** ist nach Pine und Gilmore die klassische, älteste und am weitesten entwickelte Unterhaltungsform. Der Gast besucht lediglich eine Vorstellung: Er nimmt als Betrachter eine passive Rolle ein und absorbiert die Eindrücke. Beispiele für Leistungen aus der Entertainment-Dimension sind der Theater- oder Kinobesuch, aber häufig auch die inszenierte Erlebnisgastronomie, bei der das Essen im Vordergrund steht und das Ambiente entsprechend inszeniert ist.

Im Unterschied zur Entertainment-Dimension schlüpft der Gast in der **Education-Dimension** in eine aktive Rolle. Die Aufnahme der Eindrücke ist **kognitiver** Art, die Geschehnisse erfordern eine **aktive** Teilnahme von Seiten des Gastes. Beispiele hierfür sind sogenannte Markenwelten, die dem Gast die Möglichkeit geben, sich über besondere Themen bzw. das Unternehmen und seine Marken zu informieren und diese gleichzeitig aktiv zu erleben.

In der **Escapist-Dimension** taucht der Gast vollständig in die Situation ein, er vergisst seine Umwelt und flieht regelrecht aus dem Alltag. Die **aktive** Beteiligung einerseits und das emotionale Eintauchen in die – meist thematisierte – Inszenierung andererseits ermöglichen ein

Enter- und Edutainment im Literaturhotel Franzosenhohl

Das Literaturhotel Franzosenhohl in Iserlohn, ein 3-Sterne-Superior Hotel mit 24 Zimmern, hat sich ganz dem Thema Buch verschrieben. Gäste finden im Hotel fast überall Bücher, darunter 2.000 Neuerscheinungen: in den Zimmern, in den Gängen und in der Lobby. Eine Besonderheit sind Wellness-Lesungen und Buchpartys. Eine Wellness-Lesung ist eine einstündige Lesung, bei der Gäste sich in Liegestühle legen und in Decken eingehüllt bei Kerzenlicht und einer Tasse Tee einem Geschichtenvorleser zuhören. Auch klassische Lesungen von regional und national bekannten Autoren werden durchgeführt. Im Rahmen von Buchpartys stellt eine Buchhändlerin bei Kaffee und Kuchen den Gästen aktuelle Neuerscheinungen vor und liest aus einigen besonders empfehlenswerten Büchern ausgewählte Passagen vor.

nachhaltiges Erlebnis, das häufig in der Gruppe nachgefragt wird. Eine touristische Leistung, die der Escapist-Dimension zugeordnet werden kann, ist der sogenannte Themenpark, beispielsweise der Europa-Park Rust in Deutschland.

Die vierte Dimension, die sich der Ästhetik widmet, lässt den Gast vollständig in eine neue Situation eintauchen. Er nimmt dabei eine **passive** Rolle ein, ist somit lediglich Betrachter der Inszenierung, die es trotzdem schafft, **Emotionen** und Gefühle (wie Schönheit und Geborgenheit) in ihm auszulösen, die die Authentizität des Konzeptes unterstreichen und den Gast persönlich berühren. Ein Beispiel, dass der **Aesthetic-Dimension** zugeordnet werden kann, sind Aufführungen des Cirque de Soleil.

DAS GESCHÄFT MIT DEN EMOTIONEN

Gerade im Dienstleistungssektor, speziell im Tourismus, spielen Emotionen und die systematische Lenkung von Gefühlen eine bedeutsame Rolle. In seiner freien Zeit möchte der Gast außergewöhnliche Erlebnisse erfahren und sich emotional stärken, um erholt in sein Alltagsleben zurückzukehren. Seit Jahren spezialisiert sich die Freizeitindustrie auf die systematische Produktion von Gefühlen und nutzt diesen Kunstgriff, um inszenierte Erlebnisse mit einem emotionalen Zusatznutzen zu versehen: Nur was den Gast berührt, kann ihn begeistern!

WAS SIND EMOTIONEN?

Emotionen sind subjektiv: Für die einen ist es ein St.-Pauli-Auswärtssieg, für die anderen der Erwerb des iPhone 5 oder der Kauf eines Paars Prada-Schuhe. Emotionen sind in erster Linie innere Empfindungen, die angenehm oder unangenehm sein können, jedoch nicht zwingend bewusst erlebt werden müssen. Sie entstehen aus einer Folge äußerer Einflüsse, die der Körper entweder durch Informationen oder über die Sinnesorgane aufnimmt.

Werden Emotionen strukturiert, so entstehen Gefühle, die sich schließlich im körperlichen Ausdrucksverhalten, in Mimik und Gestik bemerkbar machen. Halten die Gefühle an und entwickeln sie sich zu einem andauernden Gefühlszustand, so spricht man von Stimmungen. Durch das Zusammenspiel einer geringen Intensität der Gefühle und der zeitlichen Dauer einer Stimmung entstehen sogenannte Grundstimmungen, die nachhaltig im Gedächtnis verankert bleiben. Beispielsweise wird ein Gast sich noch Jahre später an seine Grundstimmung bei einem Aufenthalt in einer Markenwelt erinnern, auch wenn er einzelne Ereignisse und Informationen, die er bei diesem Besuch erfahren hat, längst vergessen hat. Diese punktuellen Erlebnisse verschwinden im Zeitverlauf aus dem Gedächtnis – die Grundstimmung bleibt langfristig abrufbar.

Aus diesen Gründen ist es für Hoteliers und Gastronomen von höchster Bedeutung, das »Geschäft mit den Emotionen« zu beherrschen, denn nur das Wecken positiver Gefühle und Stimmungen kann Gäste nachhaltig beeinflussen – sozusagen emotional branden.

DIE GANZE WELT IST EINE BÜHNE

»Dem Erfolgreichen gehört die Zukunft, die gilt es zu inszenieren!«[5]

»Die ganze Welt ist eine Bühne«, wusste schon William Shakespeare, als er Ende des 16. Jahrhunderts die Komödie WIE ES EUCH GEFÄLLT schrieb. Diese Aussage trifft heute stärker zu denn je: Die Hospitality Industrie produziert Erlebnisse und inszeniert ganze Welten eben genau so, wie es uns (den Gästen) gefällt. Dabei bedient sie sich einiger Instrumente, die ihren Ursprung im klassischen Theater haben.

INSZENIERUNG

Inszenierung ist in aller Munde: Die Hospitality Industrie inszeniert allerlei Dienstleistungen, um dem Gast ein einmaliges Erlebnis zu bieten. Durch **Signale** und **Symbole**, **Ambiente** und **Architektur**, **Kulissen** und **Akteure** sollen beim Gast Gefühle erzeugt werden, die ihn glücklich machen, ihn erschrecken oder gar aufregen, ihn reizen, entspannen oder beleben.

Was bedeutet Inszenierung?

Ursprung hat das Wort »Inszenierung« …chischen: »Szene« bedeutet auf Deutsch …: Zelt. Sinngemäß ist eine Inszenierung … Zelt, das über die Realität gestülpt wird, …e neue, schönere Wirklichkeit zu erschaf… …v. zu arrangieren. Der Duden definiert …erung als die »technische und künst… Vorbereitung, Gestaltung und Leitung …tückes« (beim Theater, Film oder Fern… …und deutet weiterhin auf die abwerten… …eutung des Wortes in Zusammenhang … Sätzen »geschickt ins Werk setzen«, …einfädeln einer Situation«.

…einigen Jahren galt die Inszenierung von …chen Angeboten und Leistungen als Unding. Kritiker sprachen von Touristenfallen und beklagten den Wegfall von Authentizität zugunsten der Anbieter und auf Kosten der Besucher. »Inszenierung« verkörperte das Falsche, Künstliche und Unechte.

Heutzutage ist Inszenierung ein kaum mehr wegzudenkendes Instrument, das von Gästen und Besuchern gefordert bzw. vorausgesetzt wird, zumal es das Echte oft erst hervorhebt. Die Erlebnisinszenierung greift auf die Instrumente des klassischen Theaters zurück, um eine perfekte Welt zu entwerfen und ihre Leistungen emotional aufzuladen. Die Parallelen werden bereits bei den Begrifflichkeiten deutlich: Hotellerie und Gastronomie, Markenwelten und Freizeitparks arbeiten mit Instrumenten wie Kulisse und Bühne, Front- und Backstage, Drehbuch und Dramaturgie, Kostümen und Beleuchtung.

Das Arrangement des Umfeldes (Setting), die Gestaltung der einzelnen Abläufe (Story Telling), die Thematisierung des Konzeptes und die Dramaturgie der Abläufe sind Mittel der Inszenierung, der sich die Gastgeber von heute mit großer Wirkung bedienen.

ABBILDUNG 3: **BAUSTEINE DER INSZENIERUNG**

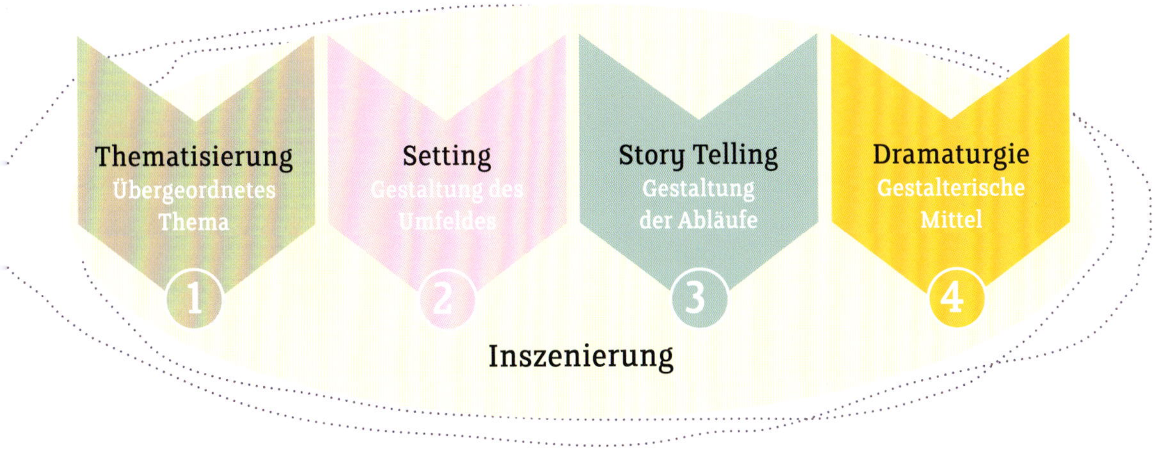

Die frische Buttermilch – Erlebnisse schmackhaft machen!

Es war einmal ein Wirt, dem gehörte eine wunderschöne Almhütte in den österreichischen Alpen. Voller Freude betrieb er diese, und er hatte jede Menge zu tun. Insbesondere im Sommer kamen viele Wanderer vom Tal zu ihm nach oben, um auf seiner liebevoll dekorierten Terrasse zu sitzen und das Bergpanorama zu genießen. Jeden Morgen zog er sich seine Lederhose an und wartete auf die ersten Gäste. Am späten Vormittag sah er die ersten Wanderer den Weg nach oben hecheln. Schnell verschwand er in seinen Stadl und öffnete den Kühlschrank. Er nahm ein 10 Liter Tetrapak Buttermilch heraus, gekauft beim heimischen Supermarkt, und goss den Inhalt in eine schöne große Zinnkanne. Mit der Kanne kreuzte er glücklich und pfeifend die Terrasse, just in dem Moment, als die Wanderer mit hängender und trockener Zunge durchs Gatterl kamen. Laut sagte er: »Mmmh, die frische Buttermilch!« Die Kanne stellte er neben seinen Brunnen, am Brunnenrand standen schon die kleinen Tonkrügerl. Es war keine Überraschung, dass sich fast jeder der Wanderer genussvoll einen halben Liter Buttermilch genehmigte, die 4,50 € spielten dabei keine Rolle.

Und wenn er nicht gestorben ist, dann schwindelt er noch heute …

Das Hotel als Bühnenstück? Die Inszenierung von Zimmermädchen

Im Rahmen eines Beratungsmandats von Zarges von Freyberg Hotel Consulting kam es in einem österreichischen Ferienhotel, einem Haus wie aus dem Bilderbuch (viel Holz, urige Stuben, gepflegter Garten mit angrenzender Streuobstwiese) zu einer erinnerungswürdigen Situation. Dem Berater ist beim Verlassen des Zimmers der unansehnliche weiße Kittel des Zimmermädchens aufgefallen. Er teilte daraufhin der Hoteliersfamilie mit, dass eine solche Arbeitskleidung seiner Meinung nach nicht zum großartigen Ambiente des Hauses passt, und regte an, »Arbeitsdirndl« anzuschaffen. Nach anfänglichen Bedenken bezüglich der Anschaffungskosten beschloss man den Kauf. Nach einem Monat fand eine »Modenschau« statt, die Zimmermädchen zogen ihre neuen Dirndl an und präsentierten sich. Es war nicht zu übersehen, wie glücklich sie darüber waren, die Kittel losgeworden zu sein.
Im Anschluss schlug die Seniorchefin zum Erstaunen aller vor, dass man den Zimmermädchen nun andere Namen geben müsse, da die eigentlichen osteuropäischen Namen Oxana, Svetlana und Desislava nun nicht mehr zum neuen Outfit passten. Nach langen Diskussionen setzte sich die Seniorchefin durch, und man offenbarte den Mädchen, dass sie ab jetzt nun im Hotel Zenzi, Vroni und Maria hießen.
Wider Erwarten der Berater, die sich auf größten Unmut einstellten, hatten die Mädchen nichts dagegen, ganz im Gegenteil, sie amüsierten sich und fanden das toll. Der Hoteliersfamilie und den Beratern wurde nun klar: Die Zimmermädchen haben verstanden, dass auch sie Teil des Erlebnisses für den Gast sind, und der erwartet vielfach: »Eine heile Welt« bzw. eine perfekte Inszenierung!

THEMATISIERUNG

»Wir leben zunehmend in einer themed world«, konstatierte der Freizeitforscher Horst W. Opaschowski bereits im Jahr 2000, und weiter: »Alles wird zum Erlebnisthema gemacht.«
Inzwischen haben die meisten Erlebniskonzepte eine thematische Grundausrichtung: Erlebniswelten orientieren sich zunehmend an einem übergeordneten Leitmotiv (Story Line Prinzip). Die gesamte Servicekette muss diesem Thema entsprechen und alle Bereiche einschließen, um eine authentische Inszenierung zu erschaffen. Die Umsetzung muss durchgängig und detailreich sein, damit der Gast sie als stimmig und einprägsam empfindet. Die Thematisierung von Konzepten erhöht die emotionale Bindung des Gastes und steigert den Wiedererkennungswert. Klassische Beispiele für die Thematisierung von Erlebniskonzepten sind länderspezifische Themen, mystische oder historische Themen.

SIEHE SEITE 150

SETTING

Das Setting umfasst die gesamte äußere Gestaltung der Inszenierung. In einem Erlebnishotel beginnt das Setting beim Design und umfasst alle Accessoires von der Bettwäsche bis zu den Gläsern. In einer Markenwelt beginnt das Setting mit der Architektur und Infrastruktur, schließt aber auch die natürliche Umgebung mit ein. Das **Almdorf Seinerzeit** in Österreich beispielsweise ist umgeben vom natürlichen Alpenpanorama und untermauert die authentische Inszenierung durch ein reales Setting. Das Setting bildet eine Gegenwelt zum gewohnten Alltag und einen gestalterischen Rahmen für die allumfassende Inszenierung.

STORY TELLING

Erlebnisinszenierung verfolgt das Ziel, bestimmte Gefühle der Gäste durch Bilder (Thematisierung), Umstände (Setting) und Geschichten hervorzurufen, die den Gast

3 *Sammelleidenschaft als »Story«*

Kochen, Reisen, Vintage in Form von Kunstgegenständen und stilvollen Möbeln – das Restaurant Brüdigams in Hamburg Eimsbüttel bietet vielfältige Eindrücke, welche der Sammelleidenschaft des Inhabers Frank Brüdigam geschuldet sind. Mehr als 4.000 Kochbücher hat der Hausherr zusammengetragen; selten, dass die Gäste auf einem Stuhl desselben Modells sitzen. Frank Brüdigam: »Es genügt nicht, wie es gerade Mode ist, ein paar Vintage-Möbel ins Restaurant zu stellen – ich will für jede Vase, jeden Stuhl und jedes Bild den optimalen Platz finden!« Die Stücke stammen aus der ganzen Welt, aber besonders prägend ist für den Kosmopoliten London. Mehrmals jährlich besucht er die wettbewerbsintensive britische Metropole und kehrt mit »neuen« Einrichtungsgegenständen und Ideen für seine kulinarischen Kreationen wie »Maurischer Kichererbsen-Fischeintopf aus der Terrine, gewürzt mit Kumin oder Koriander« zurück.

vollständig in die Situation eintauchen lassen. Er erfährt das Gefühl, »Teil der Story« und damit der Erlebniswelt zu werden. Dem Story Telling entspricht ein Planungs- und Koordinationskonzept, das die Abfolge der einzelnen Inszenierungselemente sorgfältig aufeinander abstimmt und dem Gast ein einmaliges Erlebnis beschert, indem eine geschlossene und authentische Geschichte erzählt wird.

Die Geschichte darf dabei eine bekannte Erzählung sein (z. B. Disneyland) oder eine eigens erfundene Story (z. B. 25hours Hotel Wien). Ziel ist es, den Besucher in die Geschichte einzubeziehen, daher sollte das Thema von allgemeinem Interesse sein. Es ist empfehlenswert, jeder Attraktion der Erlebniswelt (z. B. Freizeitpark) eine eigene Geschichte überzuordnen, um die Wirkungsweise des Story Telling zu erhöhen und die Gesamtinszenierung zu optimieren (z. B. Länderbereiche im Europa-Park Rust).

DRAMATURGIE

Das Lexikon wissen.woxikon.de erklärt das Wort Dramaturgie als die »Kunst vom Aufbau und der Charakteristik eines Bühnenstückes«, als »die Art der Darstellung [die] eine bestimmte Spannung bei der Handlung [aufbaut]«, und weiterhin als »Szenenbearbeitung«.[6] Die Erlebnisinszenierung bedient sich einiger dramaturgischer Instrumente, um den Aufent-halt im Hotel, in der Gastronomie, in einem Erlebnispark oder in einer Markenwelt zum einmaligen und besonderen Erlebnis zu gestalten. Durch einen dramaturgischen Cocktail wird die gewünschte Gegenwelt zum Alltag geschaffen.

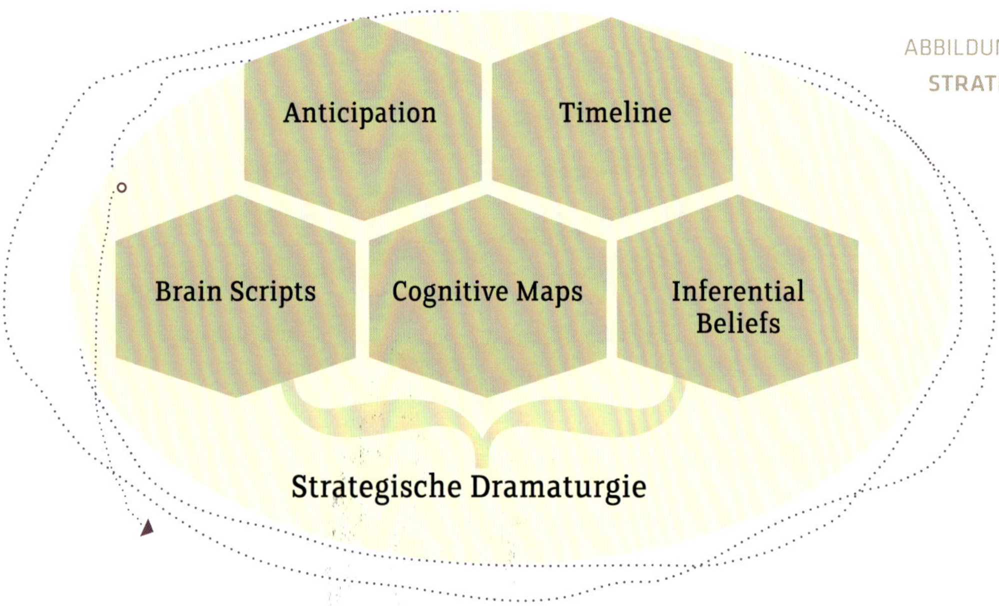

ABBILDUNG 4: **MECHANISMEN DER STRATEGISCHEN DRAMATURGIE**

Quelle: Eigene Darstellung nach KRONENBERG 2006, S. 212

Speisekarte als dramaturgisches Instrument? … als Fehlanzeige

Speisekarte!!! Aufgabe!

…e des Hauses und unbestritten ein wichtiges Instrument, … bzw. Begeisterung auf die baldige Nahrungsaufnahme …egreifbar ist, wie wenig Aufmerksamkeit dieser von …henkt wird. Insbesondere im bayerischen Land finden … zum Einzug (der meist ein paar Jahre zurückliegt) von …wurden. Sie sind nicht selten verblichen, angeranzt und …Getränke-und Speisesortiments mitunter verschweißter …unmöglich macht. Ab und zu hilft man sich mit …Blatt, auf dem das Wochen-/Tagesangebot kommuniziert …Fehlern und vom Vorgängergast mit Soße befleckt.

…e Karten anzuschaffen?
…h so unkreativ, eine ansprechende Speisekarte zu …, die zum Erlebnis beiträgt?

MENTALES DREHBUCH (BRAIN SCRIPT)

Ein Brain Script entsteht in den Köpfen der Gäste beispielsweise bei dem Besuch einer Erlebniswelt oder eines Restaurants. Es basiert auf dem Unterbewusstsein des Gastes, auf Alltagswissen wie z. B. Mythen, Legenden und Sagen, die als bekannt vorausgesetzt werden. Das mentale Drehbuch gibt dem Gast das Gefühl, sich vom Geschehen leiten zu lassen und einzutauchen. Es ist bereits vor der Inanspruchnahme einer gastgewerblichen Dienstleistung in der Vorstellung der Gäste verankert und muss daher bereits im Vorfeld durch zielgerichtetes Marketing angesteuert werden.

VORGEPRÄGTES IMAGE (INFERENTIAL BELIEF)

Bevor ein Gast einen Beherbergungsbetrieb besucht, hat er bereits eine Vorstellung von seinem Aufenthalt im Kopf. Er hat sich unterbewusst bereits vorab, spätestens bei der Reservierung des Zimmers eine Meinung über das Hotel und dessen Image gebildet. Hoteliers und Gastronomen positionieren gewisse Merkmale und Images geschickt so, dass sie den Gast dazu verleiten, sich eine bestimmte Meinung über das Hotel zu bilden. Während des Besuchs wird der Gast durch die perfekte Inszenierung immer wieder an das vorgebildete Image erinnert und erfährt das Gefühl, mit dem Geschehen vertraut zu sein, da sich das Erlebte mit seiner Vorstellung deckt. Diese Vorstellung, die durch Werbung oder imagebildende Maßnahmen im Vorfeld entstanden ist, nennen Experten Inferential Beliefs – ein vorgeprägtes Image.

KOGNITIVE LANDKARTEN (COGNITIVE MAPS)

Kognitive Landkarten stehen für Bezugspunkte, die dem Gast die Orientierung in der inszenierten Welt erleichtern. Der Gast fühlt sich wohl, wenn ihm bewusst ist, wie er von A nach B gelangt, ohne Zeit zu verlieren, sich zu verirren oder sich fremd zu fühlen: Ziel ist es, dass der Gast sich heimisch fühlt. Kognitive Landkarten, die durch Wegeführung und Beschilderung der Inszenierung unterstützt werden, helfen dem Gast, sich zu orientieren und den Überblick zu behalten – ein wichtiges Sicherheitsbedürfnis wird so bedient.

ZEITABFOLGE (TIME LINE)

Die zeitliche Abfolge der Geschehnisse, die Time Line, ist ein wichtiges Instrument der strategischen Dramaturgie. Die gesamte Inszenierung wird in verkürzte Zeitintervalle unterteilt, sodass der Gast ein Gefühl ständiger Aktion erlebt und keine Wartezeiten empfindet. Situationen werden dadurch überschaubar gestaltet; der Gast verliert sein Zeitgefühl und ist überzeugt davon, selbstbestimmt zu handeln und zu entscheiden.

VORWEGNAHME (ANTICIPATION)

Die Vorwegnahme oder Anticipation ist ein wichtiges dramaturgisches Mittel jeder Inszenierung. Es ist die Kunst, einen Spannungsbogen zu planen und diesen konsequent zu steuern. Erwartungen, die im Vorfeld entstehen, müssen durch exakt kalkulierte Verzögerungstechniken nach und nach eingelöst werden, wobei die Spannungszeit niemals überschritten werden darf – sonst besteht die Gefahr, dass der Gast das Interesse an der Situation verliert. Entweder wird der Höhepunkt besonders hinausgezögert (Tension), die Handlung wird unterbrochen (Cliffhanger) oder der Gast bekommt einen Vorgeschmack auf das, was ihn erwartet (Teaser).

Strategische Dramaturgie am Beispiel von Abercrombie & Fitch

Das US-amerikanische Modelabel Abercrombie & Fitch, das seit 2007 auch in Europa vertreten ist, erschafft mit inszenierten Shops eine Phantasiewelt für seine Anhänger, die man sehen, riechen, hören und fühlen kann. Durch effektive Tricks der Erlebnisinszenierung und den perfekten Einsatz dramaturgischer Mittel hat die Modemarke Abercrombie & Fitch das Shopping-Erlebnis revolutioniert. Wie schafft die Kultmarke A & F das?

Bei der Kommunikation setzen die Marketingexperten von A & F auf das Prinzip des Word-of-Mouth. Nur durch Mundpropaganda, die vor allem in Zeiten des Web 2.0 und des Aufschwungs der Bewertungsportale an Bedeutung gewinnt, schafft es die Modemarke, ihre gewünschte Zielgruppe zu erreichen. Sie setzen auf persönliche Kommunikation, die glaubwürdiger scheint. Ein geradezu gänzlicher Verzicht auf klassische Werbekampagnen verleiht dem Konzept einen Hauch von Exklusivität, einer geheimen Gemeinschaft, zu der jeder trendige und style-bewusste Jugendliche gehören möchte.
In den Köpfen der Kunden entsteht im Vorfeld das Brain Script.

Im Gegensatz zur Mehrheit anderer Einzelhandelsgeschäfte, setzt Abercrombie & Fitch nicht auf große Leuchtschriften an der Hauswand oder breite verglaste Fronten, die den Kunden von außen Einblicke in das Geschäft geben. Ganz im Gegenteil: A & F bewirbt seine Geschäfte von außen lediglich mit kleinen Messingplaketten, mit dem Markenlogo. Die Gebäude wirken nicht wie Geschäfte, es gibt keine Schaufenster und keine Ware lockt den Konsumenten in das Geschäft. Es wird ein exklusiver, fast schon geheimer Ort geschaffen, und die langen Schlangen vor der Tür sind alleine Werbung für das Geschäft. Türsteher und Absperrbänder entscheiden über den Einlass in das Geschäft und gewähren den Eintritt nur grüppchenweise. Beim Öffnen der Tür erhaschen die Wartenden einen Einblick in das Ambiente, das sie erwartet (Teaser). Kunden, die das Geschäft freudestrahlend mit einer Abercrombie & Fitch-Tüte verlassen, unterstützen die Inferential Beliefs, die sich die Kunden im Vorfeld und in der Warteschlange gebildet haben. Bereits in der Warteschlange erschaffen d
Inneren des Gebäudes (Cognitive Maps).

Das Warten ist bei A & F Programm. Ob vor dem Einlass, a
Einkauf wird in kleinere Zeitintervalle geteilt (Time Line)
von der Atmosphäre in sich aufzunehmen und das Zugeh
schickten Einsatz von Antizipation wird der Spannungsbo
Zustände zwischen Spannung und Entspannung.

Hat der Kunde es durch den Einlass geschafft, taucht er in
ein. Im Eingangsbereich begrüßen ihn die Models auf Eng
ten, oberkörperfreien, gutaussehenden jungen Mann als E
gibt es gratis. Ohrenbetäubende Musik, der unverkennbar
die den Blick auf das Wesentliche lenkt, und Mitarbeiter, c
rung perfekt. Der Kunde wird multisensual angesprochen,

Quellen: www.styleranking.de, www.derwesten.de, www.derhandel.de, www.aber

! Der Kunde wird gelenkt!

CHECKLISTE ZU SZENE 1: HINTERFRAGEN SIE SICH!

Fragen als Umsetzungsunterstützung zur Szene 1: Requisiten

Zentrale Fragen für eine erfolgreiche Umsetzung	Für meinen Betrieb nicht relevant, Gedanke wird nicht weiter verfolgt.	Relevant, der Frage wurde bereits im eigenen Betrieb nachgegangen.	Relevant, der Frage wird im eigenen Betrieb nachgegangen.
Werden Erlebnisse lebensstil- bzw. zielgruppengerecht geplant?	X		
Kennen und nutzen Sie die fünf Arten des Gästeerlebnisses?	X		
Bedienen Sie sich der verschiedenen Erlebnisdimensionen?	X		
Berücksichtigen Sie die Bausteine der Inszenierung?			
Können Sie aus den Sachverhalten der aufgeführten Praxisbeispiele etwas gewinnen?			

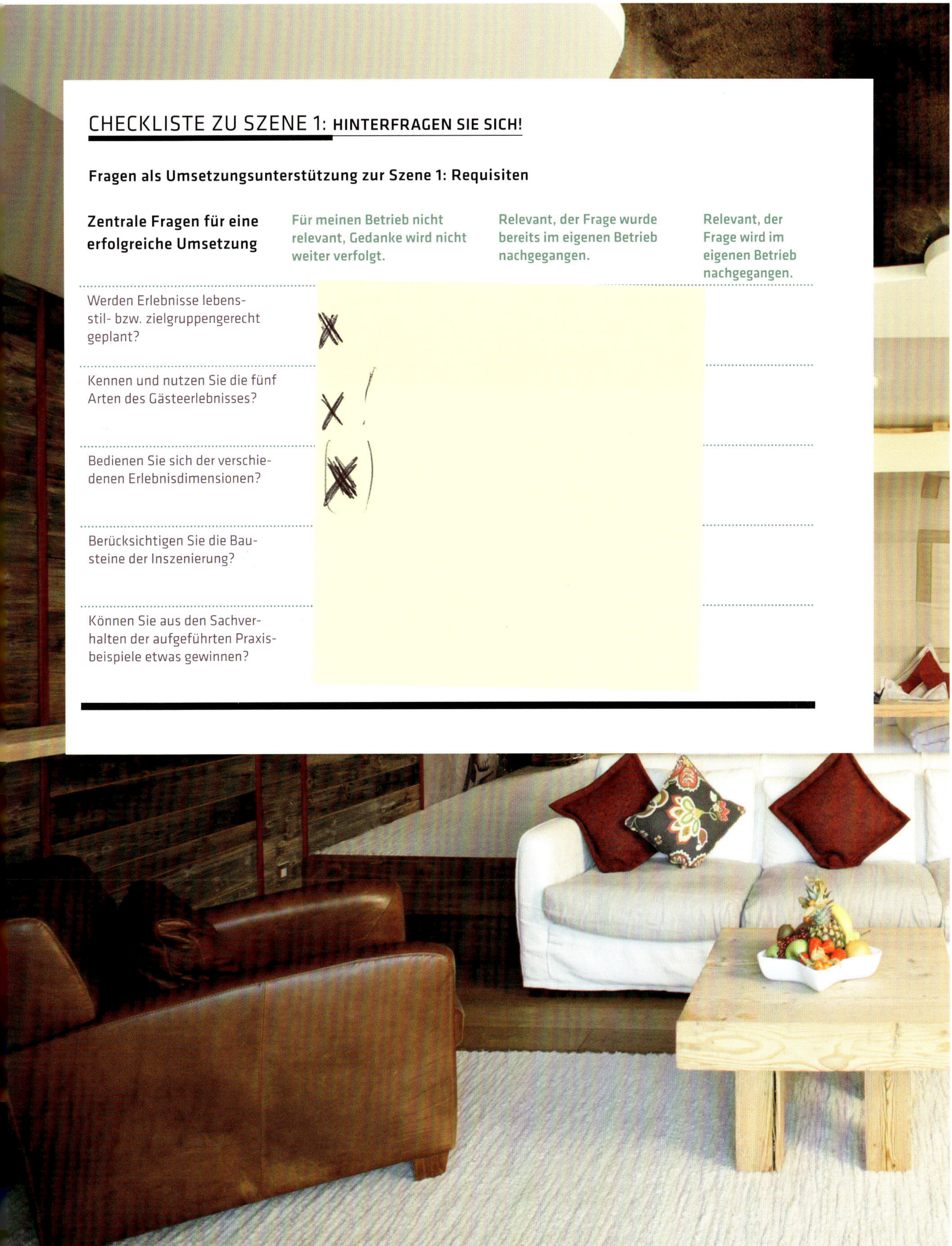

SZENE 2
DIE KULISSE

»Künstliche Freizeitwelten werden zu den neuen Bühnen des touristischen Konsums.«[7]

(zum Kulissenbau in Hotellerie und Gastronomie siehe weiter unten in diesem Kapitel)

Diese neuen Bühnen bilden die Kulisse für die Erlebnisinszenierung. Das Angebotsspektrum reicht von Übernachtungsangeboten mit Abendunterhaltung über Sportmöglichkeiten mit extra Serviceleistungen bis hin zu Freizeit- und Kulturveranstaltungen. Erlebnisinszenierung wird in der gesamten Tourismusbranche eingesetzt, aber vor allem in der Hospitality Industrie erlebt die Inszenierung von Dienstleistungen einen Aufschwung. Daher ist es von Bedeutung, die wichtigsten Begriffe voneinander abzugrenzen.

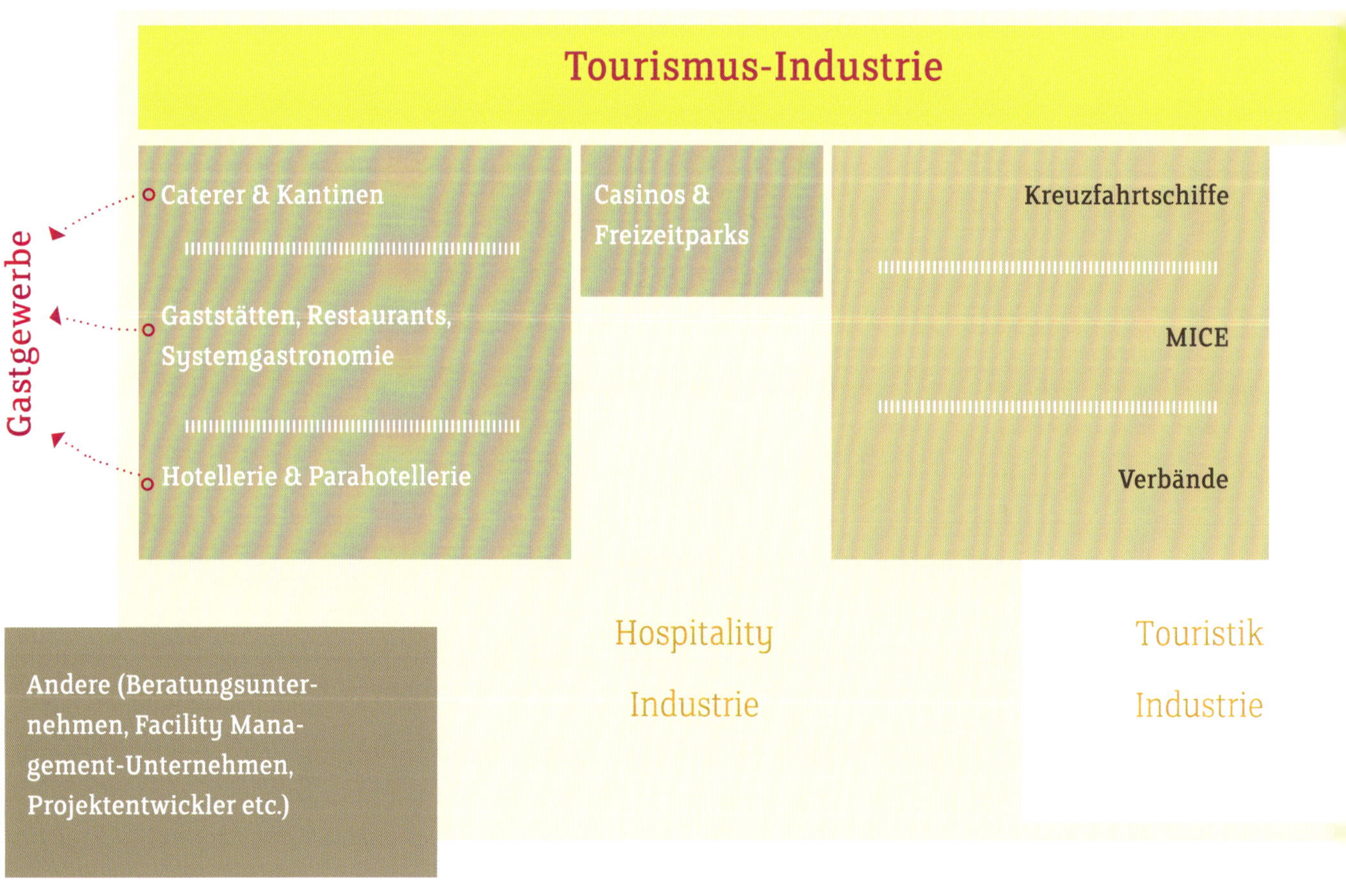

ABBILDUNG 5: **AUFTEILUNG DER TOURISMUS-INDUSTRIE IN HOSPITALITY UND TOURISTIK-INDUSTRIE**

Quelle: Eigene Darstellung nach GRUNER und VON FREYBERG 2012, S. 6

> »Bevor wir Erinnerungen sammeln können, müssen wir erst einmal etwas erleben.«[8]

Die Tourismus-Industrie unterteilt sich in die Touristik- und die Hospitality Industrie. Zur Touristik-Industrie zählen z. B. klassische Reisebüros, Reisemittler und -veranstalter sowie das Destinationsmanagement und Fluggesellschaften. Die Hospitality Industrie umfasst u. a. Hotellerie, Restaurants, Casinos und Freizeitparks sowie Caterer und Kantinen.

Eine Schnittstelle zwischen der Hospitality- und der Touristik-Industrie ist beispielsweise die Kreuzfahrt. Auf der einen Seite ist ein Kreuzfahrtschiff ein Transportmittel und wird damit der Touristik zugerechnet, auf der anderen Seite ist es ein schwimmendes Hotel, das der Hospitality Industrie zugerechnet werden kann.

ERLEBNISWELTEN

Der Tourismusexperte Ludwig Morasch kreierte das Wort »Erlebniswelten« bereits 1985. Der Freizeitforscher Horst W. Opaschowski beschreibt sie als inszenierte Leistungen, Ereignisse und Veranstaltungen, die durch die gesteuerte Erregung von Emotionen und die kontrollierte Ansprache von Reizen dem Gast ein einmaliges, besonderes, außergewöhnliches, spannendes und vor allem nicht-alltägliches Erlebnis vermitteln.[9] Erlebniswelten lassen sich nicht immer eindeutig dem Handels- oder Dienstleistungssektor zuordnen, daher spricht man häufiger von Mixed-Use-Centern, kurz MUC, die sich aus unterschiedlichen Komponenten zusammensetzen.[10] Sie sind allgemein durch ihren ausgeprägten Erlebnischarakter und von Convenience geprägt: Besucher fordern eine bequeme Möglichkeit, unterschiedlichste Freizeit- und Versorgungsinteressen an einem einzigen Ort zu befriedigen.

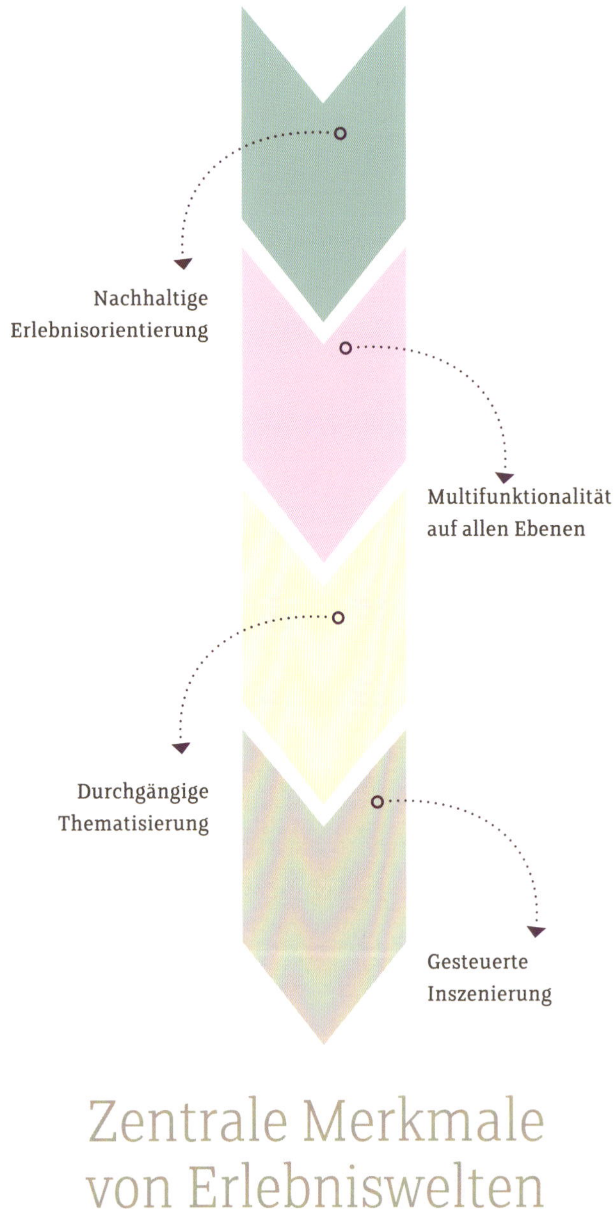

ABBILDUNG 6: **ZENTRALE MERKMALE VON ERLEBNISWELTEN**

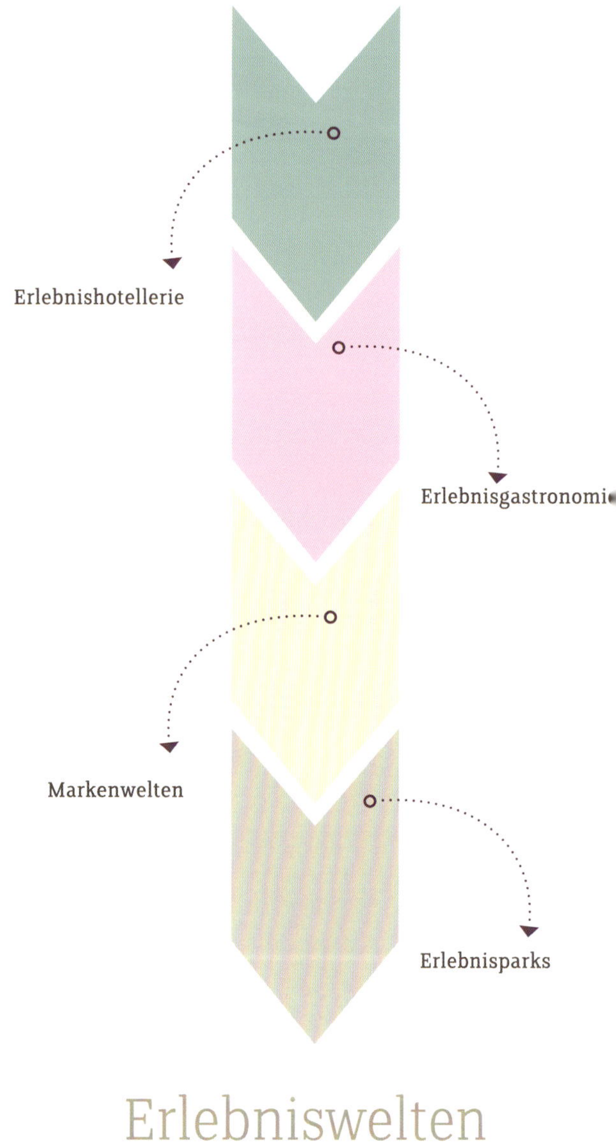

ABBILDUNG 7: **KATEGORIEN VON ERLEBNISWELTEN**

Das Wort »Erlebnis« wird mit den Leistungen der Hospitality Industrie kombiniert. Aus dieser Kombination von Erlebnis, Attraktion, Erholung, Gastronomie, Einzelhandel und Beherbergung entstehen inszenierte Erlebniswelten für den Gast.

ERLEBNISHOTELLERIE – DIE BÜHNEN DER BEHERBERGUNG[11]

Die Zahl der Hotelbetten steigt weltweit, vor allem in den Städten, kontinuierlich an. Die Kettenhotellerie wartet mit neuen Marken, spannenden Konzepten und aufmerksamkeitserregendem Design, auf. Tatsächlich sind die Reisemärkte zunehmend gesättigt, und der deutschsprachige Hotelmarkt ist von einem starken Verdrängungswettbewerb gekennzeichnet. »Anders und unverwechselbar sein«, lautet die Devise, um sich von der Konkurrenz abzuheben und sich am Markt stärker zu profilieren. Klare Differenzierung und eine starke Positionierung sind zwei notwendige Aspekte, um sich langfristig auf dem Markt zu behaupten.

Der Ursprung der Erlebnishotellerie liegt in der Vergnügungsstadt Las Vegas (siehe Szene 3). Von hier aus verbreitete sich die Idee der thematisierten Hotelkonzepte in die ganze Welt: eine Idee, die zum Trend wurde. Vor einigen Jahren erkannten Experten hierfür eine Chance in Europa. Erlebnishotels entstanden vorrangig, um die Aufenthaltsdauer der Gäste in den beliebten Erlebnis- und Freizeitparks zu verlängern (z. B. 4-Sterne Erlebnishotel Burghotel Castillo Alcazar im Europa-Park in Rust).

»Hotels sind die [neuen] Showrooms für den aktuellen Way of Life.«[12]

Das nhow der spanischen Hotelkette NH Hoteles, das 2010 in Berlin unter dem Leitmotiv »Musik« eröffnete, ist eins der neueren Erlebnishotels. Der Standort befindet sich am Berliner Osthafen, zwischen den Universal Studios und dem Sitz der MTV. Einzigartig ist der nhow Music Sound Floor, der zwei exklusive Tonstudios über den Dächern Berlins bietet, die nicht nur professionelle Musikmacher anlocken.

(HOTELMARKT DEUTSCHLAND 2012, S. 92 ff.)

Hotelentwickler konzipierten thematisierte Hotels, die an die inszenierten Parks angeschlossen wurden.

Das Alleinstellungsmerkmal »Erlebnis« und der Trend zur Inszenierung haben sich heute längst verselbstständigt: Gäste können in Baumhäusern[13] oder auf Flößen übernachten, zwölf Meter unter der Meeresoberfläche[14] nächtigen oder in einem Iglu aus Eis[15] schlafen. Wenig überraschend ist daher der Rückgang der Nachfrage nach konventionellen Mainstream-Konzepten und die gleichzeitige Fokussierung der Gäste auf individuelle Konzepte mit emotional ansprechendem Design und persönlichem Mehrwert. Gäste suchen zunehmend besondere Inszenierungen bei der Ablenkung vom Alltag. Sie fordern Hotels, die eine Geschichte erzählen oder unter einem zeitlosen Thema stehen, wie z. B. das **25hours HafenCity** in Hamburg.

SIEHE SEITE 139

Erlebnishotels folgen einem übergeordneten Thema und setzen auf Architektur und Design – sie erzählen eine Geschichte. Von der Mitarbeiterkleidung über das kulinarische Angebot, vom Aufenthaltsraum über die Toiletten – Erlebnishotels inszenieren den Aufenthalt ihrer Gäste von A bis Z.

Meist sprechen Erlebnishotels keine klar definierte Zielgruppe an. Sie festigen ihren Wettbewerbsvorteil, indem sie einen Erlebnisaufenthalt anbieten, der für eine breitere, altersunabhängige Stilgruppe interessant ist. Gäste von Erlebnishotels finden sich in allen Zielgruppen-Segmenten: Ob junge Paare, Geschäftsreisende oder moderne Senioren – der Trend der Erlebnishotellerie erreicht ein breites Gästeklientel, das Spaß und Unterhaltung sucht und bereit ist, für diesen Erlebnismehrwert zu bezahlen.

Toiletten schaffen Erlebnisse

WC, Abort, Wasserklosett, Pissoir, stilles Örtchen, Do
nerbalken, Lokus ... diese Wörter meinen denselben
profanen Raum. Häufig sind Toiletten wie Fenster, d
einem Gast Einblicke in die Kultur eines Landes geb
und die Vorstellungen des Wirtes von Gastlichkeit u
Hygiene dokumentieren. Die Toiletten eines Gastgeb
sind zumeist sogar das Spiegelbild der Küche – zahlr
che Mystery Checks und viele Besuche von gastgewe
chen Einrichtungen belegen diese These der Autoren.

Tipp: Bei Unsicherheit, ob man in einem bestimmten Betrieb essen möchte, zunächst die Toilette besuchen! Seit wenigen Jahren zeichnet sich ein Trend zur Inszenierung der Toilettenanlagen ab. Hier können Gastgeber auch mit niedrigem monetärem Aufwand große Erlebnisse schaffen. Designelemente, Überraschungseffekte (Blick in den Waschraum des anderen Geschlechts etc.), frische Blumen, Guest Amenities (besondere Seifen etc.), ausgewählte Musik und eine edle oder besonders rustikale Gestaltung lassen den Besuch einer Toilette zum Erlebnis werden.

irol ließ bei-
Toilette mit
nten Design
Plumpsklo«,
itere Bei-
ens«: das
isst das
ten seinen
erinstru-
l integrier-
esuch im
Erlebnis
Bedürfnis
... mOOr aufgesucht werden. Der Weg dorthin führt über einen mit Holzbohlen ausgelegten Pfad vorbei an einer idyllischen Holzbank, künstlicher Wiese und Laubwaldkulisse. Diese Toiletteninszenierung hat einen »natürlichen« Hintergrund. Denn Krenzers mOOr liegt genau zwischen den zwei bekannten Rhöner Hochmooren, die eine Touristenattraktion im Biosphärenreservat Rhön sind. Über 50 Prozent von Krenzers Gästen haben entweder das Schwarze oder Rote Moor besucht. Und jetzt ein authentisches »déjà vu« ...

ERLEBNISGASTRONOMIE – KULINARISCHE ERLEBNISSE

Das erste Hardrock Cafe öffnete seine Pforten am 14. Juni 1971 in London. Das Restaurant stand unter dem Thema Musik und set[...]te eine ganze Welle der Themenrestaura[...] ketten in Bewegung. Es folgten Konze[...] wie Planet Hollywood, die auf promine[...] Persönlichkeiten setzten, und Systemgas[...]nomen wie McDonald's, deren Produktpale[...] für Kinder die Inszenierung ausmachte. Z[...] ersten Mal wurden Restaurants nicht a[...]schließlich deshalb besucht, um Essen [...] Getränke aufzunehmen, sondern um währ[...] der Nahrungsaufnahme etwas Besonderes [...] erleben. Thema, Ambiente, Musik, Licht [...] Architektur sind Instrumente, die Gastronom[...] nutzen, um ihre Gäste zu begeistern.

Immer mehr Erlebniskonzepte, die ihren Gästen im Bereich Gastronomie einen Zusatznutzen [...]

Thema bieten den Gästen einen Zusatznutzen der ganz besonderen Art. Ziel ist es, den Gästen emotionale Erlebnisse zu vermitteln, die sie nachhaltig im Gedächtnis behalten und die zu einem wiederholten Besuch verleiten. Das Erleben des Essens und des arrangierten – und dennoch authentischen – Ambientes steht im Vordergrund, nicht die Nahrungsaufnahme.

»[Erlebnisgastronomie muss] Räume schaffen die erst glücklich und dann irgendwann süchtig machen.«[16]

ABBILDUNG 8: **VIER TYPEN DER THEMATISIERUNG**

Quelle: Eigene Darstellung in Anlehnung an STEINECKE 2009, S. 105b

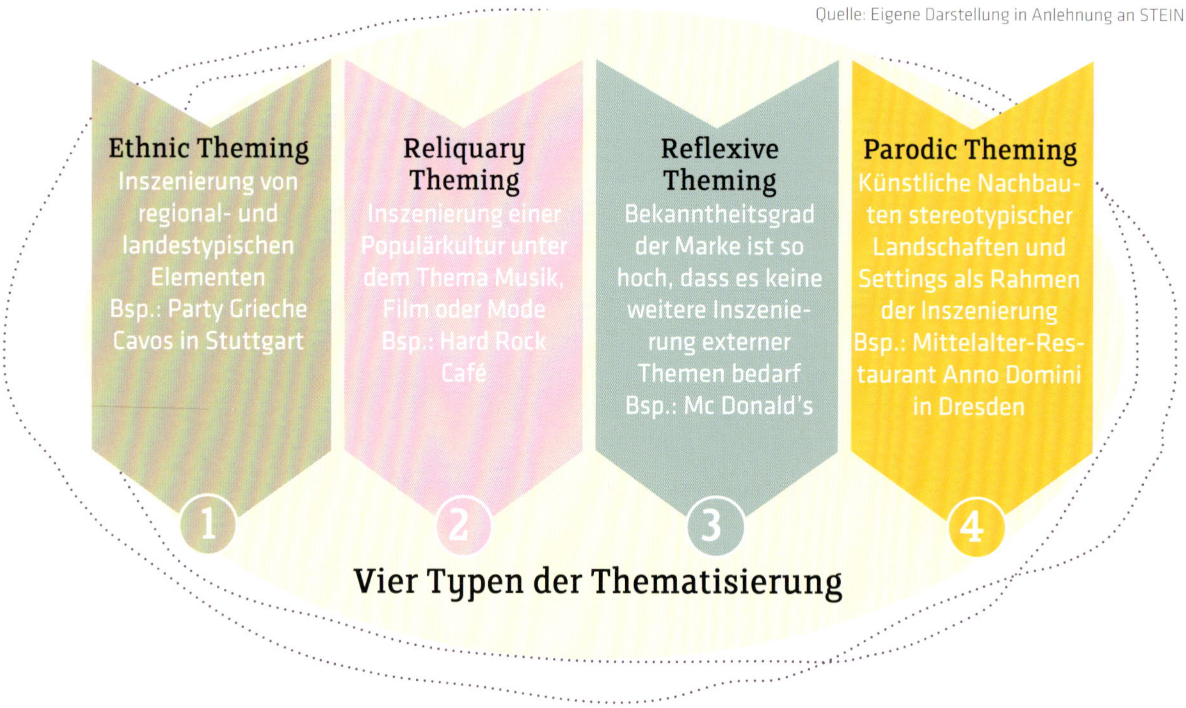

Ethnic Theming in Niederbayern: König Ludwig II. und Gerichte mit Geschichte

In einem Landgasthof im niederbayerischen Hollkronöd ließ sich der Wirt und Kunsthistoriker Dr. Georg Baumgartner über Jahre eine besondere Thematisierung einfallen. Als bekennender König-Ludwig-Anhänger lud er jedes Jahr zum Geburtstagsessen des Monarchen ein. Nachgekocht wurde immer das letzte Geburtstagsmahl des »Kini«, vom 25. August 1885. Zu den neun original nachgekochten Gängen zählten Kräutersüppchen, Kalbsbriesröschen mit Wirsing und Schnee-Eier à la Orsini. Lediglich auf den hohen Weichheitsgrad des Essens wurde verzichtet: König Ludwig II. hatte laut Baumgartner wohl sehr schlechte Zähne.

Neben den jährlichen Geburtstagen veranstaltete Baumgartner Abende unter dem Motto »Gerichte mit Geschichte«. Hier wurde nach jedem Gang auf amüsante Art erklärt, was der Hintergrund der servierten Gerichte ist. Den Gästen wurde erläutert, wie das Filet Wellington zu seinem Namen kam, was der Ursprung der Mayonnaise ist, was es mit der Rumfordsuppe auf sich hat und vieles mehr.

Die
Ums
Instr
Arch
attra
Men
verh
um
Szen
ren
Besc

Tu Gutes und sprich drüber!

Die
die E
fälti
über
Konzepte: Die Nachfrage nach erlebnisorientierten gastronomischen Konzepten steigt. Dies ist nicht zwingend mit hohem finanziellem Aufwand verbunden, weder auf der Angebots-, noch auf der Nachfrageseite.

Das Besondere auch kommunizieren und damit erst zum Erlebnis machen!

Ein hausgemachter Keks zum Espresso führt beim Gast zu einer anderen Wertschätzung, wenn er darauf hingewiesen wird, dass es sich um ein besonderes Gebäck handelt. Wenn es nicht kommuniziert wird, schätzt er dies womöglich gar nicht. Oder es wird sogar ein gegenteiliges Ergebnis erzielt. So schmeckt eine Bauernbutter anders als die Fabrikbutter, die Wurst aus der Warmfleischmetzgerei unterscheidet sich von der normalen. Wenn nicht gesagt wird, was da als »Schmankerl« auf dem Buffet steht, hält der Gast die Bauernbutter für ranzig und verdorben, die Wurst für alt und nicht mehr genießbar. Ein Gast isst die von der Seniorchefin selbst gemachte Praline mit einer anderen Demut und Freude, wenn ihm dies bewusst ist. Zuletzt noch eine Anekdote aus dem Urlaub: Eine amerikanische Kellnerin in einem Lokal in Miami Beach pries den deutschen Gästen am Tisch den heimischen Fisch »Mahimahi« als »mouthwatering« an. Klar wurde von allen am Tisch dieser ausgewählt. Warum wohl?

1

Das Konzept der Party-Griechen war 2013 in aller Munde und ein spannendes Beispiel dafür, wie man mit geringen Investitionen große Erlebnisse für seine Gäste schaffen kann: Erst Gyros essen, dann auf den Tischen tanzen – so lautet die Idee der angesagten Szene Griechen. Die moderne Form einer griechischen Taverne spricht ein breites Publikum an, vom Studenten bis zum Prominenten. Ein bekannter Party-Grieche ist das Cavos in Stuttgart. Nach traditionell griechischem Essen beginnt ein DJ, die Musik aufzudrehen und internationale Hits zu spielen, die Kellner werfen weiße Papierservietten in die Luft und die Gäste tanzen auf den Tischen. Die Gastgeber sorgen dafür, dass niemand sitzen bleibt: Tische werden zusammengerückt und Gäste werden einander vorgestellt. Ein überraschend außergewöhnliches und nicht alltägliches Erlebnis.

4 Erlebnisgastronomie der Extraklasse bietet das 5-Sterne-Resort Conrad Maldives Rangali Island auf den Malediven. Das Ithaa, das einzige, vollständig verglaste Unterwasser-Restaurant der Welt, schafft ein unvergessliches Erlebnis für die Gäste.

Pop-Up-Restaurants sind gastronomische Konzepte, die keinen festen Standort haben, sondern vom Überraschungsmoment und der Exklusivität leben. Nur über das Internet in ausgesuchten Foren angekündigt, eröffnet ein Pop-Up-Konzept für einen begrenzten Zeitraum – meist nur einige Tage – in einer improvisierten Location einer Stadt, und kombiniert Essen mit Kunst und Kultur. In Zusammenarbeit mit Sterne-Köchen werden ausgewählte Menüabfolgen kreiert, die dem Zeitgeist entsprechen, regionale und saisonale Zutaten beinhalten und dennoch nicht überteuert sind. Das wohl bekannteste Beispiel ist das Pret A Diner Pop-Up-Konzept von Klaus Peter Kofler (u. a. Berlin, Frankfurt, München). Der Geschäftsführer ist der Meinung, dass sich die Ansprüche der Gäste grundlegend verändert haben: Er fordert mit seinem Konzept die Demokratisierung von Luxus. Das Ergebnis: Kiezambiente meets Sterneküche.

MARKENWELTEN – DAS ARRANGIERTE MARKENERLEBNIS

> »Brandlands zeigen, wer man ist. Und das kann man mit kleinen wie großen Budgets machen […] Im Zweifel stellt sich der Unternehmer selber hin und erzählt von seiner Marke und ist sein eigenes Brandland.«[17]

Konsum und Bedarfsdeckung verhalten sich
…nder. Konsu-
… mehr aus-
…n nach, sie
…en entspre-
…zunehmend
… Sie wollen
…len Marken
…e produzie-
…eben – und

Warum?

…Nachfrage,
…n langfris-
…e zu stei-
…ndung zu
… emotionales
Aufladen sollen Kunden die Marke mit positiven Gefühlen verknüpfen und dadurch eine langfristige Vorliebe für die jeweilige Marke entwickeln. Mittels Emotionen wird eine einzigartige Verbundenheit mit der Marke geschaffen, die Kundenentscheidungen nachhaltig beeinflusst. Unternehmen schaffen heute regelrechte Bühnen, auf denen sie potenziellen Kunden Werte, Haltung und Authentizität ihrer Marke – sozusagen den Charakter des Unternehmens – präsentieren und den Gast dabei aktiv einbeziehen. Diese Bühnen werden »Brandlands« genannt, zu Deutsch: »Markenwelten«.

Markenwelten sind multifunktionale Einrichtungen, die eine Schnittstelle zwischen Kunde, Unterhaltung und Wirtschaft bilden. Komplexe Dienstleistungsbündel, gepaart mit einer aufregenden Gestaltung des Raumes, sozialen Interaktionsmöglichkeiten und der spielerischen Einbindung des Besuchers, sind zentrale Komponenten des Baukastens Markenwelt. Mittels Architektur, Design und dem Einsatz von Multimedia-Instrumenten wird eine interaktive und thematisierte Erlebniswelt geschaffen, die den Besucher von der Unternehmensgeschichte über das Produktionsverfahren bis hin zum implizierten Lifestyle spielerisch an die Marke heranführt und ganzheitlich anspricht. Produkthersteller haben erkannt, dass Kundenbegeisterung heute längst

Kundenbegeisterung heute nicht mehr ausschließlich durch Qualität .... sondern durch emotionalen Mehrwert (S. 41.)

nicht mehr ausschließlich durch die Qualität eines Produktes oder einer Dienstleistung entsteht, sondern durch emotionalen Mehrwert, Transparenz und Begeisterungseffekte. Die Entwickler von Markenwelten bedienen sich bei der Planung und Umsetzung der klassischen Instrumente der Erlebnisinszenierung.

Markenwelten verfolgen mehrere Ziele, wie beispielsweise die Steigerung der Markenbekanntheit und -sympathie sowie eine ganzheitliche Verbesserung des Unternehmensimages. Weiterhin zielen Markenwelten auf die Entwicklung von Kundentreue und die Neukundengewinnung ab.

Bei der Erreichung der Ziele steht das persönliche Erlebnis des Besuchers im Vordergrund. Das Management der Markenwelt versucht eine möglichst hohe Kundenzufriedenheit zu erreichen. Morasch spricht in diesem Zusammenhang von »Produktpräsentationsbühne[n] in einem Entertainment Ambiente«, und nennt »interaktive Selbstdarstellungsbühne[n] für [...] Kunden und das Unternehmen«.[18]

In den vergangenen Jahren hat das Instrument Markenwelt zunehmend an Bedeutung gewonnen. Firmenmuseum, Einzelhandelsgeschäft, Veranstaltungsraum, Werksführung und Besucherinformation werden miteinander kombiniert – kurz: Infotainment und Edutainment. Ein bekanntes Beispiel für die gelungene Inszenierung einer Marke ist die Swarovski Kristallwelt in Wattens, Österreich. Erlebnis- und Inszenierungspotenzial erkannte aber vor allem die Automobilindustrie für sich: Die **BMW Welt in München** oder die VW Autostadt in Wolfsburg sind Paradebeispiele für den Erfolg der Markeninszenierung. Konzerne nutzen Markenwelten hauptsächlich als Marketing- und PR-Tool sowie zur Imagepflege und Produktpräsentation. Markenwelten fördern die Bekanntheit, Kundenbindung und -loyalisierung.

SIEHE SEITE 172 & 206

Die Automobilbranche sprang frühzeitig auf den innovativen Trend des Werkstourismus auf; sie versteht sich heute als Gastgeber und zeigt ihren Kunden die Entstehung sowie Geschichte der Prestigeobjekte in einer authentischen, premium-adäquaten und transparenten Umgebung, kombiniert mit einer großen Portion Unterhaltung und Emotionen. So schaffen es die Konzerne, ihre Anonymität auf sympathische Weise zu überbrücken.

ABBILDUNG 9: **EIGENSCHAFTEN VON MARKENWELTEN**

Quelle: Eigene Darstellung in Anlehnung an HOLZHAUSER 2011, S. 106

ERLEBNISPARKS

Die klassischste Form der Erlebniswelt sind seit ihrem Ursprung die Erlebnisparks. Der Begriff »Erlebnispark« schließt sowohl Freizeitparks als auch Themenparks mit ein; dabei werden thematisierte Parks als qualitativ hochwertiger eingestuft. Ein Erlebnispark ist ein meist weitläufiges Gelände mit Gebäuden, Attraktionen und Freiflächen, das durch plakative architektonische Gestaltung und Gartenarchitektur strukturiert ist und so eine räumliche Dramaturgie schafft. Erlebnisparks sind wie Städte aufgebaut und haben meist eine zentrale Erschließungsachse mit mehreren Parallelstraßen und Wegen zu einzelnen Attraktionen. Perfektioniert hat diese Parkstadtplanung der Gründer des weltweit erfolgreichsten Erlebnisparks: Walt Disney.

Erlebnisparks können als abgeschlossene und künstlich geschaffene Ansammlung verschiedenster Attraktionen, Spielangebote und Unterhaltungsformen definiert werden. Sie dienen dem Besucher primär dazu, sich zu amüsieren, in eine magische Welt einzutauchen und für einen bestimmten Zeitraum aus dem Alltag zu entfliehen. Die Parks werden meist von privaten Unternehmern geführt und verkaufen den Besuchern, gegen ein festgelegtes Entgelt, Unterhaltung, Spannung, Information und Attraktion.[19] Sie zeichnen sich häufig durch thematische Geschlossenheit aus, die eine breite Zielgruppe anspricht. Erlebnisparks sind beliebte Kurzreiseziele zur touristischen Naherholung, die meist in industriellen Ballungszentren angesiedelt sind und eine integrierte, thematisch konzipierte, touristische Beherbergung besitzen, um die Aufenthaltsdauer von Kurzreisenden zu verlängern.

Den Angeboten von Erlebnisparks sind wenig Grenzen gesetzt: Sie vereinen Fahrgeschäfte, groß angelegte Spielanlagen, Indoor- und Outdoor-Attraktionen, Shows, Theater, 3D-Kinos, gastronomische Einrichtungen und Souvenirgeschäfte in einem Konzept, das entweder saisonal oder das ganze Jahr über geöffnet ist.

Die thematische Ausrichtung von Erlebnisparks ist vielfältig: Oft werden Motive aus der Kinderliteratur und Filmkultur aufgegriffen, wie z. B. im Euro Disneyland Paris oder im Warner Brothers Movie Park in Bottrop Kirchhellen. Der **Europa-Park Rust** stellt in seiner Inszenierung Motive aus fremden Kulturen und historischen Epochen in den Vordergrund und kreiert so eine magische Welt, die die Besucher zum Staunen einlädt. Szenen und Arrangements werden zeitlich und räumlich gerafft, um authentische Gefühle bei den Besuchern zu erzeugen: Die sogenannten »Mitmach-Parks« lassen die Besucher vollends in die künstliche Erlebniswelt eintauchen. Von den alltäglichen Prozessen im Hintergrund – wie Technik, Entsorgung, Sicherheit und Infrastruktur – darf der Gast nichts mitbekommen, da dies die authentische Inszenierung durchbrechen würde.

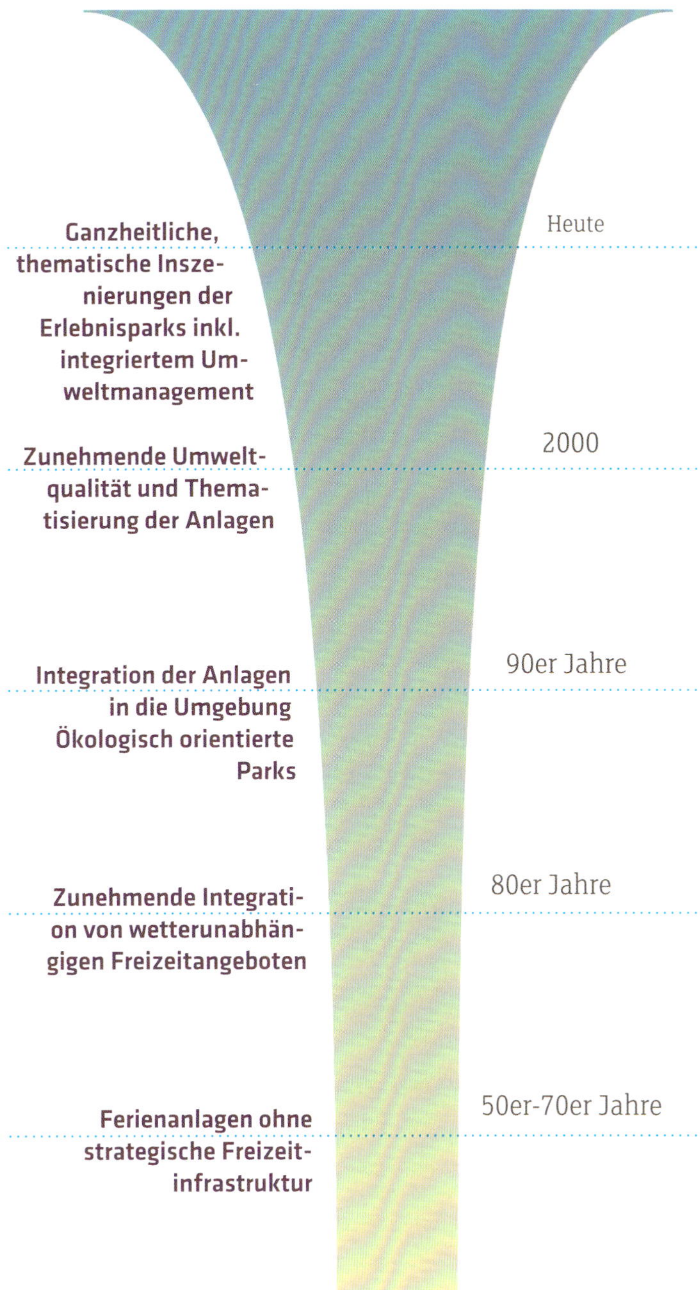

SIEHE SEITE 184

ABBILDUNG 10: **ENTWICKLUNG DER ERLEBNISPARKS**

Quelle: Eigene Darstellung in Anlehnung an DOGTEROM 2000, S. 147

Zu den Erlebnisparks können auch Erlebnisbadelandschaften gezählt werden. Thermen sind heutzutage von einem ausgeprägten Erlebnischarakter gekennzeichnet. Viele Konzepte von Badelandschaften unterliegen einer ganzheitlichen Thematisierung, die nicht selten vom exotischen Südsee-Feeling geprägt ist, wie z. B. das Tropical Island in der Nähe von Berlin. Andere Konzepte laden vordergründig zum Entspannen und Besinnen ein, bedienen sich hierbei aber zunehmend der strategischen Dramaturgie der Erlebnisinszenierung, wie z. B. der Aquadome im Ötztal. Die Kannewischer Gruppe hat sich auf die Beratung, Planung und den Betrieb von Erlebnisbädern und Thermen spezialisiert. Sie zählt heute 200 öffentliche Bäder, Sportbäder und Thermen zu ihrem Portfolio, wie z. B. das Spreewald Thermenhotel in Burg, das Design, Wellness und Natur einzigartig in einem Konzept vereint.

INSZENIERUNGSBEISPIELE AUS KONZEPTBÜROS: HOTELLERIE

Hotels müssen eine für den Gast plausible Geschichte erzählen, welche primär durch die Kulisse als räumliches Mittel bestimmt wird. Der Gast möchte nicht nur seine Grundbedürfnisse befriedigen; er möchte etwas erleben. Gäste werden während eines Hotelaufenthaltes selbst Teil der Inszenierung »Hotel« und spielen Haupt- oder Nebenrollen. Die Bühne muss der jeweiligen Inszenierung gerecht werden und unter anderem Raum für den Auftritt (z. B. Lobby), Aktion (z. B. Tagungsraum) den Rückzug (z. B. Lounge) und Genuss (z. B. Restaurant) bieten. Abhängig von Hotelkonzept sowie der -kategorie werden an die Architektur und Einrichtung unterschiedliche Anforderungen gestellt. Nachfolgend werden die wesentlichen Faktoren an zwei konkreten kreativen Beispielen von Armin Fischer, Inhaber des Designbüros DREIMETA, vorgestellt.

Kriterien für das Konzept als Grundlage der Hotelplanung

1. Standort

- **Urban/ländlich**
- **Bestand/Neubau**
- **Direktes Umfeld/Umwelt (Viertel, Natur)**
- **Anbindung/Erschließung an Infrastruktur**
- **Geografische Gegebenheiten/Besonderheiten**
- **Kulturelle Gegebenheiten/Besonderheiten**
- **Gesetzliche, behördliche Bestimmungen**

Kriterien für Erlebnisplanung

2. Budget

- **Was habe ich und was will, bzw. kann ich invest**
- **Schnittstellendefinition zwischen Investor und**
- **Qualität der Ausstattung**
- **Qualität des Personals**

3. Gästekultur (Zuordnung des Gastes anhand Lebensstil, -einstellung)

- **Qualitätsansprüche des Gastes an Ausstattung, Personal, Service, Verpflegung**
- **Designanspruch**
- **Preis/Rate**

Sinus Milieus/Anteil an der deutschen Bevölkerung
Stand 2013

ABBILDUNG 11: **MILIEUS**
Quelle: Sinus Institut

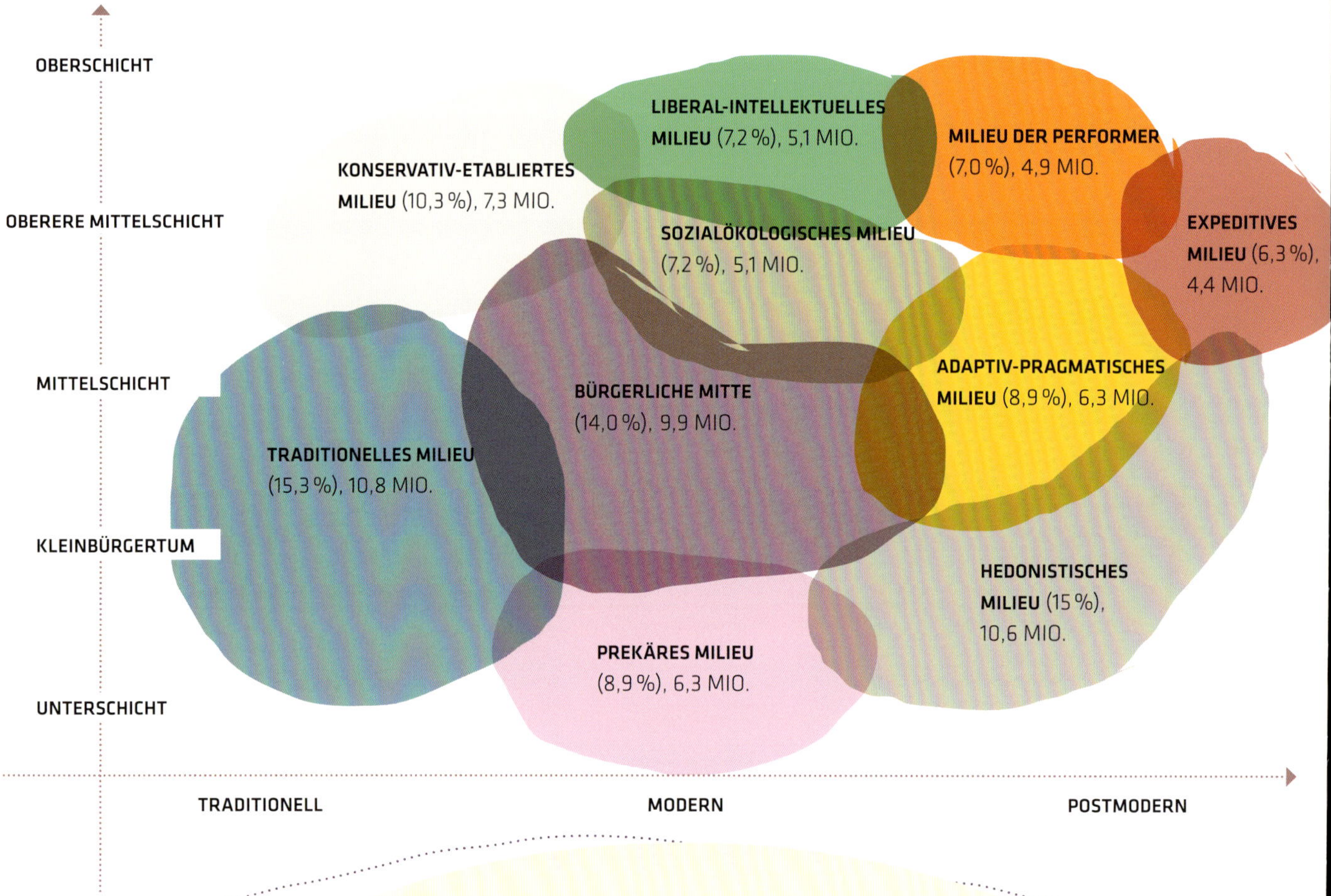

Einteilung der Gästekultur in Milieus:

Die Grenzen zwischen den definierten Milieus sind fließend; Lebenswelten sind nicht so (scheinbar) exakt eingrenzbar wie soziale Schichten. Ein grundlegender Bestandteil des Milieu-Konzepts ist, dass es zwischen den Milieus Berührungspunkte und Übergänge gibt. Diese Überlappungspotenziale sowie die Position der Milieus in der Gesellschaft nach sozialer Lage und Grundorientierung veranschaulicht die Milieugrafik: Je höher ein Milieu in dieser Grafik angesiedelt ist, desto gehobener sind Bildung, Einkommen und Berufsgruppe; je weiter es sich nach rechts erstreckt, desto moderner im soziokulturellen Sinne ist die Grundorientierung.

In dieser »strategischen Landkarte« können gastgewerbliche Angebote, Hotelmarken etc. positioniert werden.

CHARAKTERISIERUNG DER MILIEUS

KONSERVATIV-ETABLIERTES MILIEU

➲ DAS KLASSISCHE ESTABLISHMENT:
Verantwortungs- und Erfolgsethik; Exklusivitäts- und Führungsansprüche; Standesbewusstsein, Entre-nous-Abgrenzung

TRADITIONELLES MILIEU

➲ DIE SICHERHEIT UND ORDNUNG LIEBENDE KRIEGS- / NACHKRIEGSGENERATION:
Verhaftet in der alten kleinbürgerlichen Welt bzw. in der traditionellen Arbeiterkultur; Sparsamkeit, Konformismus und Anpassung an die Notwendigkeiten

LIBERAL-INTELLEKTUELLES MILIEU

➲ DIE AUFGEKLÄRTE BILDUNGSELITE:
Liberale Grundhaltung und postmaterielle Wurzeln; Wunsch nach selbstbestimmtem Leben, vielfältige intellektuelle Interessen

MILIEU DER PERFORMER

➲ DIE MULTIOPTIONALE, EFFIZIENZ-ORIENTIERTE LEISTUNGSELITE:
Global-ökonomisches Denken; Konsum- und Stil-Avantgarde; hohe IT- und Multimedia-Kompetenz

EXPEDITIVES MILIEU

➲ DIE AMBITIONIERTE KREATIVE AVANTGARDE:
Mental und geografisch mobil, online und offline vernetzt und auf der Suche nach neuen Grenzen und neuen Lösungen

BÜRGERLICHE MITTE

➲ DER LEISTUNGS- UND ANPASSUNGSBEREITE BÜRGERLICHE MAINSTREAM:
Generelle Bejahung der gesellschaftlichen Ordnung; Wunsch nach beruflicher und sozialer Etablierung, nach gesicherten und harmonischen Verhältnissen

ADAPTIV-PRAGMATISCHES MILIEU

➲ DIE MODERNE JUNGE MITTE UNSERER GESELLSCHAFT MIT AUSGEPRÄGTEM LEBENSPRAGMATISMUS UND NUTZENKALKÜL:
Zielstrebig und kompromissbereit, hedonistisch und konventionell, flexibel und sicherheitsorientiert; starkes Bedürfnis nach Verankerung und Zugehörigkeit

SOZIALÖKOLOGISCHES MILIEU

➲ KONSUMKRITISCHES / -BEWUSSTES MILIEU MIT NORMATIVEN VORSTELLUNGEN VOM »RICHTIGEN« LEBEN:
Ausgeprägtes ökologisches und soziales Gewissen; Globalisierungs-Skeptiker, Bannerträger von Political Correctness und Diversity

PREKÄRES MILIEU

➲ DIE UM ORIENTIERUNG UND TEILHABE BEMÜHTE UNTERSCHICHT MIT STARKEN ZUKUNFTSÄNGSTEN UND RESSENTIMENTS:
Häufung sozialer Benachteiligungen, geringe Aufstiegsperspektiven, reaktive Grundhaltung; bemüht, Anschluss zu halten an die Konsumstandards der breiten Mitte

HEDONISTISCHES MILIEU

➲ DIE SPASS- UND ERLEBNISORIENTIERTE MODERNE UNTERSCHICHT / UNTERE MITTELSCHICHT:
Leben im Hier und Jetzt, Verweigerung von Konventionen und Verhaltenserwartungen der Leistungsgesellschaft

→ **KONZEPT: aus den bisher genannten Kriterien entwickelt sich das Konzept.**

BAUSTEINE DES KONZEPTES

1. Nutzungskonzept (Funktionskonzept)
   - Art und Weise des Gebrauchs, wozu wird das Hotel gebraucht? Z. B.: Sleep and Go, Tagung und Seminare, Familie, Essen und Trinken, Aktivität
   - **Das Nutzungskonzept wird meistens vom Betreiber/Hotelier entwickelt**

2. Designkonzept (Interior- und Marketing-Konzept)
   - Gestalterische Ausrichtung; z. B.: schlicht, funktional, klar strukturiert, emotional, eklektizistisch, verspielt, bunt, sachlich
   - **Das Designkonzept erstellt der Innenarchitekt/Architekt/Designer in enger Zusammenarbeit mit dem Betreiber**

3. Qualitätskonzept
   - Klassifizierung des Standards; z. B.: Hostel oder First Class Hotel?
   - **Das Qualitätskonzept ist stark vom Budget und somit von den Inventoren abhängig**

4. Finanzierungskonzept
   - Von der Darstellung der Rentabilität bis zur Festlegung der Investoren; z. B.: Eigen-, Fremdkapital, Fördermittel, Plausibilitätsprüfung
   - **Das Finanzierungskonzept wird vom Immobilienfachmann zusammen mit dem Betreiber und Investor entwickelt**

Das Gesamtkonzept wird durch das Nutzungs-, Design-, Qualitäts- und Finanzierungskonzept bestimmt. Diese Konzeptbausteine haben einige Schnittstellen und beeinflussen sich gegenseitig. Jeder Baustein hängt stark von den oben genannten Kriterien ab, welche als Grundlage für die gesamte Konzeptentwicklung dienen.

Ziel bei der Konzeptentwicklung sollte die Entstehung eines oder mehrerer USP(s) (Unique Selling Proposition = Alleinstellungsmerkmal) sein, um sich von der Konkurrenz deutlich abzuheben und ein spürbares und authentisches Gesamtkonzept entstehen zu lassen.

Um dies zu realisieren, ist es entscheidend, dass alle Beteiligten (Investor, Betreiber, Architekt, Designer, Handwerker, Garten- und Lichtplaner etc.) das Konzept verstanden und verinnerlicht haben, sich intensiv austauschen und regelmäßige Planungstreffen stattfinden lassen.

Auf die Entwicklung des Designkonzeptes haben die Kriterien Standort und Gästekultur den größten Einfluss. Was bringt der Standort mit sich und welche Gäste möchte ich erreichen?

ZWEI UMGESETZTE DESIGN-KONZEPTE

SUPERBUDE ST. PAULI, HAMBURG

Standort

- IM ZENTRUM VON HAMBURG
- BESTANDSGEBÄUDE, ERBAUT UM DIE JAHRHUNDERTWENDE (GEBÄUDE WURDE ZULETZT VON DER TELEKOM GENUTZT), DENKMALGESCHÜTZT
- SCHANZENVIERTEL (SZENEVIERTEL MIT KLEINEN BOUTIQUEN, RESTAURANTS, CAFÉS UND PARTY-LOCATIONS)
- SEHR GUTE ANBINDUNG AN ÖFFENTLICHE VERKEHRSMITTEL, SCHLECHTE PARKMÖGLICHKEITEN IM DIREKTEN UMFELD
- ALTERNATIVE KULTUR, MULTIKULTUR

Budget

- HOHE UND ROBUSTE QUALITÄT DER AUSSTATTUNG FÜR EINE ERHÖHTE HALBWERTZEIT, TECHNISCH OPTIMALE AUSRÜSTUNG
- JUNGES, HIPPES PERSONAL, MOTIVIERTE BERUFSEINSTEIGER
- KOSTENGÜNSTIGE AUSSTATTUNG, 5.500 €/ZIMMER (INKL. FRONT OF HOUSE-FLÄCHEN)

Gästekultur

- JUNG, HIP, AUFGESCHLOSSEN, UNKOMPLIZIERT, JUNG GEBLIEBEN, KREATIV
- FAMILIEN
- GRUPPEN
- MILIEU: POSTMODERNES MILIEU, HEDONISTISCHES MILIEU, LIBERAL-INTELLEKTUELLES MILIEU, MODERNES ARBEITNEHMERMILIEU
- LOW BUDGET, AB 60,– €/DOPPELZIMMER UND NACHT

Werte der Gästekultur

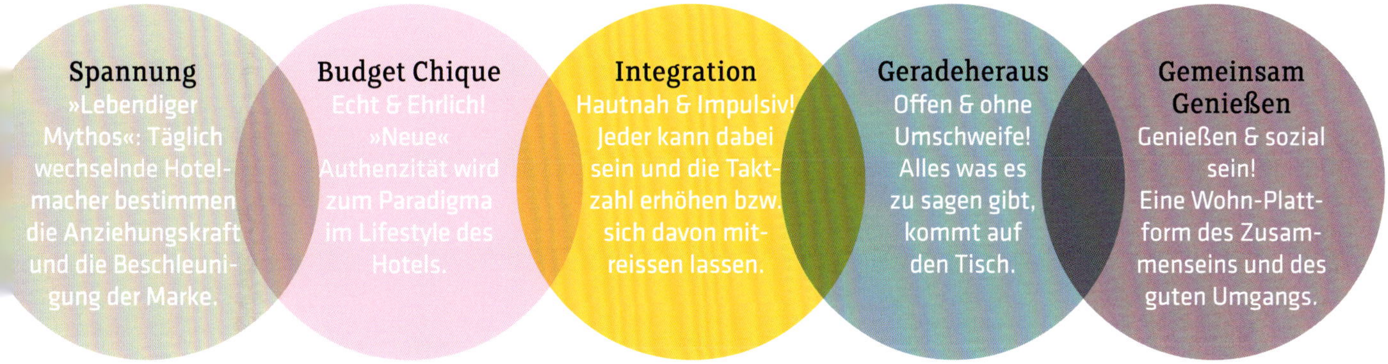

ABBILDUNG 12: WERTE DER GÄSTEKULTUR

Quelle: Dreimeta

Übertragung der Werte auf die Innenarchitektur

ABBILDUNG 13: **ÜBERTRAGUNG DER WERTE AUF DIE INNENARCHITEKTUR**

Quelle: Dreimeta

Das Konzept

Ziel der Gestaltung und Referenz an die Hafenstadt Hamburg war eine kostengünstige Ausstattung der Superbude, die neben authentischem Charakter auch Originalität und zweckmäßigen Komfort für die Gäste garantiert. Vor allem durch die Integration und Zweckentfremdung lokaltypischer Alltagsgegenstände und Materialien wird ein Mix aus unkomplizierter Hostelübernachtung bei gleichzeitigen Servicevorzügen eines optimal ausgestatteten Hotels erlebbar.

Das Besondere der 90 »Buden« – wie die Zimmer hier genannt werden – ist ihre flexible Belegung: Dank der von Rolf Heide entworfenen Stapelliegen können aus einem normalen Doppelzimmer mit nur wenigen Handgriffen 3- bzw. 4-Bett-Zimmer entstehen. Damit bietet die Superbude mit 90 Zimmern, von denen jedes mit eigenem Bad und WC ausgestattet ist, Platz für bis zu 270 Gäste. Der klassische Hostel-Charakter wird durch den »Kitchen Club« deutlich unterstrichen. Dieser Raum dient sowohl als Frühstücksbereich als auch zusätzlich

als zentraler Treffpunkt für die Gäste. Hier stehen Küchengeräte wie beispielsweise Mikrowellenherde und Backöfen zur Verfügung, mit denen sich die Gäste unkompliziert und kostengünstig während ihres Aufenthaltes selbst verpflegen können.

Die gestalterische Umsetzung

Eine rund 50 Meter lange Multifunktionswand aus gelben Betonschalbrettern, in deren Oberfläche als Symbol für die Hafenstadt ein Taumuster eingebrannt wurde, ist das raumprägende Element im Erdgeschoss. In dieser Wand sind alle wichtigen Funktionen untergebracht – von den Kühlschränken, der Internetstation, den Gästesafes, Sitzbänken, einer Wasserstation mit Karaffen bis hin zu einem Stauraum für das Hotel. Analog zur Lobby und den Badezimmern kommt das Thema des Taus auch in den Fluren zum Tragen: Ein Seilmuster wurde auf den Teppich gedruckt und akzentuiert damit gleichzeitig die lange und schmale Form des Gebäudes.

Die für die Superbude typische Farbe Gelb zieht sich auch durch die Gestaltung der Zimmer, in denen ebenfalls die gelben Schalplatten und Gerüstbaurohre eingesetzt wurden. Neben den bewährten Kleiderhaken aus Pümpeln und Bierkisten als Sitzhocker finden sich hier zahlreiche neu entworfene Details wie beispielsweise die Deckenleuchten, die Toilettenpapierhalter oder auch die Bettrücken aus orangefarbenen Absturznetzen. Jede Bude hat einen Budenpaten. Diese Patenschaft übernahmen vorwiegend Hamburger Bands: Eine Textzeile aus einem ihrer Songs wurde auf die Wand gesprüht und von den Künstlern signiert.

Zusätzlich zu den Zimmern/Buden wurde die »Rockstar-Suite« geschaffen. Eine Bühne, unter deren Boden sich eine Liegewiese für bis zu sechs Personen befindet, bietet mit dem notwendigen technischen Equipment alle Möglichkeiten für einen Auftritt junger Bands.

Um den Bezug zur Stadt Hamburg noch mehr hervorzuheben, wurde für die Wände im gesamten Haus eine bedruckte Tapete entworfen. Sie setzt sich aus Tages- und Wochenzeitungen wie der Hamburger Morgenpost, dem Hamburger Abendblatt, der Welt und der Zeit zusammen. Die Originalartikel und Texte handeln ausnahmslos von Hamburg und Hamburger Themen. Mit einem Blick auf die Wand kann sich jeder Gast einen ersten Eindruck von der Stadt verschaffen und sich zu Unternehmungen inspirieren lassen.

Nachbar hat ein Huhn
Alles Poletto in der Gastronomia
Punk und Porsche
Heidi Kabel, lebensgroß und in Bronze
DIE ZEIT
Ah, Seeluft!
MAKIA
Ah, Seeluft!
Hasch-Hund
Open your eyes
Esso-Häuser abgerissen werden?

Banksy
Wall and Piece

25HOURS HOTEL SPEKTAKEL
beim Museumsquartier, Wien

Standort
- ZENTRAL GELEGEN, AM RAND DER ALTSTADT, IM 7. BEZIRK WIENS
- BESTANDSGEBÄUDE, ERBAUT UM 1970 ALS STUDENTENWOHNHEIM UND BIS 2011 AUCH ALS SOLCHES GENUTZT
- DER 7. BEZIRK, RUND UM DEN SPITTELBERG MIT ALTERNATIV-SCHICKEN LÄDEN, RESTAURANTS UND CLUBS, UND MITTENDRIN DAS MUSEUMSQUARTIER, KUNST- UND KULTURAREAL, VEREINIGT BAROCKE GEBÄUDE UND NEUE ARCHITEKTUR, KULTURELLE EINRICHTUNGEN ALLER GRÖSSENORDNUNGEN UND VERSCHIEDENE KUNSTSPARTEN ZU EINEM SPEKTAKULÄREN GANZEN
- SEHR GUTE ERREICHBARKEIT DURCH ÖFFENTLICHE VERKEHRSMITTEL, MÄSSIGE PARKSITUATION IM DIREKTEN UMFELD
- KUNST- UND KULTURINTERESSIERTE MENSCHEN JEDER ALTERSGRUPPE UND JEDER NATIONALITÄT

Budget
- NEUESTE TECHNISCHE AUSRÜSTUNG
- JUNGES, ENGAGIERTES, AUFGESCHLOSSENES UND GUT AUSGEBILDETES PERSONAL
- KOSTENGÜNSTIGE AUSSTATTUNG, 8.000 €/ZIMMER (INKL. FRONT OF HOUSE-FLÄCHEN)

Gästekultur
- KREATIVE, URBANE NOMADEN, DIE ZWISCHEN LUXUS UND ASKESE PENDELN
- FAMILIEN
- FREUNDE
- ALLEINREISENDE, GESCHÄFTSREISENDE
- MILIEU: POSTMODERNES MILIEU, LIBERAL-INTELLEKTUELLES MILIEU, MODERNES BÜRGERLICHES MILIEU, MODERNES ARBEITNEHMERMILIEU, ETABLIERTES MILIEU, HEDONISTISCHES MILIEU
- ERSCHWINGLICHE RATEN, AB 100,– €/DOPPELZIMMER UND NACHT

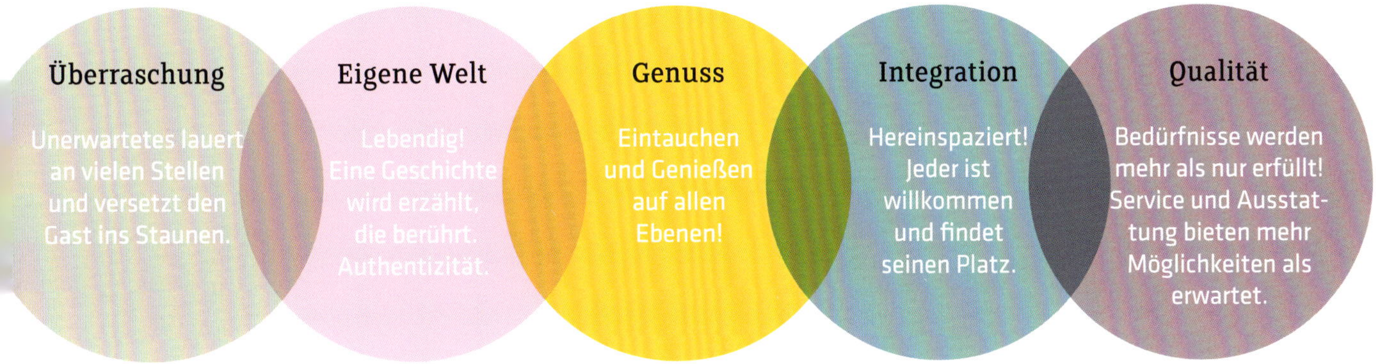

ABBILDUNG 14: **WERTE DER GÄSTEKULTUR**

Quelle: Dreimeta

Werte der Gästekultur

Übertragung der Werte auf die Innenarchitektur

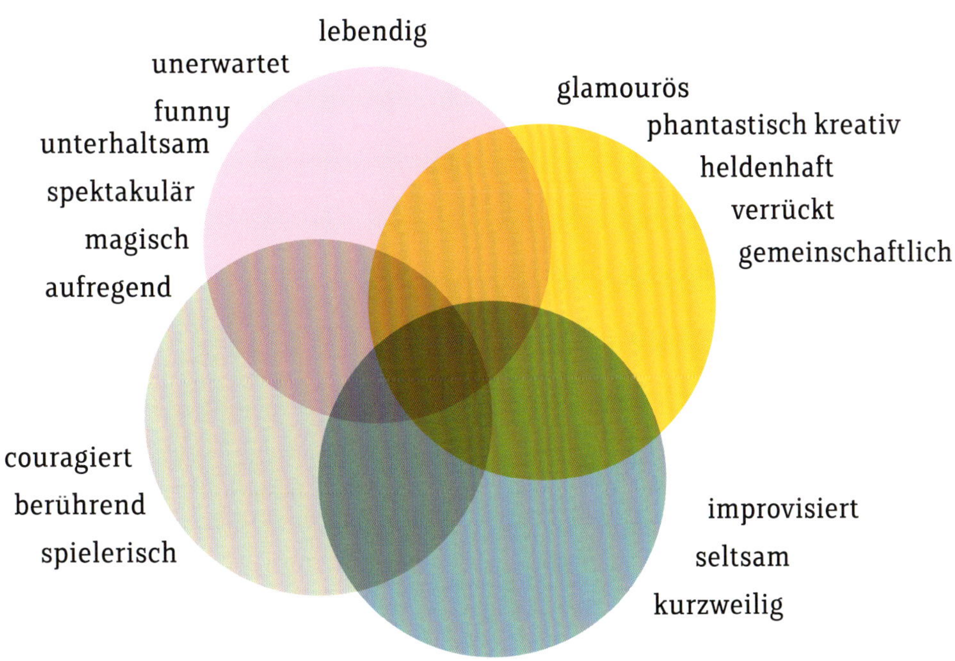

ABBILDUNG 15: **ÜBERTRAGUNG DER WERTE AUF DIE INNENARCHITEKTUR**

Quelle: Dreimeta

Das Konzept

Wien steht für Spektakel: Opernball, Prater und Theater, nicht zuletzt für Sehen und Gesehenwerden. Bereits 1776 wurde die Spektakelfreiheit verordnet, wodurch in ihrer Blütezeit bis zu sechs feststehende Zirkusse in der Stadt vorhanden waren. Wunsch und Aufgabe war es, diese Kulturtradition in das ehemalige Studentenwohnheim zu transportieren. Vor allem Improvisation – die Welt des Zirkus, heute hier, morgen dort – sowie der Jahrmarkt der Eitelkeiten waren für das Design des Hotels der Dachmarke **25hours** maßgebend. Dieser Gestaltungsansatz wurde im gesamten Haus verfolgt, das Konzept prägen die Vereinbarung scheinbarer Gegensätze wie die Kombination von Eklektizismus und handverlesenen Einzelstücken.

SIEHE SEITE 139

Die gestalterische Umsetzung

Zwischen 17 und 35 Quadratmeter sind die 219 Zimmer groß, die die Gäste in eine andere Welt eintauchen lassen und die Phantasie anregen sollen: Dicke, flauschige Teppiche auf derbem Estrichboden, schwere Samtvorhänge und fünf unterschiedliche, exklusiv für das Haus entworfene Tapeten bilden das Thema Zirkus ab. Höhepunkt im Zimmer sind – und das im wahrsten Sinne des Wortes – die extra hohen Betten. Sie schweben rund 70 Zentimeter über dem Boden und schaffen so Stauraum beispielsweise für Gepäck. Auch das Bad erinnert gestalterisch an einen Zirkuswagen und wird – natürlich zweckmäßig und funktional – zu einer Künstlergarderobe. Beispielsweise kann die gläserne Trennwand der Duschen bei Bedarf mit einem Fensterladen vom Schlafzimmer optisch getrennt werden. In einigen Zimmern wird die freistehende Badewanne zur Ruheoase auf dem Balkon und gewährt dem Gast einen eindrucksvollen Blick über Wien und das Museumsquartier. Überraschende Details und authentische Objekte machen jeden Raum zum Unikat. Einzelstücke wie Stühle, Sofas oder Gepäckstücke wurden dazu auf Flohmärkten zusammengetragen und in aufwändiger Handarbeit liebevoll restauriert.

In das gestalterische Konzept integriert, präsentiert sich das Restaurant **1500 Foodmakers**

als eigenständige Persönlichkeit. Die offene Küche bietet den Gästen mit einer Kombination aus Einfachheit und Hochwertigkeit auf rund 140 Sitzplätzen moderne italienische Küche. Der Raum besticht durch unterschiedliche Ebenen sowie auch mit der in sich stimmigen Zusammensetzung von gemütlichen Nischen, lederbezogenen Bänken, großen Esstafeln und der Essbar im Zentrum als Highlight. Mit rund zwanzig Sitzplätzen bildet die Essbar den Mittelpunkt des Restaurants und hebt sich durch ihre bunte Frontverkleidung – ein Konglomerat aus Restfliesen – von der sonst verhältnismäßig schlichten Farbgestaltung des Raumes ab.

Im Souterrain wurde ein funktionaler Veranstaltungsbereich geschaffen, bei dem drei Meetingräume, die jeweils Zugang zur Außenterrasse haben, zusammengeschaltet werden können. Dadurch und durch die dort integrierte Bar / Lounge kann ein großzügiger Veranstaltungsbereich mit flexibler Bestuhlung für bis zu 250 Personen geschaffen werden. Edle, stoffbespannte Schiebewände, dunkler Parkettboden und ein Spiegelkabinett bilden den Hintergrund für die Bar im Stil einer Jahrmarktbude.

Auch im Spa-Bereich setzt sich das Thema Zirkus fort: Abgehängte Sessel, die einem Kettenkarussell nachempfunden sind, laden zum Verweilen ein, und eine Vielzahl an Glaskuppeln sorgt für eine entspannte Atmosphäre. Hingucker des 250 Quadratmeter großen Bereichs ist aber das sieben Meter lange Wandmosaik einer Unterwasserwelt, bei dem eine Meerjungfrau die Hauptrolle spielt.

Über allem steht der mittlerweile bei Wienern und Hotelgästen gleichermaßen beliebte »Dachboden«, der einen spektakulären Blick über Wien bietet.

Das Besondere am Dachboden ist vor allem seine Konzeption: Nachmittags kann man beim Arbeiten seiner Kreativität freien Lauf lassen, abends wird er zur angesagten Lounge und zum Afterwork-Treffpunkt mit anschließendem Club und Open-Air Bar bis tief in die Nacht.

come
as
you
are.

INSZENIERUNGSBEISPIELE AUS KONZEPTBÜROS: GASTRONOMIE

Dreidimensionale Markenarchitektur, ein konsequentes Raumkonzept sowie der differenzierte Einsatz von Mobiliar führen zur Differenzierung im Wettbewerb und schaffen so einen eigenständigen Wiedererkennungswert. Wie dies in der Gastronomie gelingen kann, zeigen nachfolgend Katrin und Julian Siebach von SIEBACH & FRIENDS auf.

> »Wer genießen kann, trinkt keinen Wein mehr, sondern kostet Geheimnisse.« Salvador Dalí

GASTRONOMIE 2.0 – WONACH SICH GÄSTE VERZEHREN

Den permanenten Gastronomiebetrieben im klassischen Sinne stehen temporäre Gastronomiekonzepte wie beispielsweise Pop-Up-Restaurants (z. B. Pret A Diner) oder Saisonprojekte (z. B. Beachclubs wie StrandPauli, Hamburg) gegenüber. Der modernen Flexibilität und Mobilität entsprechen die Ansätze von Free Flow Counter, Take Away und Home Delivery. So unterschiedlich diese Gastronomietypen hinsichtlich ihrer Gestaltung, Organisation und Ausrichtung sind, es eint sie der hohe Wettbewerbsdruck. Dem Unternehmer stellt sich die Frage, wie ein gastronomisches Konzept eine stabile Marktpositionierung, Gästeloyalisierung sowie die damit einhergehende Erlössteigerung erzielen kann.

Wie sieht das Erfolgsgeheimnis gefeierter Gastronomiekonzepte aus? Und wie können wir die Koordinaten für langfristige, nachhaltige Erfolge in der Gastronomie beschreiben?

KEIN ERFOLG OHNE MARKTANALYSE

Die Weisheit von der Nachfrage, die das Angebot bestimmt, zeigt: Erfolgreiche Unternehmer haben stets ein Auge auf die aktuellen Marktentwicklungen, erkennen diese frühzeitig und reagieren zeitnah, flexibel und gezielt. Für die erfolgreiche Führung eines gastronomischen Betriebes ist es von essenzieller Bedeutung, Prozesse, Trends und Tendenzen am Markt, bei der Zielgruppe und auch im Umfeld zu erfassen und dieses Wissen in strategische Überlegungen mit einzubeziehen.

Das Konsumverhalten der gastronomischen Zielgruppen ist geprägt durch Übersättigung, Angebotsflut und Flucht aus dem Alltag. Der Gast von heute weiß mehr, kennt mehr, ist mobiler, internationaler und hat mehr Auswahlmöglichkeiten als je zuvor. Daraus ergibt sich ein neuer hoher Anspruch, gepaart mit einer ausgeprägten Preissensibilität. Mit der Vielfalt der Optionen hat sich das Wertesystem der Zielgruppen in den letzten Jahren verschoben. Der moderne Gast besucht einen gastronomischen Betrieb, um zu genießen. Kunden wollen verwöhnt, nicht versorgt werden. Der Haken dabei: Der »Wellness-Gedanke«, der auf Verführung und Erholung fußt, wird durch ein ausgeprägtes Budgetbewusstsein ausgebremst. Die Gäste wollen überdurchschnittlichen Komfort, ein einzigartiges Ambiente, professionellen Service und kreative Möglichkeiten der Freizeitgestaltung an attraktiven Standorten – und das zu bezahlbaren Preisen. Die zentrale Frage bei der Angebotszusammenstellung lautet daher: Welche (Dienst-)Leistung ist dem Gast wie viel wert?

Mit der anspruchsvollen Erwartungshaltung auf Kundenseite korrespondiert ein weiterer Wunsch der Zielgruppe: Individualität. Gäste favorisieren eine individuelle, persönliche und herzliche Ansprache. Moderne Gastronomiekonzepte sind jedoch oft standardisiert und unpersönlich. Um eine langfristige Kundenbindung aufzubauen, ist es nötig, dieser gegenwärtigen Strömung individuelle, lebendige Konzepte entgegenzusetzen – sowohl in der Individual-, als auch in der Systemgastronomie.

Zwar erfahren Take Away und Home Delivery aufgrund der gestiegenen Mobilität und der wechselnden Arbeitswelten nach wie vor einen Zuwachs, doch das ist nur die halbe Wahrheit. Entgegen der allgemein und meist pauschal beklagten Wegwerfmentalität der modernen Konsumgesellschaft ist nämlich ein Trend klar erkennbar: Vom voranschreitenden Klimawandel und knapper werdenden Ressourcen bewegt, legen potenzielle Kunden vermehrt Wert auf Nachhaltigkeit und Vertrauenswürdigkeit. Gastgeber, die Verantwortung für die Welt und ihre Ressourcen übernehmen, punkten bei ihren Kunden. Rationales Umweltbewusstsein in Kombination mit einem sinnlichen Verwöhnprogramm beschert den Gästen Genuss mit gutem Gewissen. Gerade im höheren Preissegment ist man auf der Suche nach ganzheitlichen Ansätzen. Bei der Speisekarte stehen Regionalität, Qualität und Frische hoch im Kurs und stützen zudem die Glaubwürdigkeit eines Gastronomiebetriebes. Diese Tragfähigkeit für eine positive Zukunftsperspektive ist unter wirtschaftlichen Gesichtspunkten nicht zu vernachlässigen.

Im Zuge der Globalisierung ist die Welt des Einzelnen größer geworden. Entfernte Länder sind leicht erreichbar, damit auch deren gastronomische Spezialitäten – eine große Freiheit und für die Konsumenten ein Traumzustand. Dennoch sehnt sich im Zeitalter von Billigflügen und Fernreisen für Jedermann eine große Anzahl von Menschen nach dem genauen Gegenteil wechselnder Trends und abwechslungsreicher Rezepte: Beständigkeit und Tradition, Heimatverbundenheit und die »ehrliche« Gastfreundschaft begeistern Jung und Alt. Diese Gegentendenz zur modernen Geschwindigkeit und Flexibilität führt seit einiger Zeit auch zu einer Rückbesinnung auf gastronomische Betriebe in ihrer traditionellen Funktion als Gesprächsplattform. Gegenläufig zur unpersönlichen Kommunikation über Twitter, Facebook & Co. wünschen sich Gastronomiegäste immer öfter das gute alte Wirtshaus oder die urige Almhütte zurück. Gemütliche Treffpunkte wie der Stammtisch haben Konjunktur, ebenso loungige Kaffeebars, die in der Großstadt als öffentliche Wohnzimmer fungieren und einen lässig-entspannten Charme versprühen.

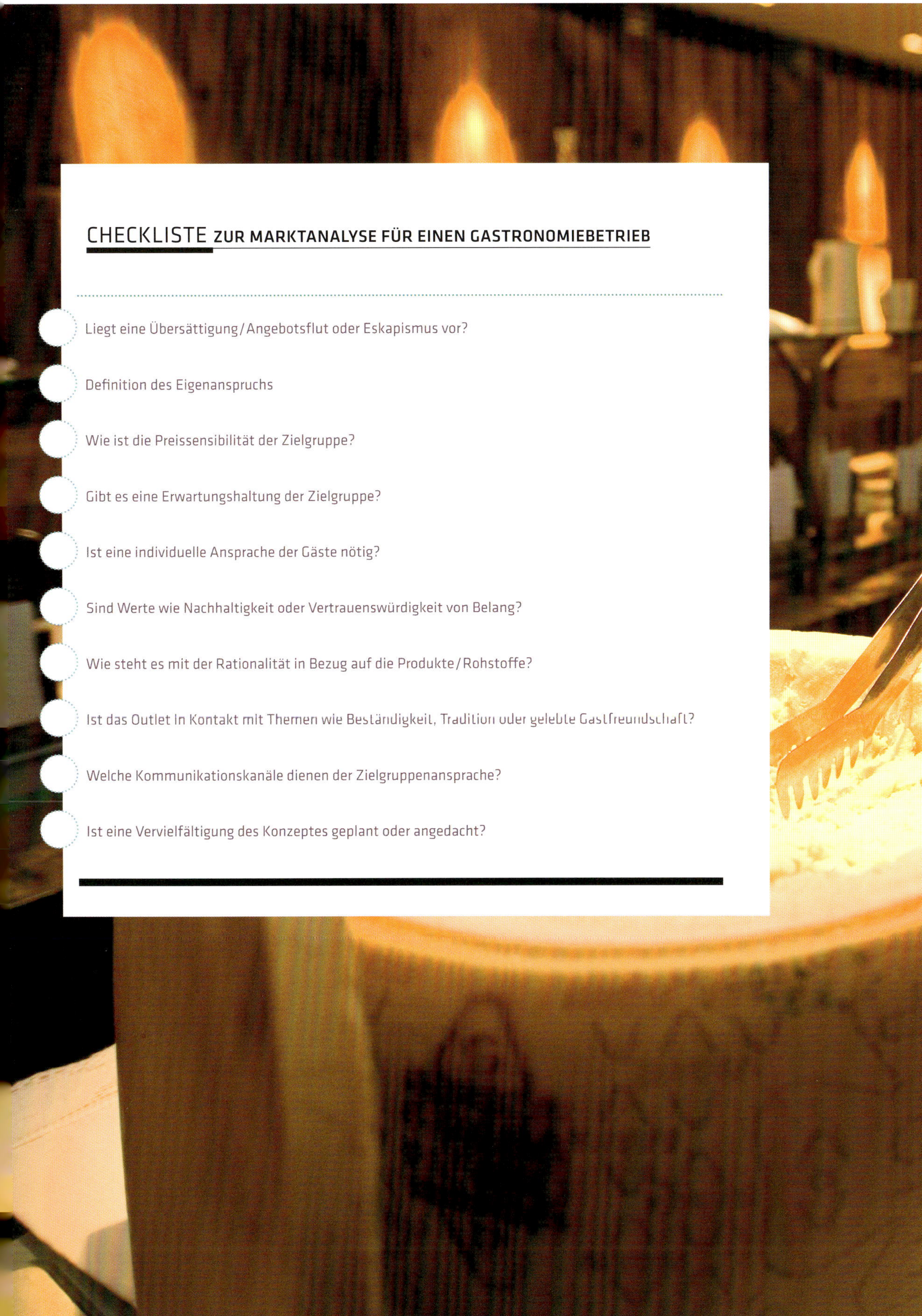

CHECKLISTE ZUR MARKTANALYSE FÜR EINEN GASTRONOMIEBETRIEB

- Liegt eine Übersättigung/Angebotsflut oder Eskapismus vor?
- Definition des Eigenanspruchs
- Wie ist die Preissensibilität der Zielgruppe?
- Gibt es eine Erwartungshaltung der Zielgruppe?
- Ist eine individuelle Ansprache der Gäste nötig?
- Sind Werte wie Nachhaltigkeit oder Vertrauenswürdigkeit von Belang?
- Wie steht es mit der Rationalität in Bezug auf die Produkte/Rohstoffe?
- Ist das Outlet in Kontakt mit Themen wie Beständigkeit, Tradition oder gelebte Gastfreundschaft?
- Welche Kommunikationskanäle dienen der Zielgruppenansprache?
- Ist eine Vervielfältigung des Konzeptes geplant oder angedacht?

ERFOLGREICHE GASTRONOMIEINSZENIERUNG UND MARKENGEDANKE

Diese Marktbeschreibung zeigt Tendenzen, die in unterschiedlichem Maße für die oben genannten gastronomischen Betriebstypen von Bedeutung sind und daher auch Eingang in die jeweilige Markeninszenierung des gastronomischen Betriebes finden müssen. Das oberste Ziel erfolgreicher Markeninszenierung ist es, bei potenziellen Kunden die gewünschten Vorstellungen und Handlungsreflexe in Bezug auf eine bestimmte Marke, in unserem Fall einen bestimmten Gastronomiebetrieb, hervorzurufen und eine (Kauf-)Entscheidung zugunsten genau dieser Marke zu fördern. Bleibt die zentrale Frage, wie man einen langfristigen Erfolg in allen Gastronomiesektoren erreicht.

Fest steht: Der Unternehmer muss den Kanal, über den er das zu kommunizierende Angebot bewirbt, so auswählen, dass bei der Zielgruppe eine maximale Begehrlichkeit erreicht wird. Die potenziellen Gastronomiegäste müssen die Botschaft »Hier bekommen Sie etwas ganz Besonderes!« übermittelt bekommen. Aber welche Anreize müssen geschaffen werden? Gibt es allgemeingültige Determinanten, strategische Faktoren, die einen Erfolg am Markt garantieren?

Bezieht man alle genannten Faktoren mit ein, gibt es nur eine Lösung: die erlebnisorientierte, dreidimensionale Marken- und Gastronomieinszenierung. Erfahrungswerte wie Forschungsarbeiten stützen diese These, wobei eine erlebnisorientierte Gastronomieinszenierung von dem Begriff »Erlebnisgastronomie« abzugrenzen ist. Ob es sich bei einer Marke um eine Institution, ein Produkt oder eben eine Dienstleistung handelt, eine klar definierte Marke besteht in jedem Fall besser am Markt als ihre profillosen Konkurrenten.

Wenn der interne Markenbildungsprozess abgeschlossen ist, kommt es darauf an, die herauskristallisierte Markenbotschaft an den Kunden zu bringen. Das wirft eine neue Frage auf: Existiert ein Weg, einen Gastronomiebetrieb so zu organisieren und zu präsentieren, dass auf Kunden-, bzw. Gastseite eine hohe Begehrlichkeit entsteht? Oder anders gefragt: Wie erreicht man den Kunden bzw. Gast am direktesten, nachhaltigsten und damit am wirkungsvollsten?

ERLEBNISSE INSZENIEREN

Nach einem erfolgreichen, professionellen und fundierten Markenbildungsprozess müssen die erarbeiteten Ergebnisse – nach dem sie verinnerlicht wurden – nach außen, zur Zielgruppe kommuniziert werden. Die zuvor herausgearbeiteten soziokulturellen Erscheinungen wie Übersättigung, Angebotsflut und Eskapismus machen es aber schwierig, den richtigen Kanal für die eigene Markenbotschaft zu finden. Wie etabliert man also den eigenen Gastronomiebetrieb als absolute Präferenz-Adresse auf einem bestimmten Marktsegment?

Um eine langfristige Kundenbindung, Imagestärkung und Absatzsteigerung zu erreichen, muss neben dem funktionalen Wert einer Gastronomiemarke ihr emotionaler Mehrwert, muss ihre Geschichte erlebnisorientiert kommuniziert werden. Das Wertesystem hinter einem Betrieb muss gelebt werden und erlebbar sein. Emotionen sind das Geheimnis einer erfolgreichen Gastronomieinszenierung.

GANZHEITLICHE UND NACHHALTIGE GASTRONOMIEINSZENIERUNG

Im Sinne einer ganzheitlichen und nachhaltigen Gastronomieorganisation und -inszenierung muss der Gastronom mit den

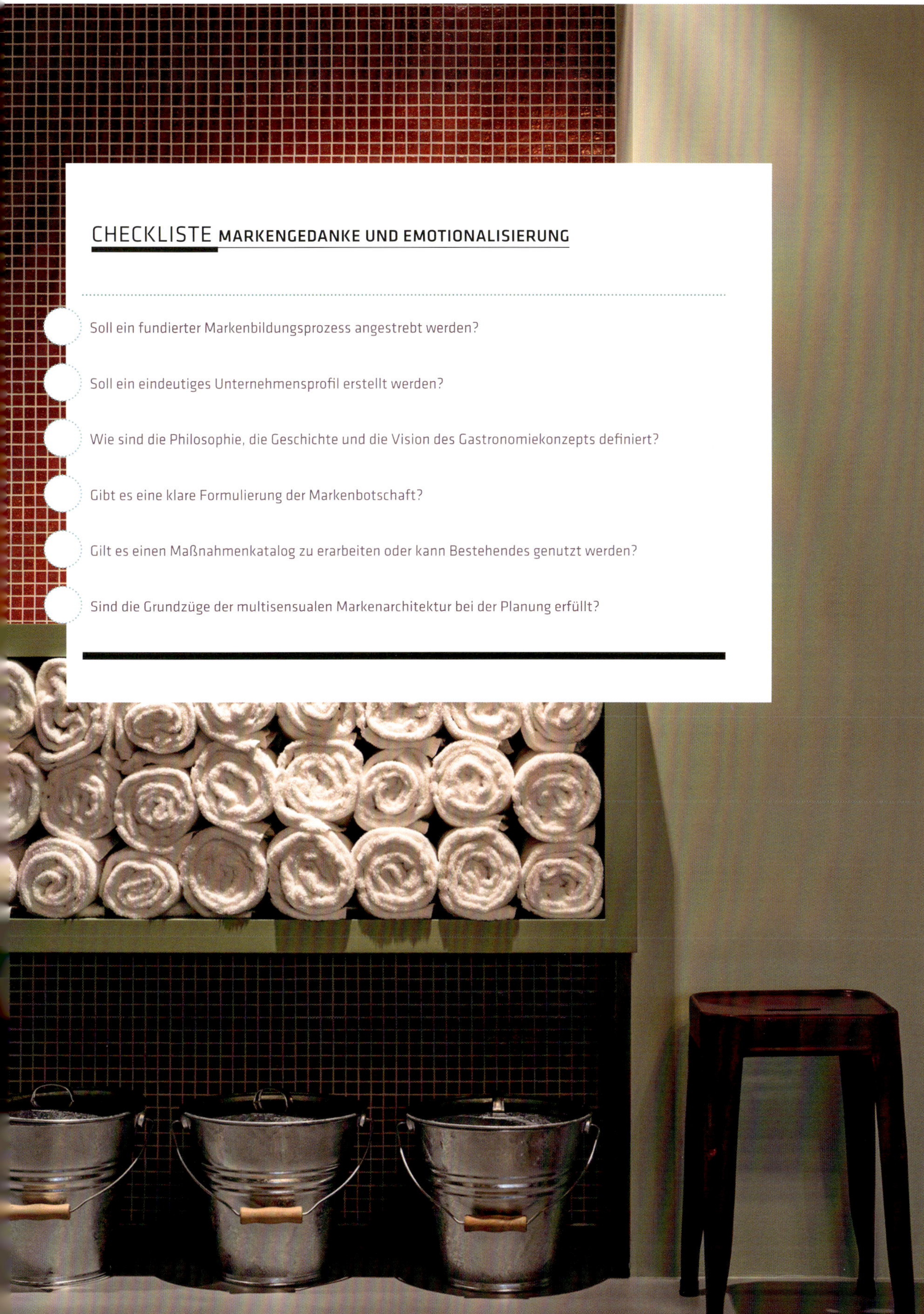

CHECKLISTE MARKENGEDANKE UND EMOTIONALISIERUNG

- Soll ein fundierter Markenbildungsprozess angestrebt werden?
- Soll ein eindeutiges Unternehmensprofil erstellt werden?
- Wie sind die Philosophie, die Geschichte und die Vision des Gastronomiekonzepts definiert?
- Gibt es eine klare Formulierung der Markenbotschaft?
- Gilt es einen Maßnahmenkatalog zu erarbeiten oder kann Bestehendes genutzt werden?
- Sind die Grundzüge der multisensualen Markenarchitektur bei der Planung erfüllt?

Augen der (potenziellen) Gäste sehen und alle Kundenkriterien in seine Planung mit einbeziehen, ohne dabei jedoch das grundlegende Konzept zu verändern. Eine überzeugende Imagestärkung, eine langfristige Kundenbindung und eine stabile Absatzsteigerung erreichen Unternehmen, wenn das Gastronomiekonzept den eigenen Werten treu bleibt. Eine professionelle Markenarchitektur adaptiert die individuelle Persönlichkeit im Raum und erweckt die Gastro-Marke durch die Inszenierung über alle Sinne zum Leben. Nachhaltigkeit bedeutet: durch ein stabiles und überzeugendes Image inspirieren, bewegen, stimulieren.

Ganz entscheidend zur Beurteilung einer Gastronomielocation trägt die Standortattraktivität bei: Einrichtung, Atmosphäre und Dekoration sind genauso wichtig wie das Publikum, die Infrastruktur oder die nähere Umgebung. Ein ebenso wichtiger Punkt ist das Auftreten des Servicepersonals, sein Erscheinungsbild, seine kommunikative und soziale Kompetenz. Auch die interne Kommunikation spielt mit hinein: Wenn beispielsweise die Abläufe und Wege hinter den Kulissen nicht gut organisiert sind, passieren Fehler und die schlechte Stimmung der Akteure kommt nicht selten direkt beim Gast an. Die Aufmachung und Zusammenstellung der Speisekarte ist ebenfalls wichtig, ebenso die Speisenqualität, die Produktauswahl und -herkunft und die allgemeine Hygiene und Sauberkeit. Wenn ein Gastronomiekonzept bestimmte Zusatzangebote zu bieten hat, müssen diese deutlich kommuniziert werden. Existieren Special-Events, eine spezielle Saisonkarte oder die Möglichkeit für eine Anmietung für größere Feste? Das Zauberwort für alle Aspekte ist Angemessenheit: Space-, Food- und Visual-Identity müssen in Einklang sein, das Speisen muss zu einem Erlebnis werden, jedes Detail muss passen. So erreicht der Gastgeber, dass im Kopf der Gäste ein hoher Wert für das Gastronomieunternehmen generiert wird – eine alte Marketing-Weisheit: Es überzeugt nicht allein das tatsächliche Angebot, sondern es spielt auch immer die Präsentation eine Rolle. Und mehr Wertschätzung bewirkt mehr Wertschöpfung.

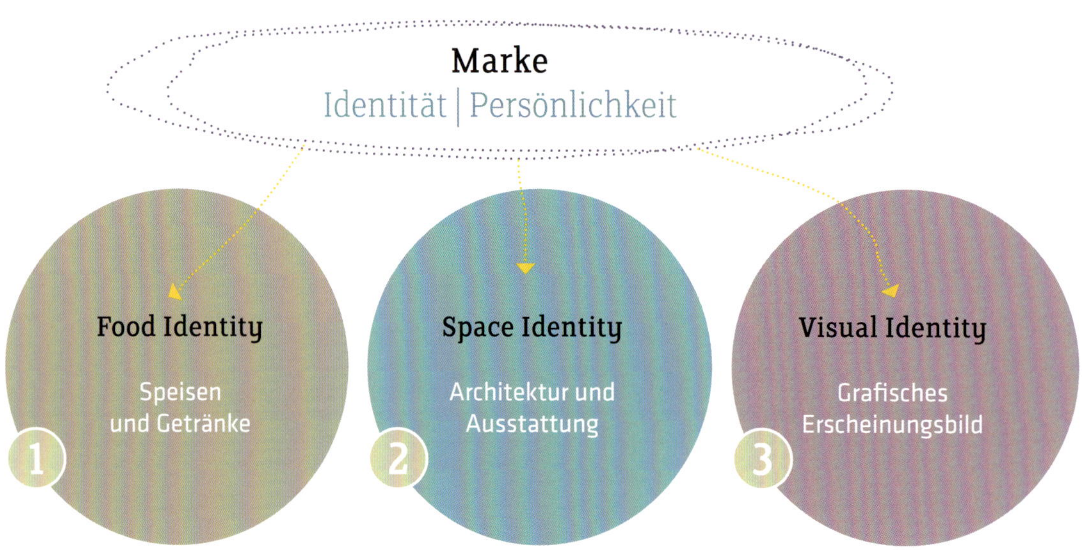

ABBILDUNG 16: **DIE DREI IDENTITY-SÄULEN ERFOLGREICHER GASTRONOMIEINSZENIERUNG**

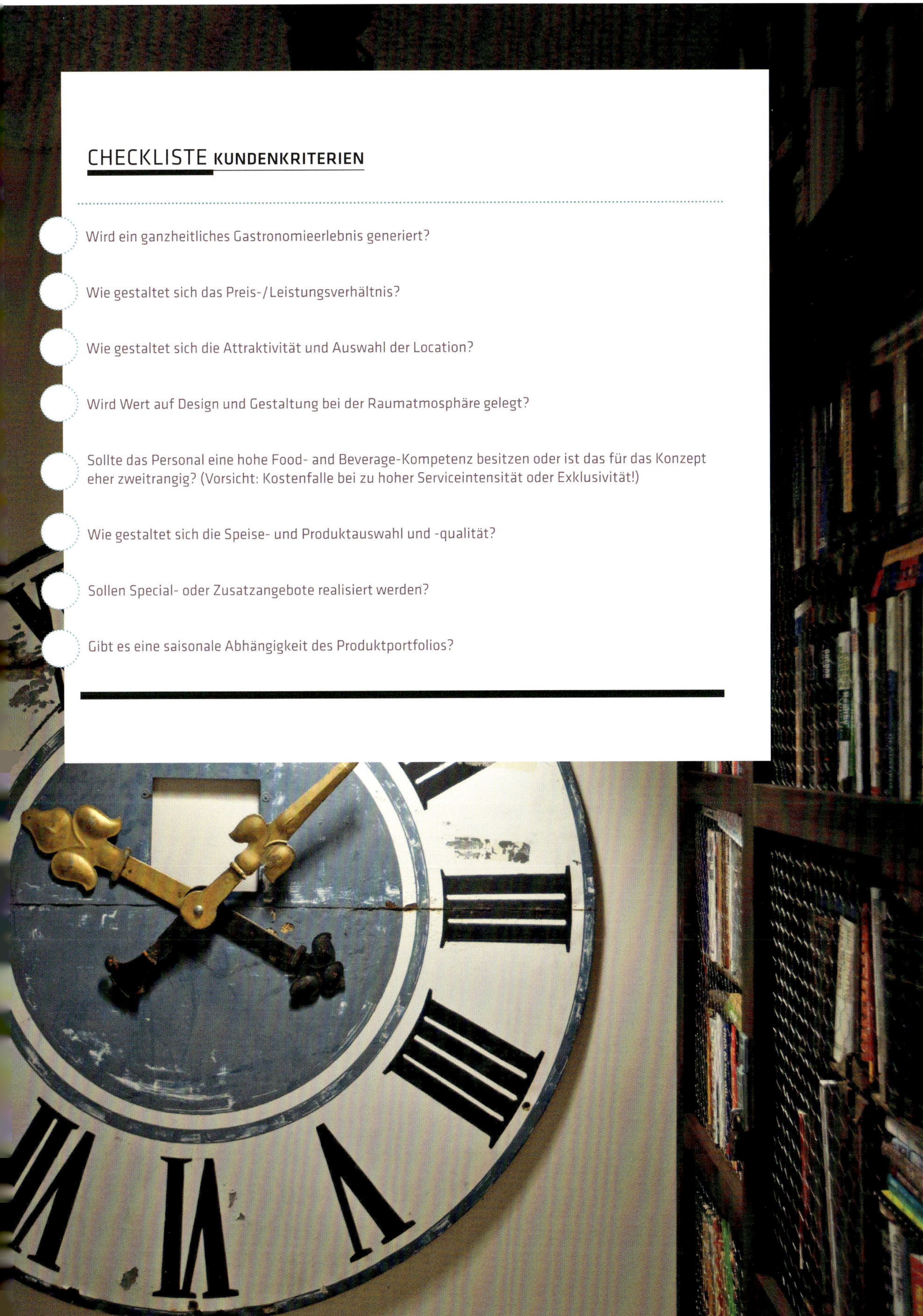

CHECKLISTE KUNDENKRITERIEN

- Wird ein ganzheitliches Gastronomieerlebnis generiert?
- Wie gestaltet sich das Preis-/Leistungsverhältnis?
- Wie gestaltet sich die Attraktivität und Auswahl der Location?
- Wird Wert auf Design und Gestaltung bei der Raumatmosphäre gelegt?
- Sollte das Personal eine hohe Food- and Beverage-Kompetenz besitzen oder ist das für das Konzept eher zweitrangig? (Vorsicht: Kostenfalle bei zu hoher Serviceintensität oder Exklusivität!)
- Wie gestaltet sich die Speise- und Produktauswahl und -qualität?
- Sollen Special- oder Zusatzangebote realisiert werden?
- Gibt es eine saisonale Abhängigkeit des Produktportfolios?

Der Erfolg eines gastronomischen Betriebs hängt also von einer Vielzahl von Faktoren ab – am besten fassbar als Markenidentität. Dieses Image muss in einer ganzheitlichen Inszenierung präsentiert werden – authentisch, individuell und nachhaltig. Geschichte, Tradition und Werte hinter dem Unternehmen müssen kreativ und innovativ erlebbar gemacht werden – nicht die Masse, sondern die Details zählen. Ganzheitliche Konzepte haben das Potenzial zum großen und nachhaltigen Erfolg am Markt.

SISSI CAFE UND BAR – EIN FALLBEISPIEL

Standort

sissi CAFE UND BAR
Nördliche Hauptstraße 35
D-83700 Rottach-Egern am Tegernsee

Das Briefing

Im Herzen Oberbayerns gelegen, ist das Tegernseer Tal eine der begehrtesten Ferienregionen Deutschlands. Die einzigartige Natur, die traditionelle Kultur und das reichhaltige Sport- und Freizeitangebot ergänzen sich zu einer ganz besonderen Komposition. Die Gemeinde Rottach-Egern begeistert durch ihre traumhafte Lage an der Sonnenseite des Tegernsees und ist seit jeher Inspirationsquell für Künstler und Erholungsoase für Gäste aus nah und fern. Die lokale Gastronomie- und Hotellandschaft genügt höchsten Ansprüchen.

In Rottach-Egern am Tegernsee sollte in einem der Gemeinde gehörenden Gebäude im Erdgeschoss ein Tagescafé inklusive großem Außenbereich entstehen. Wunsch des Auftraggebers war ein charmanter Gastronomiebetrieb, der sich perfekt in den regionalen Kontext einfügt und die essenziellen Elemente der Umgebung aufnimmt: den Tegernsee, die Voralpenregion, die Berge. Auch das Food- und-Beverage-Konzept sollte dementsprechend ausgerichtet werden und ein eher reduziertes, dafür aber sehr qualitätsbewusstes Speisenarrangement bieten und die bewusste Lebensart im Tal widerspiegeln.

Das Budget

Für den kompletten Innenausbau einschließlich des Außenbereichs stand ein Budget von

sissi
CAFE UND BAR

20.000,– € zur Verfügung. Die Kosten und Planungsleistungen für die Einrichtung der Küche sowie die Installation des Kühlhauses werden hier nicht näher erläutert. Dass diese technische Grundausstattung unverzichtbar ist, versteht sich.

Das Konzept

Das neue Tagescafé sissi CAFE UND BAR wurde als charmante Genusswerkstatt konzipiert, die Trendbewusstsein und Bodenständigkeit, Tradition und Zeitgeist kombiniert – auf der Speisekarte wie auch beim Interieur. Brot als allseits beliebter Protagonist wurde ins Zentrum des kulinarischen Konzepts gestellt und modern interpretiert. Auch im Design wurde eine Synthese von Alt und Neu, Hochwertigkeit und Natürlichkeit angestrebt. Die Speisekarte sollte regional und saisonal ausgerichtet werden. Mit diesen Anforderungen war eine klar umrissene Markenpersönlichkeit geschaffen, die in sich stimmig und daher überzeugend auf Mitarbeiter und Gäste wirkt.

Die Corporate Identity

Der Name des Tagescafés sissi CAFE UND BAR ist an die große österreichische Kaiserin Elisabeth angelehnt, die 1888 Rottach-Egern besuchte. Mit der prominenten Namenspatin wird der im Briefing anvisierte bayerisch-österreichisch-alpenländische Kulturkreis assoziiert. Gestalterisch ergänzen sich Wort- und Bildmarke harmonisch, werden inhaltlichen wie grafischen Aspekten gerecht und verkörpern den vom Kunden gewünschten Mix aus Lifestyle und Traditionsbewusstsein.

Das Design

Das Design des Tagescafés gibt den kulinarischen Inhalten eine adäquate Form: Die verbauten Materialien orientieren sich konsequent am natürlichen Umfeld des Tegernseer Tals und präsentieren traditionelle Elemente in einem neuen Gewand: Warmes Holz bestimmt das

Gesamtbild, eine lange kommunikative Bar lädt zum Verweilen ein, gemütliche Sitzgruppen und sorgfältig arrangierte Details und Accessoires schaffen die Basis für ein genussvolles Speisen. Hier treffen traditionelle Objekte auf moderne Flächen; modern adaptierte Schwarz-Weiß-Fotografien von heimischen Berglandschaften unterstützen den durchgängig alpinen Charakter. Einen spannenden Kontrast zu den natürlichen Materialien bilden ausgewählte Design-Stücke wie der Masters Stuhl von Kartell / Philippe Starck oder das auf der Terrasse eingesetzte Bauhaus-Mobiliar. Vollendet wird das alpine Einrichtungskonzept durch Akzente in einem edlen Blauton, der sich auch im Logo wiederfindet. Echt und gemütlich, modern und natürlich – einfach zum Wohlfühlen.

Food and Beverage

Im Mittelpunkt des kulinarischen Konzepts von sissi CAFE UND BAR steht das Qualitätsversprechen. Durch die enge Kooperation mit einheimischen Lieferanten und Herstellern sowie durch die Hochwertigkeit und Frische der verarbeiteten Produkte wird eine einfache, gute Küche garantiert. Die angebotenen Speisen werden bevorzugt aus regionalen und saisonalen Zutaten zubereitet. Zudem greift die Küche von sissi CAFE UND BAR, wann immer es möglich ist, gerne auf hochwertige Bio-Produkte zurück. Frei nach dem Motto »Qualität statt Quantität« ist die Speisekarte klein und fein. Das Credo: Das Beste ist oft das Einfache, das Unverfälschte. sissi bietet seinen Gästen den puren Genuss der einfachen und ursprünglichen Dinge. Die Gäste erwarten schmackhafte Variationen der beliebten Brotzeit. Außerdem gibt es bei sissi CAFE UND BAR köstliche wechselnde Tages- und Mittagsgerichte sowie selbst gebackene Kuchen aller Art zu entdecken. Kleine Delikatessen, mit viel Liebe zubereitet.

Das Zusatzangebot

Das Zusatzangebot passt zu den durch die erarbeitete Markenpersönlichkeit und das Image vorgegebenen Koordinaten. Nicht nur

die Speisekarte wird saisonal variiert, es gibt auch ab und zu Sonderaktionen wie einen Glühweinstand im Dezember zum Adventsmarkt. Guten Freunden kann man kaiserliche Momente in Form eines Gutscheins schenken. Außerdem ist es möglich, ausgewählte Schmankerl, Interieur-Highlights und bayerische Fundstücke fürs Zuhause zu kaufen – für das sissi-Feeling »to go«.

Das Ergebnis

Die konsistente Gestaltung der Corporate Identity ist für die konsequente Darstellung einer Marke von essenzieller Bedeutung. Angefangen beim Logo-Design, über die Innenausstattung bis hin zum Food-Konzept wurde ein ganzheitliches Konzept für sissi CAFE UND BAR entwickelt. Auf Basis einer Zielgruppen- und Standortanalyse wurde ein Gastronomietyp erarbeitet, der auf der einen Seite den Bedürfnissen der potenziellen Kunden entspricht, der auf der anderen Seite aber auch den Markt und die Wettbewerber miteinbezieht. Der lässig-charmante Style passt perfekt zur Location, das Speisenangebot garantiert dem Betrieb ein Alleinstellungsmerkmal am See und ermöglicht den Gästen Genuss pur. Mit viel Liebe zum Detail, technischem Know-how und kreativer Energie entstand eine absolute In-Location.

Da Kontinuität der wesentliche Faktor der Außenwirkung ist, wurde sehr auf eine bewusst konsequente Gestaltung aller Elemente geachtet. Farbgebung, Materialauswahl und Grafik zielen auf eine professionelle und konsistente Gestaltung des Erscheinungsbildes ab. Auch wurde auf gegenwärtige Tendenzen am Markt eingegangen, ohne dabei der Schnelllebigkeit eines gehaltlosen Trends zu erliegen. Trotz eines vergleichsweise geringen Budgets ist hier mit Kreativität und Steuerungskompetenz eine Gastronomieinszenierung der Extraklasse entstanden.

Fazit

Eine stabile und erfolgreiche Gastronomieinszenierung zu realisieren, ist eine Herausforderung. Die Übersättigung durch die allgemeine Angebotsflut, der hohe Anspruch auf der einen, die ausgeprägte Preissensibilität auf der anderen Seite und viele weitere Faktoren erschweren eine stabile Positionierung am Markt. Jeder Gastronomietyp reagiert auf andere Erfolgsdeterminanten und ist als ein individueller Fall zu betrachten. Alle Gastronomiekonzepte, ob permanent oder temporär ausgerichtet, müssen sich jedoch als Marke formieren, um langfristig erfolgreich zu arbeiten. Um Kundenbindung, Imagestärkung und Absatzsteigerung zu erreichen, muss jedes Gastronomiekonzept einen professionellen Markenbildungsprozess durchlaufen und die Philosophie, Vision und Geschichte hinter der eigenen Marke definieren. Um potenzielle Gäste effektiv zu erreichen, muss neben dem funktionalen Verbrauchswert einer Gastronomiemarke ihr emotionaler Mehrwert erlebnisorientiert kommuniziert werden. Der Wunsch nach einem emotionalen Erlebnis mit einem hohen atmosphärischen Faktor wurde lange Zeit zu Unrecht vernachlässigt. Inzwischen ist erwiesen, dass Emotionalisierung und Multisensorik feste Bestandteile erfolgreicher Markenarchitektur sind – heute ist die Ladenatmosphäre sogar ein eigenständiges Forschungsgebiet. Primärer Entscheidungsfaktor auf Kundenseite ist die Ganzheitlichkeit und Nachhaltigkeit eines angebotenen Gastronomiekonzepts. Eine Optimierung in diese Richtung ist in vielen Betrieben möglich. Wichtig ist dabei eine gute Abstimmung von Umgebung und Gästewunsch. Ein Gast, der ein High-End-Menü zu sich nehmen und bezahlen möchte, erwartet auch ein entsprechend anspruchsvolles Interieur. Wer dagegen im Stehen schnell eine Currywurst essen möchte, ist nicht gewillt, für teure Ledersessel mit zu bezahlen. Das Gastgewerbe ist eine überwiegend persönliche Dienstleistung, die sowohl ergebnisorientiert als auch prozessorientiert sein sollte. Ein einziger Gastronomiebetrieb kann nicht alle denkbaren Wünsche erfüllen. Stattdessen sollten Gastronomen den Mut haben, sich zu ihrer ganz eigenen Markenpersönlichkeit zu bekennen und diese ohne Kompromisse zu leben – davon profitiert letztendlich die gesamte Branche, die dadurch unglaublich vielfältig und spannend wird!

CHECKLISTE ZU SZENE 2: HINTERFRAGEN SIE SICH!

Fragen als Umsetzungsunterstützung zur Szene 2: Kulisse

Zentrale Fragen für eine erfolgreiche Umsetzung	Für meinen Betrieb nicht relevant, Gedanke wird nicht weiter verfolgt.	Relevant, der Frage wurde bereits im eigenen Betrieb nachgegangen.	Relevant, der Frage wird im eigenen Betrieb nachgegangen.
»Anders und unverwechselbar« lautet die Devise! Werden Sie ihr gerecht?			
4 Typen der Thematisierung! Welcher Typ/welche Typen passt/passen auf Ihren Betrieb?			
Kommunizieren Sie aktiv dem Gast das Besondere Ihrer Erlebnisse?			
Kommt der Gast während des Dienstleistungsprozesses kontinuierlich mit der Marke und dem damit verbundenen Versprechen in Kontakt?			
Können Sie aus den Sachverhalten der aufgeführten Praxisbeispiele etwas für Ihr Konzept gewinnen?			

SZENE 3
DAS PUBLIKUM

»Erlebnisse sättigen [den Gast] nicht, sondern stimulieren den Appetit auf weitere Erlebnisse.«[20]

Das Verhalten der Gäste hat sich im Laufe der letzten Jahre deutlich verändert: Anspruchsniveau und Erwartungshaltung sind gestiegen, sie sind durch vermehrtes Reisen erfahrener geworden. Der Wunsch nach Zusatznutzen und Individualität wird immer größer. Die zunehmende Standardisierung der Angebote und das wachsende Markenbewusstsein der Gäste fordern Hoteliers und Gastronomen auf, neue Wege zu beschreiten.

DIE FRAGEN, DIE SICH HOTELIERS UND GASTRONOMEN HEUTZUTAGE STELLEN MÜSSEN, LAUTEN:

- Wie kann ich Gäste dazu bewegen, meine Dienstleistung nachzufragen?
- Was bewegt meine Gäste, mein Konzept zu bevorzugen?
- Was bindet meine Gäste an mein Konzept?

Einen großen Teil der Antworten liefert die grundlegende Sozialforschung. Für Gastgeber ist es notwendig, ihre Gäste zu kennen, ihr Verhalten vorherzusagen und ihren Wünsche zuvorzukommen. Das ausschließliche Befassen mit aktuellen Modeerscheinungen sowie Trends der Branche reicht nicht aus. Hoteliers und Gastronomen sollten sich zunehmend damit auseinandersetzen, wie sich das Gästeverhalten der letzten Jahre verändert hat, um ein Gespür dafür zu entwickeln, wie die eigene Zielgruppe funktioniert. Zunehmend setzt sich die Erkenntnis durch, dass soziodemografische Daten nicht ausreichen, um ein bestimmtes Konsumentenverhalten zu erklären. Es bedarf hierfür der Kenntnis persönlicher Werteorientierungen, Erwartungen und Einstellungen. Diese Informationen liefert die Lebensstil-Segmentierung, welche die Kombination typischer Verhaltensmuster von Konsumentengruppen abbildet. Starwood Hotels & Resorts war eine der ersten Hotelgesellschaften, die den jeweiligen Lebensstil ihrer Gäste im Rahmen der Core Values für jede Hotelmarke separat berücksichtigt hat. So steht beispielsweise

- Le Méridien für Chic, Cultural, Discovery
- Sheraton für Warm, Comforting, Connections
- Four Points für Honest, Uncomplicated Comfort

Der Lebensstil einer Person kann je nach Lebenssituation (Beruf, Freizeit, Stress etc.) variieren; die Herausforderung für den Gastgeber besteht darin, den Anforderungen des jeweiligen Lebensstils seiner Zielgruppe bestmöglich zu entsprechen.

DIE ERLEBNISGESELLSCHAFT – EIN KOLLEKTIVER FREIZEITPARK?

Den Begriff der Erlebnisgesellschaft prägte der Soziologe Gerhard Schulze in seiner gleichnamigen Studie bereits in den 90er Jahren. Er stellte einen Wandel der Gesellschaft fest, die ihre Konsumentscheidungen zunehmend innenorientiert abwägt und die eigene Persönlichkeit in den Vordergrund rückt. Vereinfacht könnte man sagen, dass die Erlebnisgesellschaft darauf bedacht ist, möglichst viel Genuss für sich selbst zu erreichen. Sie hat einen Hang zu Extremen, Exotik und Multioptionalität. Der heutige Erlebnistrend und der weltweite Bauboom von Hotels und Resorts resultiert aus eben diesem Wertewandel.

War die Gesellschaft früher eher risikoscheu und darauf bedacht, ihre Grundbedürfnisse zu decken, so entwickelte sie sich in den letzten Jahrzehnten zum genauen Gegenteil: Der gestiegene Lebensstandard und die Lockerung der Arbeitszeiten bildeten die Basis für die erhöhte Nachfrage nach Leistungen zur Selbstverwirklichung. Der Grund für den

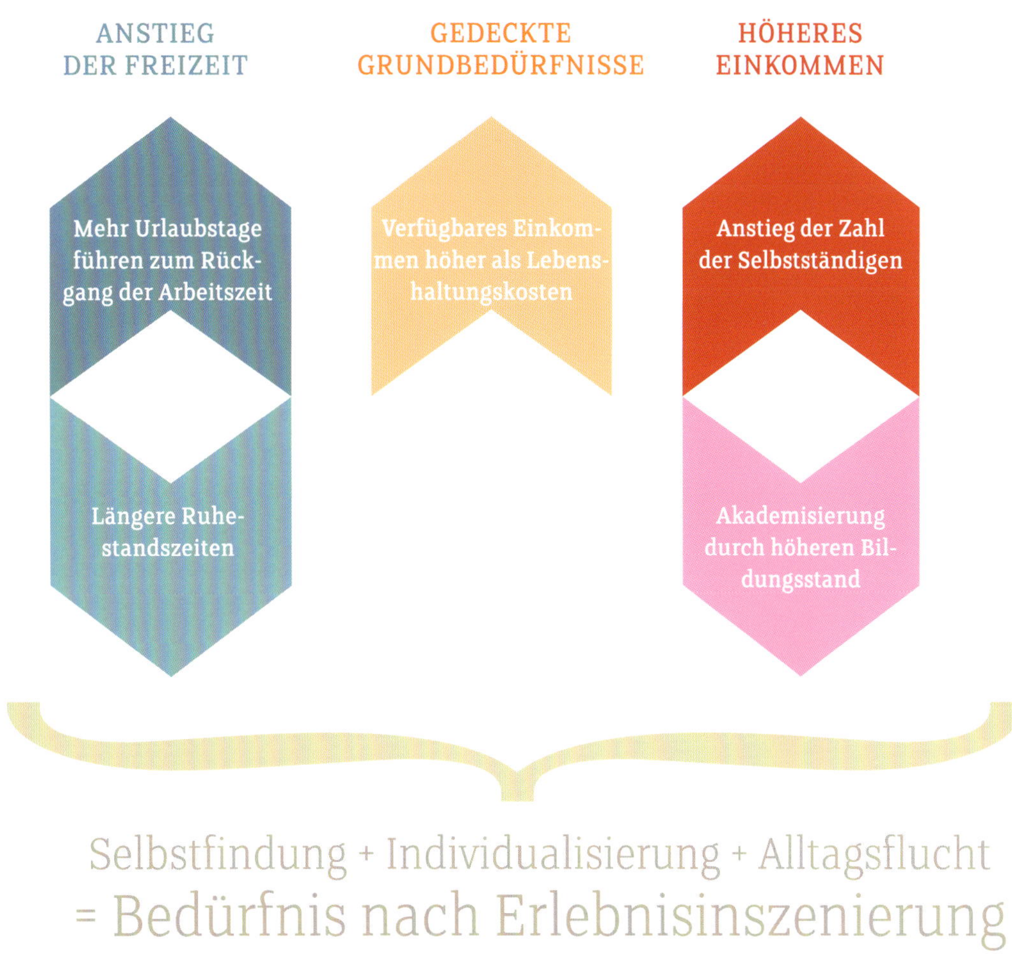

ABBILDUNG 17: **ÄUSSERE UMSTÄNDE DES WERTEWANDELS**

Eigene Darstellung nach HENNINGS 2000, S. 57 und BRUNNER-SPERDIN 2008, S. 15 ff.

Konsum war nicht länger der Produktnutzen, sondern die Befriedigung von Erlebniswünschen und Erlebnisbedürfnissen.

Das Resultat des Wertewandels ist eine aktive, kritische und gegenwartsorientierte Konsumgesellschaft, die traditionellen Werten – wie Sparsamkeit oder Sicherheit – und Tugenden – wie Solidarität oder Askese – wenig Beachtung schenkt. In der Erlebnisgesellschaft stehen Individualisierung, Selbstverwirklichung und Hedonismus im Vordergrund.

Im Tourismus schlägt sich der Wandel deutlich nieder: Vor wenigen Jahrzehnten etablierte sich das Massenprodukt Pauschalreise, und das damit verbundene langfristige Buchungsverhalten, als Trend. Heute verhält sich der Tourist hybrid, multioptional und inkonsequent. Er fliegt mit der Billigairline in den Wellness-Urlaub und übernachtet in einem 5-Sterne-Baumhaus-Hotel. Auch die Wahl des Restaurants begründet sich nicht länger ausschließlich über die Qualität der Speisen, vielmehr über Ambiente und Image des Betriebes und ob diese zum individuellen Lifestyle passen.

Die Erlebnisgesellschaft kann als eine sogenannte MEHR-Kultur beschrieben werden. Konsumenten wollen immer mehr: mehr Entertainment, mehr Thrill, mehr Fun. Produkte und Dienstleistungen brauchen zu ihrem Kernnutzen einen materiellen oder emotionalen Zusatznutzen – Qualität wird ohnehin vorausgesetzt. Die Abgrenzung zur Masse entscheidet sich allein über die Emotionalität der Leistung. Beispiele hierfür liefert der Automobilhersteller BMW mit seinem Werbeslogan: »BMW – Mehr als ein Auto«, oder die Lufthansa mit ihrem »Miles & More« Angebot. Was ist dieses MEHR, das die Erlebnisgesellschaft fordert?

Schulze nennt hierzu ein passendes Beispiel:

»Ob das Auto fährt [Kernnutzen], können alle beurteilen. Ob man dabei ein schönes Fahrgefühl hat [emotionaler Zusatznutzen], muss jeder für sich entscheiden.«[21]

ENTWICKLUNG VON FREIZEIT UND ERLEBNISKONSUM

Die Verschmelzung von Arbeitszeit und Freizeit hat heutzutage den wichtigsten Einfluss auf zukünftige Hotelprojekte. In den vergangenen Jahrzehnten hat sich das Verhältnis der Arbeits- zur Freizeit gewandelt: Wochenstunden wurden weniger, flexible Arbeitsverträge, Minijobs und Gleitzeiten ermöglichen dem Arbeitnehmer eine zunehmende Selbstbestimmung – so scheint es. Durch den parallelen Verlauf von Arbeitszeit und Freizeit und das Verschwimmen der Grenzen dazwischen bleibt wenig Zeit für sinnvolle Beschäftigungen, die nicht zusätzlichen negativen Stress verursachen.

Laut einer OECD-Studie hatte im Jahr 2011 jeder Deutsche 6,5 Stunden Freizeit pro Tag – so viel wie nie zuvor. Dennoch hat die Mehrheit der Arbeitnehmer, vor allem Familien, das Gefühl, zu wenig freie Zeit zu haben und andauernd mit der Arbeit konfrontiert zu werden. Die ständige Erreichbarkeit durch Smartphones, Tablet PCs und Notebooks hat das Konzept der Freizeit grundlegend verändert.

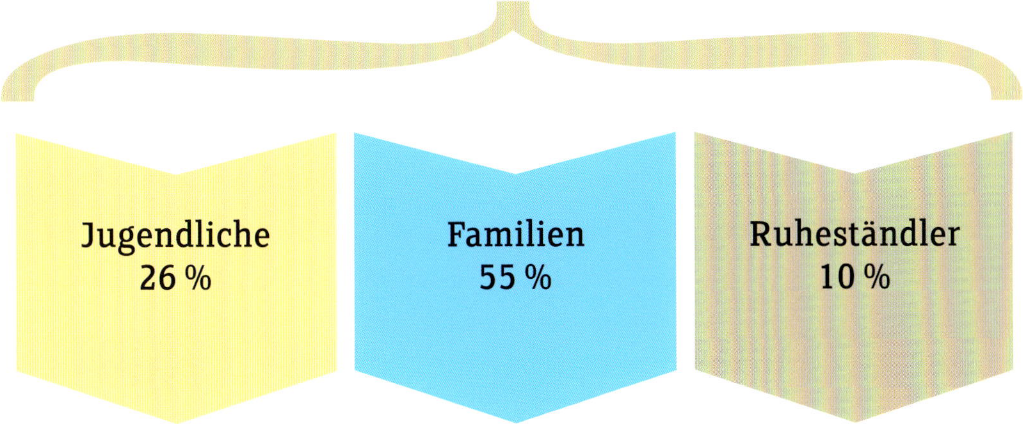

ABBILDUNG 17: **ANTEIL DER DEUTSCHEN, DIE 2011 MEINTEN, ZU WENIG FREIZEIT ZU HABEN**

Quelle: Eigene Darstellung in Anlehnung an GRÄSCHE 2012, S. 81

Was ist Freizeit?

Laut Opaschowski ist Freizeit nicht, wie oft angenommen, der Rest des Tages nach Abzug der Arbeitszeit. Der Sozialforscher stellt heraus, dass Freizeit die freie Zeit ist, in der Menschen tun können, was ihnen gefällt – ohne Zeitdruck, ohne Reglementierungen.
Das Gefühl vieler Menschen, immer weniger Freizeit zur Verfügung zu haben, erklärt im Umkehrschluss den Drang, diese knappe Zeit mit möglichst vielen, extremen und nachhaltig erinnerbaren Erlebnissen zu füllen. Der Erlebniskonsum befriedigt die Suche nach positivem Stress, nach allgemeiner Erregung und Stimulation. Er schafft einen Ausgleich zum grauen Alltag. Erlebnisse leisten einen realen Beitrag zu einer verbesserten bzw. intensiveren Lebensqualität. Ein Erlebnisprodukt bereitet dem Konsumenten ein sinnliches und oft nachhaltiges Erlebnis, das sich tief in die Gefühlswelt festsetzt.

»Erlebnisorientierung, als die unmittelbarste Form der Suche nach Glück, kennzeichnet die moderne Art zu leben und ist im historischen Vergleich etwas Neuartiges.«[22]

ERLEBNISORIENTIERUNG UND ERLEBNISRATIONALITÄT

Das Streben der Gesellschaft nach MEHR lässt sich anhand der Bedürfnispyramide des amerikanischen Psychologen Abraham Maslow beschreiben. Vereinfacht gesagt, verdeutlicht die Bedürfnispyramide, dass der Mensch, sobald die Befriedigung eines Bedürfnisses eintritt, nach einem höheren oder übergeordneten Bedürfnis strebt. Im Modell von Maslow gibt es sechs Bedürfnisebenen, die aufeinander aufbauend die Handlungsmotivation eines Individuums beschreiben.

Maslow unterscheidet zwischen Defizitbedürfnissen und Wachstumsbedürfnissen. Ein Defizitbedürfnis, das sich an der Basis der Pyramide befindet, muss vorrangig befriedigt werden, beispielsweise Hunger und Durst. Ist der Mensch satt, so hört er auf zu essen. Im Gegensatz dazu erlischt die Motivation, ein Wachstumsbedürfnis zu befriedigen, nicht automatisch. Sind die Grundbedürfnisse gestillt, so wendet sich der Mensch in höherem Maße der Selbstverwirklichung, Abwechslung und Erlebnisorientierung zu.

MASLOW'sche Bedürfnispyramide

ABBILDUNG 18: **MASLOW'SCHE BEDÜRFNISPYRAMIDE**

Quelle: Eigene Darstellung in Anlehnung an WEIERMAIR 2006, S.16

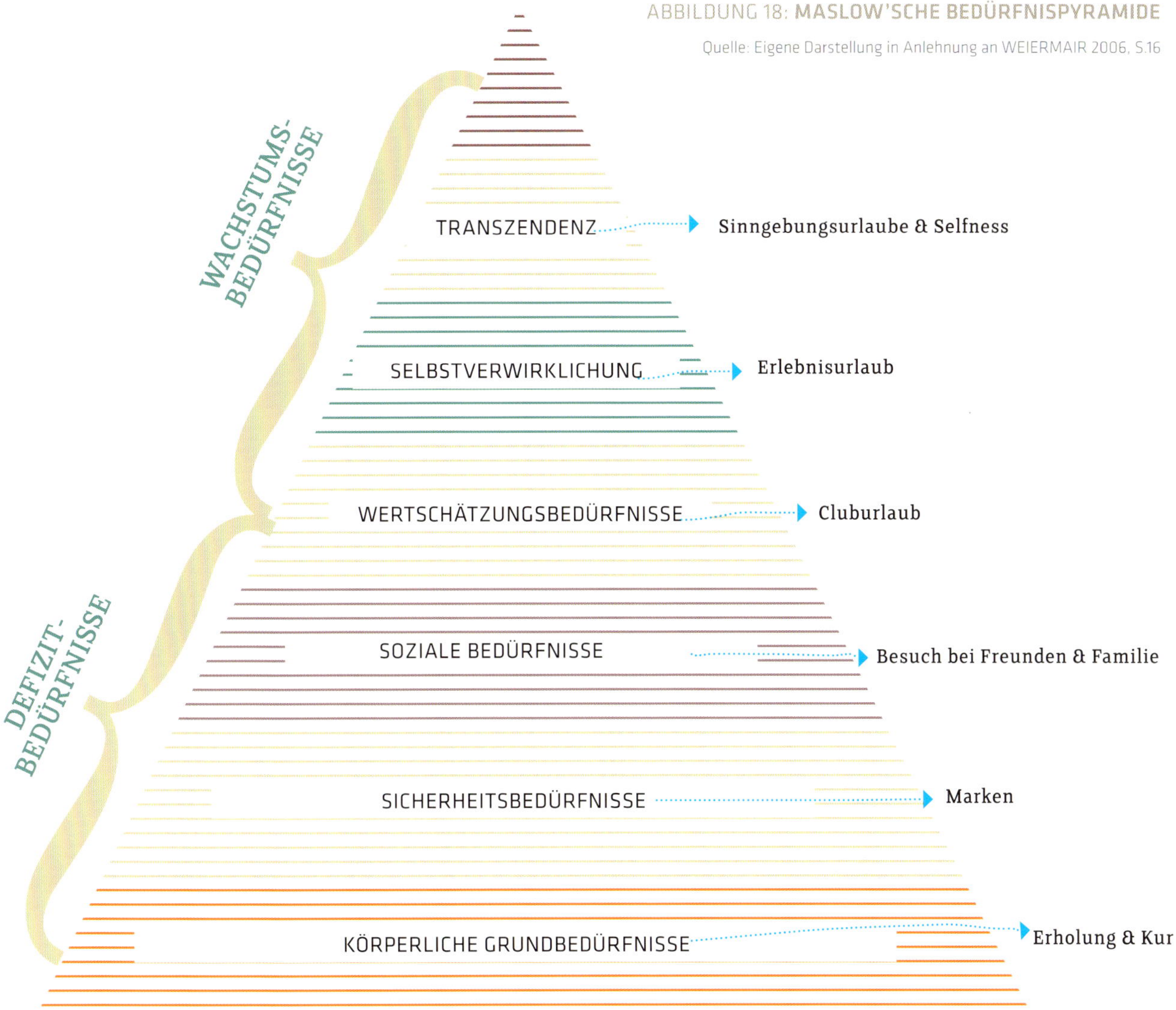

In Zeiten des Wohlstandes, in denen die Mehrheit der Bevölkerung sich um die Deckung der Grundbedürfnisse nicht länger sorgen muss, ist es, wenn man Maslow folgt, nicht verwunderlich, dass sich eine Evolution zur Erlebnisorientierung entwickelt.

Angebotsentwickler reagieren stark auf das erlebnisorientierte Verhalten der Konsumenten. Sie konzipieren stetig neue Angebote, die dem Gast einen Erlebnismehrwert garantieren und ihm unterbewusst Präferenzen für ein entsprechendes Angebot vermitteln. Den Auswahlprozess, den der Konsument durchläuft, wenn er sich für ein Erlebnisprodukt entscheidet, nennt der Kultursoziologe Gerhard Schulze Erlebnisrationalität. Sie ist die Fähigkeit, die den Konsumenten bei der Ordnung und Bewertung von Erlebnisangeboten leitet.

LAS VEGAS UND DIE DISNEYSIERUNG DER GESELLSCHAFT

»Exit through the gift shop, please!«[23]

Die Freizeitindustrie reagierte auf die Entwicklung der Erlebnisgesellschaft mit einem regelrechten Boom von Konzepten, die der Erlebnisorientierung der Konsumenten gerecht wurde: Jahr für Jahr eröffneten neue Freizeiteinrichtungen und -parks. Vorreiter für Konsum- und Erlebniswelten sind die USA, allen voran der Walt Disney Konzern mit seinen Parks in Kalifornien und Orlando. Perfektioniert hat das Erlebnisangebot die Vergnügungsstadt Las Vegas mit ihren magischen Inszenierungen und Entertainment-Tempeln. Aber auch Attraktionen in den Innenstädten, beispielsweise der Universal City Walk in Los Angeles oder der Times Square in New York, dienen der Erlebnisindustrie als wegweisende Beispiele aus Nordamerika.

In der Regel folgen die kommerziell betriebenen Erlebniseinrichtungen in Europa dem großen Vorbild Disney World aus den USA: Sie übernehmen klassische Merkmale und halten sich an etablierte Erfolgsfaktoren des amerikanischen Idols, um der erlebnisorientierten Nachfrage der Gesellschaft gerecht zu werden. Die Fachliteratur spricht in diesem Zusammenhang von der Disneysierung der Gesellschaft: eine Gesellschaft, die das künstlich Arrangierte sucht und die Inszenierung dem Original vorzieht.

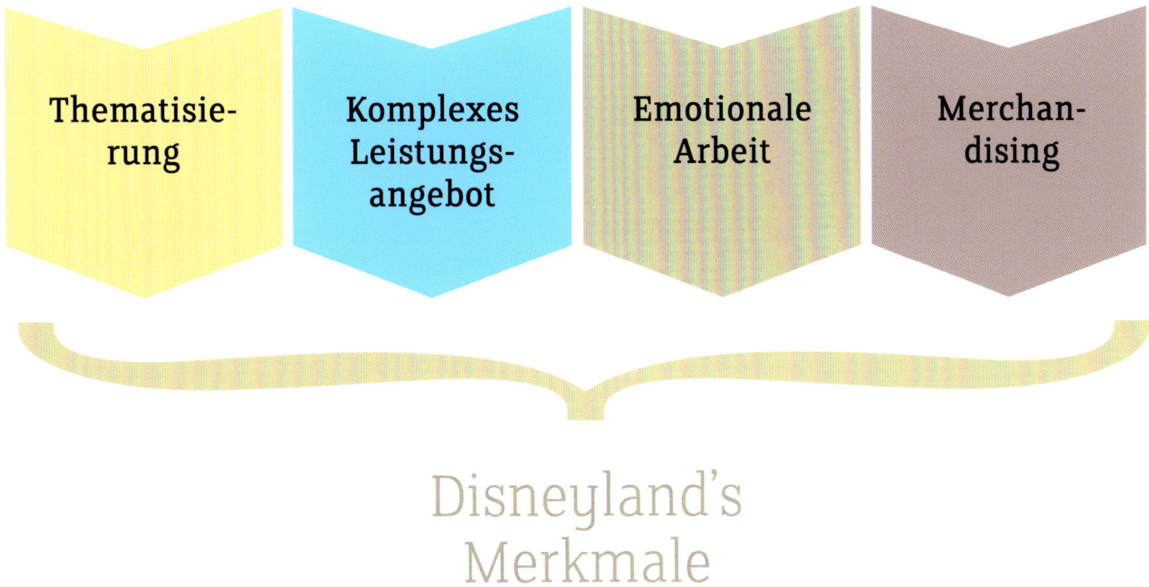

ABBILDUNG 19: **DISNEYLAND'S MERKMALE**

Quelle: Eigene Darstellung nach LOBIN und MAINDOK 2007, S. 932

Die Planung und Umsetzung der neu geschaffenen Erlebniswelten basiert auf den Merkmalen, die Walt Disney für seine erfolgreichen Parks festlegte: Thematisierung des Angebots, komplexes Leistungsangebot, emotionale Arbeit und Merchandising.

Thematisierung bedeutet, dass alle Komponenten einer Erlebniswelt einem übergreifenden Thema unterliegen, das bei den Besuchern positive Gefühle und Emotionen auslösen soll.

Ein komplexes Leistungsangebot soll den Besucher dazu verleiten, die Zeit zu vergessen und seine Verweildauer in der Erlebniswelt zu verlängern. Dem Besucher werden an einem Ort verschiedenste Angebote präsentiert, die sachlich nicht zwingend einen Zusammenhang haben müssen. Daher schließen an ein Museum oft ein Café und ein Souvenirshop an.

Erlebniskonzepte wirken nur dann authentisch, wenn die Inszenierung perfekt ist. Tragende Rollen in der Inszenierung spielen die Mitarbeiter. Von ihnen wird mehr verlangt als der klassische Nine-to-five-Job. Sie müssen ihre Rollen perfekt verkörpern, und einem vorgegebenen Kommunikationsleitfaden folgen. Sie schaffen mit ihrer emotionalen Arbeit eine authentische Erlebnissituation.

Eine gewinnorientierte Charakteristik der Erlebniswelten von Walt Disney sind die unzähligen Merchandising Shops. Merchandising umfasst den Verkauf und die Vermarktung von Markenartikeln, die als Souvenir dienen und den Besucher langfristig an das Erlebnis erinnern und damit binden.

Die Disney-Parks sind die besten Beispiele für ein gelungenes Zusammenspiel von inszeniertem Setting, Mensch und Phantasiewelt.

Nicht nur die Gesellschaft ist disneysiert, auch die Städte unterliegen einer erlebnisorientierten Veränderung, um als touristische Destinationen attraktiv zu bleiben. Städtebereiche werden aufbereitet und zu Erlebnisattraktionen umfunktioniert, um der Nachfrage von Kurzurlaubern und Städttouristen gerecht zu werden. Beispielsweise wurde ein heruntergekommenes, unattraktives Werftgelände in Bremen zu einem Hightech-Space-Park umgebaut: ein spannendes Infotainment Konzept, das jährlich Tausende Besucher anzieht.

Das Vergnügungs- und Konsumparadies Las Vegas ist das stärkste Beispiel für die Perfektion und den Erfolg von Erlebnisinszenierung auf allen Ebenen. Sie vereint die facettenreichsten und spektakulärsten Erlebnisangebote, Events, Casinos, Hotels, Restaurants, Attraktionen und Shows in dem einzigartigen Gesamtkonzept Erlebnisstadt. Las Vegas ist ein Erlebnismagnet, der Besucher anzieht, die sich zeitlos in der Stadt frei bewegen und hinter jeder Ecke neue Angebote entdecken, die begeistern.

Las Vegas – Quelle des künstlich inszenierten Gäste-Erlebnisses

Las Vegas, mit knapp 600.000 Einwohnern die größte Stadt des US-Bundesstaates Nevada, beherbergt die größte Anzahl inszenierter gastgewerblicher Einrichtungen der Welt. Mit ihren Casinos, Hotels, unzähligen Gastronomiebetrieben, Shoppingmalls und Shows wird die Stadt als Entertainment Capital of the World bezeichnet. Über 38 Mio. Besucher kommen jährlich in die Glücksspielmetropole.

Mit dem Bau des Hoover-Staudamms von 1931 bis 1935 und der Legalisierung des Glückspiels in Nevada im Jahr 1931 wurde der Grundstein für das schnelle Wachstum der Stadt gelegt. Benjamin Siegel setzte zu Beginn der 1940er Jahre mit dem Bau der ersten Hotels mit integriertem SpielCasino die Entwicklung in Gang (26.12.1946 Eröffnung des berühmten Flamingo). In den 1950er Jahren kamen zahlreiche Besucher nach Las Vegas, um Atombombentests in der Wüste zu sehen, was die Entwicklung der Hotels beflügelte (Eröffnung des Sahara am 07.10.1952 und des Sands 15.12.1952). Zunehmend kamen immer größere und inszeniertere Hospitality Komplexe, bestehend aus Hotel, Casinofläche, riesigen Convention-Bereichen, Shopping Mall und Gastronomie, hinzu.

Das Hotel Mirage (3.039 Betten) öffnete 1989 seine Pforten, 1993 hatten das Treasure Island, das Luxor und das MGM Grand ihr Opening. Am 26. November 1996 wird das Sands Hotel gesprengt, an dessen Stelle heute das Venetian steht. Weitere Hotels wie das Bellagio, Mandala Bay, Paris, The Cosmopolitan und eines der weltweit teuersten Hotels, das Wynn Las Vegas des Hotel-Tycoons Steve Wynn, kamen hinzu.

Viele der Hotels haben eins gemein: Sie setzen auf die Wirklichkeitsflucht (Eskapismus). Ihre Gäste können sich in eine andere Welt versetzen lassen. So ist beispielsweise im Hotel Venetian (7128 Zimmer) in den öffentlichen Bereichen halb Venedig nachgebaut: Es finden sich Sehenswürdigkeiten wie die Rialtobrücke, der Markusplatz oder der Campanile genauso wie unzählige Details wieder, bis hin zu nachgebauten italienischen Mülltonnen. Ein Rundgang durch die Shopping Mall gleicht einem Spaziergang durch die engen Gassen und über die Kanalbrücken von Venedig. Licht-, Temperatur- und Toneffekte verstärken die perfekte Inszenierung. Dies alles wird geboten, um zum Verweilen und zum Geldausgeben zu animieren.

GENERATION Y

Ein Wandel der Gesellschaft bedeutet gleichzeitig immer auch einen Wandel der Generationen – in diesem Zusammenhang wird allerdings eher von einer Entwicklung als einem Wandel gesprochen. Die »Generation Y« und der demografische Wandel sind in aller Munde – Industrie und Dienstleistungsbranche müssen sich auf neue Bedürfnisse vorbereiten und auf die Entwicklung der Generationen reagieren. Der Generationenwechsel betrifft die Tourismusbranche in besonderem Maße, daher müssen Anbieter verstehen, wie sich Gästebedürfnisse und Ansprüche mit den Jahren verändert haben.

Die Generationeneinteilung in der deutschen Ökonomie begann 1926 mit der **stillen Generation** (Geburtsjahrgänge 1926–1945), die vom Zweiten Weltkrieg und der nationalsozialistischen Herrschaft, der Weltwirtschaftskrise und dem Wiederaufbau geprägt war. Die Kinder dieser Jahre mussten früh Verantwortung für sich und ihre Familien übernehmen. Ihr Arbeitseifer und ihre Belastbarkeit führten schließlich zum Wirtschaftswunder. Die Selbstverwirklichung des eigenen Ichs stand weit im Hintergrund. Die Jahrgänge 1926–1945 werden als sogenannte »alte Touristen« bezeichnet, für die Reisen noch als Privileg galt. Die stille Generation ist charakterisiert durch Adjektive wie sparsam, enthaltsam, pragmatisch, bescheiden, zurückhaltend, fleißig, zuverlässig und loyal.

Auf die stille Generation folgten die **Baby Boomer** (1946–1964), deren Name aus dem immensen Anstieg der Geburtenrate nach dem Zweiten Weltkrieg resultierte. Zum einen lebten die Baby Boomer in relativer ökonomischer Sorglosigkeit und genossen die Früchte des Wirtschaftswachstums, zum anderen waren sie geprägt vom kalten Krieg, der Frauenbewegung und der 68er-Revolution. Materielle Werte verloren an Bedeutung, die Selbstverwirklichung trat zunehmend in den Vordergrund. Mit den Baby Boomern verbindet man heute Eigenschaften wie sorglos, emanzipiert, durchsetzungsfähig, idealistisch, umweltbewusst und anspruchsvoll.

Die Generation Golf, besser bekannt als **Generation X** (1965–1979), bildet gemeinsam mit den Baby Boomern die Gruppe der heutigen Best Ager und aufgrund des Wandels der Arbeit und Freizeit eine höchst interessante Zielgruppe für die erlebnisorientierte Hotellerie & Gastronomie. Die Generation X hörte Nirvana, schaute MTV und distanzierte sich zunehmend von der Gesellschaft. Der Fokus lag auf dem Privatleben, die persönliche Absicherung stand im Vordergrund – sie genossen den Wohlstand, den ihre Eltern erarbeitet haben. Mit der Medienrevolution schwemmten neue Kommunikations- und Informationstechnologien auf den Markt. Die Entscheidung für eine eigene Familie wurde hinausgezögert, die typischen DINKS (Double Income, No Kids) legten den Grundstein für den heutigen demografischen Wandel. Für diese sogenannten »neuen Touristen« gilt das Reisen als Selbstverständlichkeit, sie leben nach dem Spaßprinzip, sind freizeit- und gegenwartsorientiert.

Auf die Generation X folgte die **Generation Y** (1980–1995): die **Generation WHY**, die alles hinterfragt. Kulturelle Vielfalt gehört zum Alltag, der Freundeskreis erstreckt sich um den halben Globus. Sie haben das Bedürfnis, sich zu vernetzen, selbst Inhalte mitzugestalten, Meinungen zu teilen und Alles und Jeden zu bewerten. Die Generation Y ist mit den neuen Technologien aufgewachsen und nutzt sie auch vielfältig. Die Buchungsportale von heute, der ticketlose Check-In am Flughafen, bargeldloses Bezahlen etc. sind Reaktionen auf die Forderungen dieser Generation. Sie verhalten sich äußerst konsumorientiert, sind anspruchsvoll und reflektiert, basierend auf einem großen Erfahrungsschatz.

Sie sind reiseerprobt und umgeben von endlosen Wahlmöglichkeiten. Sie suchen das Neue, das Aufregende, das Extravagante – das ultimative Erlebnis.

Das Gastgewerbe sollte darauf achten, dass den Anforderungen der Generation Y gerecht wird. Für sie sind kostenloses WIFI auf den Zimmern, genügend Steckdosen, passender Sound und eine Atmosphäre, in der man effizient arbeiten kann, eine Selbstverständlichkeit. Eine gelungene Reaktion auf die sich wandelnden Ansprüche der Gäste zeigte das 25hours Hotel The Goldman in Frankfurt. Nachdem die Hotelgäste mehr Platz forderten, wurden im Zuge des Umbaus die Arbeitsplätze innerhalb der Zimmer neu designt. Um mehr Platz in den Zimmern zu schaffen, wurden Schreibtische geschmälert und gleichzeitig alle Utensilien, die zwingend zum Arbeiten benötigt werden, jedoch Platz auf den Schreibtischen wegnehmen, an der angrenzenden Wand befestigt. So profitieren die Gäste in zweierlei Hinsicht: eine witzige und funktionale Idee schafft genügend Arbeitsplatz und mehr Raum für Komfort im Hotelzimmer.[24]

GESELLSCHAFTLICHE TRENDS

Die »neuen« Urlauber sind anspruchsvoller denn je. Durch vermehrte Reiseerfahrungen sind sie preissensibler, anspruchsvoller und unabhängiger – sie suchen nicht mehr die Pauschalreise mit festgelegten Aktivitäten. Sie streben nach kurzlebigen und extremen Erfahrungen, sind aktiv und suchen Abstand zu traditionellen Normen: Sie fordern Erholung und Erlebnis.

In den vergangenen Jahren kristallisierten sich gesellschaftliche Trends heraus, auf die Hoteliers und Gastronomen reagieren und die sie bei neuen Projektplanungen berücksichtigen sollten.

Ein Trend ist eine (gesellschaftliche) Veränderung, die in der Gegenwart sichtbar ist und von der man begründet ausgehen kann, dass sie eine langfristige Entwicklungstendenz hat. Ein nachhaltiger Trend zeichnet sich dadurch aus, dass er sowohl in der Freizeit als auch in Arbeit und Kultur spürbar ist und damit langfristig wirkt (Bsp.: Budget- und Zero-Service-Hotellerie).

Im Gegensatz zum Trend wirkt eine Modeerscheinung für einen kurzen Zeitraum (Bsp.: Aperol Spritz).

Ein Megatrend ist ein Trend, der in größerem Maßstab wirkt. Er ist langanhaltend und zieht tiefgreifende Veränderungen sich (Bsp.: demografischer Wandel).

Quelle: GRUNER 2012, S. 29 und BAUMBACH 2007, S. 9

ESKAPISMUS – AUF DER FLUCHT VOR DEM ALLTAG

Die steigende Nachfrage nach Erlebniskonzepten beruht nicht zuletzt auf dem Wunsch der Gesellschaft, einen Kontrast zum Alltag zu erleben. Dieses Phänomen bezeichnet man als Eskapismus oder Realitätsflucht. Die Normen der Gesellschaft abschütteln und in eine eigene Phantasiewelt eintauchen – das ermöglichen Erlebniswelten. Sie lassen Alltagssorgen und Stress im Arbeitsleben in Vergessenheit geraten und bescheren traumhafte Stunden der Freude und Entspannung. In einer Erlebniswelt sind Besucher zeitlich und räumlich fern von der Realität in eine Traumwelt gebettet. Der Besuch von Erlebniswelten ist der großangelegte Versuch, den Alltag mit etwas Phantasie zu bereichern, sich auf einer Bühne darzustellen, und loszulassen.

Das Trader Vic's im Bayerischen Hof

Einer der erfolgreichsten gastronomischen Betriebe in München liegt im Souterrain des Hotel Bayerischer Hof: Das Trader Vic's!

Das Konzept des Trader Vic's stammt ursprünglich vom Amerikaner Victor Jules Bergeron, der im Jahr 1934 in Kalifornien die Bar Hinky Dinks eröffnete. Aus der rustikalen Bar wurde mit der Zeit ein Restaurant mit Südsee-Flair, welches dann in »Trader Vic«, seinen Spitznamen, umgetauft wurde. Neben Cocktails führte er polynesische und andere asiatische Gerichte ein, die er etwas an den westlichen Geschmack anpasste. Das Konzept verkaufte er erfolgreich als Franchise an Hotels weltweit. Der Vater der heutigen Eigentümerin des Bayerischen Hofs führte es 1972 erfolgreich in München ein.

Warum ist es seit über 40 Jahren so erfolgreich und hat dabei nichts im Konzept verändert? Die Antwort liegt auf der Hand: Es versetzt seine Gäste in eine andere Welt, und das in einer geschmackvollen, nicht verkitschten Art und Weise. Es wird eine Geschichte erzählt. Und über alle Sinne kommuniziert!

Den Gast empfängt exotische Südsee-Atmosphäre. Es finden sich in den Räumen Rattan- und Bambusmöbel, Tiki-Plastiken, Südsee-Götterfiguren, ausgestopfte Kugelfische, Orchideen und ein Ofen. Der Gast wird bedient von asiatischen Mitarbeitern (Sehen). Sämtliche Speisen und Getränke orientieren sich an polynesischen Gerichten (Schmecken). Gedämpftes Licht und dezente »Aloha« Musik (Hören) unterstreichen das polynesische Urlaubserlebnis, welches durch ein warmes und duftendes Stoffhandtuch (Fühlen und Riechen) nach dem Essen sein Ende findet.

Eine Steigerung des Konzepts ist nur die »Wirklichkeit«, oder allenfalls das Tonga Room im Fairmont Hotel in San Francisco, in dem u. a. ein tropisches Gewitter inszeniert wird.

Quelle: www.cosmopolis.ch

WOHLSTANDSGESELLSCHAFT UND LUXESE

Nach Opaschowski sind Sparzeitalter und Erlebniszeitalter keine Gegenätze mehr.[25] Gerade in den letzten Jahren zeichnete sich eine deutliche Polarisierung der Märkte ab. Gestiegener Wohlstand und wachsendes Realeinkommen schlagen sich in dem erhöhten Konsum von Luxusgütern nieder. Die Grundbedürfnisse sind gesättigt, und damit kann das übrige Einkommen für Konsum- und Freizeitgüter verwendet werden.

Doch der zunehmende materielle Wohlstand hat eine Kehrseite. Der Armuts- und Reichtums-Bericht der Bundesregierung Deutschland zeigt deutlich: Die Mitte bricht weg, die Schere zwischen Arm und Reich klafft immer weiter auseinander. Laut Bericht besitzen die reichsten 10 Prozent der deutschen Haushalte zusammen 58 Prozent des gesamten deutschen Privatvermögens. Senioren werden zu einer attraktiven Zielgruppe für die Freizeitindustrie, da sie sowohl Zeit als auch finanzielle Möglichkeiten haben.

Auf der anderen Seite gibt es immer mehr Geringverdiener, die ihr Einkommen hauptsächlich dafür nutzen, Reserven für die Zukunft zu sparen. Doch was sich dieser Teil der Gesellschaft an Luxus abspart (Askese), das wird zugunsten des Erlebniskonsums ausgegeben (Luxus). Diesen Zustand bezeichnen Experten heute als Luxese - mal Luxus, mal Askese.

Für die Hotellerie und Gastronomie bedeutet das eine Ablösung der klassischen Gästesegmentierung durch ein variables Rollenverhalten. Reisende buchen nicht mehr nach ihrem sozialen Status, sondern entscheiden sich je nach Anlass für ein bestimmtes Produkt. Die Tourismusbranche spricht in diesem Zusammenhang vom hybriden Kunden oder, die Freizeitkultur betreffend, vom hybriden Touristen.

Auf der einen Seite verzichten Konsumenten auf Luxus und Komfort, um ihr Urlaubsbudget nicht zu überlasten - deutlich erkennbar im Transportsektor durch den Aufschwung der Billig-Airlines. Auf der anderen Seite gönnen sich Touristen ein luxuriöseres Ambiente bei der Freizeitgestaltung am Zielort. Der hybride Konsument ist pragmatisch: Er kauft bei ALDI und bei Armani ein, übernachtet heute in einer 5-Sterne-Luxus-Suite und schläft morgen in einem Budget-Bett von Motel One.

Dieses variable Rollenverhalten stellt komplexe Anforderungen an die Serviceleistungen von Hoteliers und Gastronomen, denn die Gäste fordern ein durchgehendes Erlebnis ohne Brüche in einem Ambiente unkomplizierter Gastfreundschaft.

INDIVIDUALISIERUNG

In den vergangenen zehn Jahren rückte der Wunsch nach Selbstentfaltung und Selbstverwirklichung zunehmend ins Bewusstsein der Gesellschaft. Die Lebensbiografien entwickeln sich individueller: Arbeitswelt und Arbeitszeit gestalten sich flexibler, Wohnsituation und Partnerschaften verändern sich (Stichwort Patchwork-Familien), das Konsumverhalten differenziert sich nach Qualität oder Preis. Die Hinwendung der Gesellschaft zu Hedonismus und Individualisierung verlangt nach Gastgebern, die ein detailliertes Verständnis für die Erwartungshaltung ihrer Gäste entwickeln und ihre Wünsche vorausahnen.

Der (hybride) Gast von heute springt nicht mehr auf standardisierte Dienstleistungen an: Er sucht nach Authentizität und wünscht sich Persönlichkeit, Ehrlichkeit und echtes Erlebnis. Allen voran kleine und mittlere Hotels sollten auf den Megatrend Individualisierung setzen und Alleinstellungsmerkmale schaffen, die den Gast persönlich berühren und damit eine Profilierung garantieren. Es kommt auf die

Das Konzept der tragbaren Minibars

Im Aktiv Hotel Schweiger in Füssen macht sich die Hoteliersfamilie kontinuierlich Gedanken, wie man Dinge anders machen kann.

Hierzu zählt auch die tragbare Minibar. Hoher Wartungsaufwand, geringer Gästekonsum und damit verbunden der ständige Kampf gegen das Verfallsdatum führten dazu, dass man die traditionellen Minibars abschaffte.

Statt dieser, die in gefühlten 90 Prozent der Hotels mit den gleichen Dingen befüllt sind, entschloss man sich, Körbe mit unterschiedlichen Inhalten zu entwickeln, die der Gast an der Rezeption abholen und mit auf sein Zimmer nehmen kann. So gibt es beispielsweise den »Korb für Verliebte« mit Kerze, Prosecco und Pralinen, den Sportlerkorb mit Obst, isotonischem Durstlöscher und Müsliriegel, den Naschkatzenkorb mit allerlei Süßigkeiten oder den regionalen Schmankerlkorb mit Ess- und Trinkbarem aus der unmittelbaren Umgebung. Somit wird auf die Wünsche der Gäste bedürfnisgerecht eingegangen. Kaltgetränke werden übrigens in einem kleinen Kühlschrank an der Rezeption gelagert, so dass einer schnellen Zusammenstellung der Körbe nichts im Weg steht.

Persönliche Ansprache in der Hundertwassertherme

Das Rogner-Bad Blumau in der Steiermark wird nicht nur durch das einzigartige Design des Künstlers Friedensreich Hundertwasser zum individuellen Erlebnis: Alle Einrichtungen der Therme und des Hotels zielen in ihren Namen auf die persönliche Ansprache der Gäste ab und schaffen so Nähe.

Informationen gibt es an der Rezeption »FürDichDa«, der Merchandising Shop heißt »BringWasHeim«, das Kaffeehaus »GönnDirWas«. Die Sauna-Bar trägt den Namen »KühlDichAb« und das Selbstbedienungsrestaurant der Therme heißt »NimmDirSelbst«.

Weiterhin verwendet die Therme ausschließlich regionale Produkte. Das schafft Authentizität und gibt dem Gast Einblicke in das heimische Leben der Gastgeber.

Quelle: BRITTNER 2000, S. 174 ff.

individuelle Ansprache der Gäste an: Bereits ein individuell abgestimmtes Gastgeschenk, bei dem die Qualität stimmt, überrascht den Gast und löst einen Begeisterungseffekt in ihm aus.

Das Resultat der Individualisierung ist eine Vielfalt von Lebensstilen und, sich teilweise widersprechender, Wertorientierungen. Gastgeber sollten nicht ausschließlich fragen Was ist gerade in? Die Gretchenfrage lautet vielmehr: Wer bin ich? Hoteliers & Gastronomen sollten in sich gehen und herausfinden, welcher Stil zu ihnen passt und wie sie den Gästen ein spannendes Erlebnis bieten können.

Nach **Harry Gatterer**, Geschäftsführer des Zukunftsinstitutes Österreich, gibt es derzeit verschiedene Trends und Stile, die Erfolge verzeichnen:

Abbildung 20: **Designtrends 2012**

Quelle: Eigene Darstellung nach GATTERER 2012, S. 32 ff.

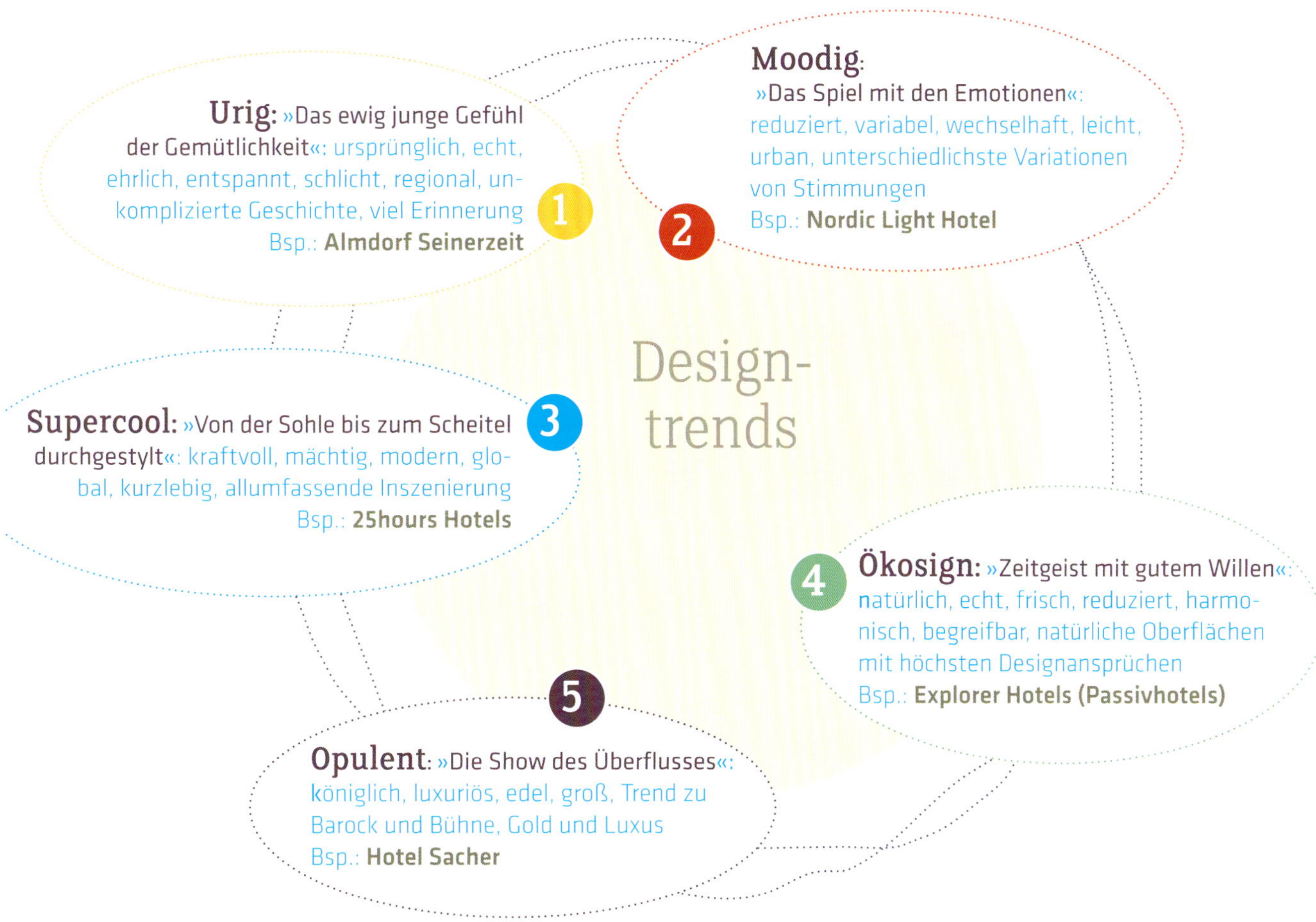

GESUNDHEIT, WELLNESS UND SELFNESS

Der Megatrend Gesundheit wird auch in Zukunft weiter anhalten. Flexiblere Arbeitszeiten und gelockerte Zeitkorsetts erwecken den Anschein der selbstbestimmten Organisation der verfügbaren freien Zeit. Die Realität zeigt jedoch, dass sich Arbeit einer neuen Definition unterzieht – denn gearbeitet werden kann heute überall, wo sich ein Notebook aufklappen lässt. Die ständige Erreichbarkeit hat zur Folge, dass viele Arbeitnehmer auch in ihrer Freizeit und im Urlaub dazu neigen, ihre E-Mails zu lesen und nicht vollständig abzuschalten. Neben Dauerstress beeinträchtigen Umweltgifte, Bewegungsarmut und denaturierte Nahrung zusätzlich die Gesundheit.

Deshalb fühlen sich Gäste häufig ausgelaugt und sehnen sich nach Erholung, wenn sie die Hotelzimmertür hinter sich schließen. Aufgabe der Gastgeber bleibt es, den Gast in seiner Stimmung abzuholen und ihm den bestmöglichen Komfort und ein Ruheerlebnis zu bieten. Hierbei ist eine Spezialisierung notwendig der Hotelier muss sich unter anderem entscheiden, ob er im Rahmen seines Angebots primär online oder offline sein möchte.

ONLINE = VERNETZT

Online-Konzepte schaffen eine Arbeitsatmosphäre für Begegnungen, Interaktion und Inspiration. Online-Hotels integrieren Working Stations, für sie ist kostenloses W-LAN auf den Zimmern eine Selbstverständlichkeit, sie bieten ein modernes Business Center, das rund um die Uhr besetzt ist, sowie Skype-Kabinen. Gäste sind häufig junge Leute und Geschäftsreisende, die eine 24/7-Konnektivität suchen und ihre freie Zeit online verbringen wollen. Die Konzepte von 25hours sind ein aktuelles Beispiel für ONLINE-Hotels.

OFFLINE = ENTNETZT

Offline entspricht dem genauen Gegenteil. Hoteliers schaffen Erholungsräume fernab von Arbeit und Büro, als bewussten Kontrast zum Alltag. Hotels als Ruheoasen und Spa-Angebote, die den Gast einladen, Energie zu tanken und sich auf sein Inneres zu besinnen, werden zunehmend attraktiver. Das Hotel Hochschober in Kärnten ist eine handy-freie Zone: Die Gäste können in eigens angefertigten Kabinen mobil telefonieren, im restlichen Haus werden sie angehalten, die Mobiltelefone abzuschalten, aus Rücksicht auf andere Gäste.

Der Gesundheits- und Wellness-Trend hält an: Wellness beschreibt einen Gesundheitszustand, bei dem Körper, Geist und Seele im Einklang miteinander sind. Wichtige Elemente des Wellness sind gesunde Ernährung, aktive Bewegung, Körperpflege und Entspannung – aber auch die Aufrechterhaltung sozialer Kontakte und geistiger Aktivität.

In den vergangenen Jahren entwickelte sich der Wellness-Trend zunehmend zum Selfness-Trend. Als Weiterentwicklung von Wellness strebt Selfness die aktive Auseinandersetzung mit der eigenen Persönlichkeit an, die zwar kritisch, aber auch regenerierend und

Wellness

- Sinn: »Das tut mir gut«
- Ziel: Balance, Entspannung
- passiv, bejahend
- lässt sich mit Produkten assoziieren
- erlebnisorientiert
- körperzentriert
- Suche nach Verwöhnung
- wird in der Freizeit genutzt
- von Moden geprägt

Selfness

- Sinn: »Das bringt mich weiter«
- Ziel: Selbstveränderung, Aufbruch
- aktiv, herausfordernd
- ist immer an Interaktionen gebunden
- kompetenzorientiert
- psychologisch-mental
- Suche nach Überwindung von Widerständen
- betrifft das ganze Leben
- nur für den Einzelnen individuell definierbar

ABBILDUNG 21: **WELLNESS VS. SELFNESS**

Quelle: GATTERER, BRAUN und KIRIG 2009, S. 14

positiv sein soll. Selfness beschäftigt sich mit Selbstreflexion, Selbstfindung und dem Ausgleich der inneren Harmonie und Balance.

Die Unterschiede zwischen Wellness und Selfness beschreiben Gatterer, Braun und Kirig in ihrem Handbuch Hotel der Zukunft wie folgt:

Mit dem Paradigmenwechsel, nach dem sich die Gesundheit zunehmend von einem Zustand bzw. einer Eigenschaft zu einer Ressource und von einem Kostenfaktor zu einem Wachstumstreiber für Wirtschaft sowie Beschäftigung entwickelt, wird die entsprechende betriebliche Ausrichtung weiter an ökonomischer Bedeutung gewinnen. Benchmarks im Rahmen dieses Trends sind unter anderem der Lanserhof in Lans, am Tegernsee und in Hamburg (Tageszentrum), die Canyon Ranch (USA), das Hotel Schloss Elmau sowie das Hotel Jungbrunn in Tannheim, Tirol.

ABBILDUNG 22: **DEUTSCHLANDS ERSTER HISTORISCHER FITNESSRAUM**

Quelle: Romantik Hotel Schloss Rheinfels

MULTIOPTIONALITÄT UND CONVENIENCE

Aus den neu entwickelten Bedürfnissen der Generation Y, der flexiblen Arbeitsgestaltung und größeren Reiseerfahrungen kristallisiert sich der Wunsch der Gäste nach einer breitgefächerten Angebotspalette, aus der sie selbstbestimmt wählen können. Gäste sehnen sich nach einem Erlebnis-Angebotscocktail, möchten sich jedoch nicht vorab festlegen, sondern die Entscheidung spontan vor Ort treffen. Viele Angebote interessieren den Gast nicht primär; dennoch legt er Wert auf seine freie Entscheidungsmöglichkeit. Ob bei der Buchung, der Infrastruktur oder dem Aufenthalt an sich: Gäste fordern höchstmögliche Convenience bei größtmöglicher Multioptionalität.

Durch zunehmende Reiserfahrung und die Möglichkeiten der Bewertungsportale im Web 2.0 erlangen die Gäste von morgen ein höheres Qualitätsbewusstsein. Sie tauschen sich untereinander aus, lesen Erfahrungsberichte und »googeln« Bildmaterial der anvisierten Konzepte. Sie werden von Stammkundenvorteilen und Kundenkarten angezogen, die ihnen das Gefühl vermitteln, zu einem ausgewählten Kreis zu gehören, der exklusiv einen Ort besuchen oder ein Angebot nutzen darf.

Es gibt heutzutage weit mehr Angebote als Nachfrage. Diese sogenannte Angebotsinflation verdeutlicht den zunehmenden MEHR-Charakter der postmodernen Gesellschaft.

MARKENBEWUSSTSEIN

SIEHE SEITE 81

Die **Maslow'sche Bedürfnispyramide** zeigt deutlich, dass Sicherheit ein wichtiges Grund- und Defizitbedürfnis ist, das in hohem Ausmaß befriedigt werden muss.

- **Was gibt dem Gast Sicherheit?**
- **Wie können Hoteliers & Gastronomen dem Gast Sicherheit suggerieren?**

Das Bedürfnis nach Sicherheit steht in Verbindung mit dem Markenbewusstsein der postmodernen Gesellschaft. Eigene Erfahrungen, Meinungen des sozialen Umfelds, Marketing und Medien suggerieren: Die Marke, das damit verbundene Image sowie das Markenversprechen bedeuten Sicherheit – Sicherheit im Hinblick auf Qualität, Standard und sozialen Status.

Eine Marke hat für den Käufer vielerlei Bedeutungen. Sie wird als Zugehörigkeitsmerkmal für eine bestimmte Lebensstilgruppe gesehen. Die gemeinsame Bindung an eine Marke schafft eine emotionale Verbundenheit, die nachhaltig im Gedächtnis gespeichert wird und die Individualität sowie den Status des Konsumenten unterstreichen kann. Marken versprechen, eine erwartete Qualität zu erfüllen, und wirken daher verlässlich. Diese Verlässlichkeit hilft bei der Orientierung auf dem Markt, der von Überangeboten gekennzeichnet ist.

QUALITÄT UND ERWARTUNGSHALTUNG

»Chocolates on the pillow aren't enough!«[26]

Qualität bedeutet Eigenschaft, Beschaffenheit und Güte. Im üblichen Sprachgebrauch verstehen viele darunter auch etwas »Besonderes«. Im Wirtschaftsleben bedeutet Qualität, wenn Dienstleistungen bzw. Produkte den Erwartungen der Kunden entsprechen, oder diese noch besser übertreffen – wenn Kunden über das »Mehr« positiv überrascht sind. Das bringt zufriedene, begeisterte Kunden, die wiederkommen und weiterempfehlen. Und das ist die nachhaltige Existenzgrundlage jeder Unternehmung.

Mit Qualität und Produktsicherheit geht auch eine verankerte Erwartungshaltung der Gäste einher. Besucher sind reiseerfahrener, lesen für sie relevante Gästebewertungen und legen viel Wert auf Empfehlungen von Freunden und Bekannten. Vor allem das Web 2.0 bildet eine neue Basis für Erfahrungshaltungen gegenüber den Anbietern.

Potenzielle Gäste erwarten ein hohes Maß an Transparenz. Der Web-Auftritt sollte einfach strukturiert, informativ und übersichtlich sein. Eine unprofessionell gestaltete Website führt nicht selten zur Abwanderung an die Konkurrenz – mag das Produkt oder die Dienstleistung noch so qualitativ hochwertig sein. Die Website gilt in der postmodernen Gesellschaft als die elektronische Visitenkarte des Hauses. Wer hier nicht investiert, verliert Besucher bereits in der Entscheidungsphase.

DOCH WAS BEDEUTET QUALITÄT FÜR DEN GAST?

»Good is not good when better is expected.«[27]

Qualität ist die Differenz zwischen dem, was der Gast erwartet, und der Leistung, die er bekommt. Qualität kann demnach von jedem Gast anders empfunden werden. Die Erwartung ist abhängig von Erfahrung, Geschmack und Herkunft des Gastes.

Der Nutzen eines Produktes oder einer Dienstleistung ist nicht länger das entscheidende Kaufkriterium. Vielmehr wird der Konsument vom Zusatznutzen der Leistung angesprochen, die über die funktionale und sachliche Qualität hinausreicht. Der Gast fragt einen emotionalen Zusatznutzen nach, der seine Lebensqualität möglichst nachhaltig steigern soll.

ABBILDUNG 23: **ERWARTUNGSHALTUNG DES GASTES**

Eigene Darstellung in Anlehnung an GRUNER 2012, S. 33

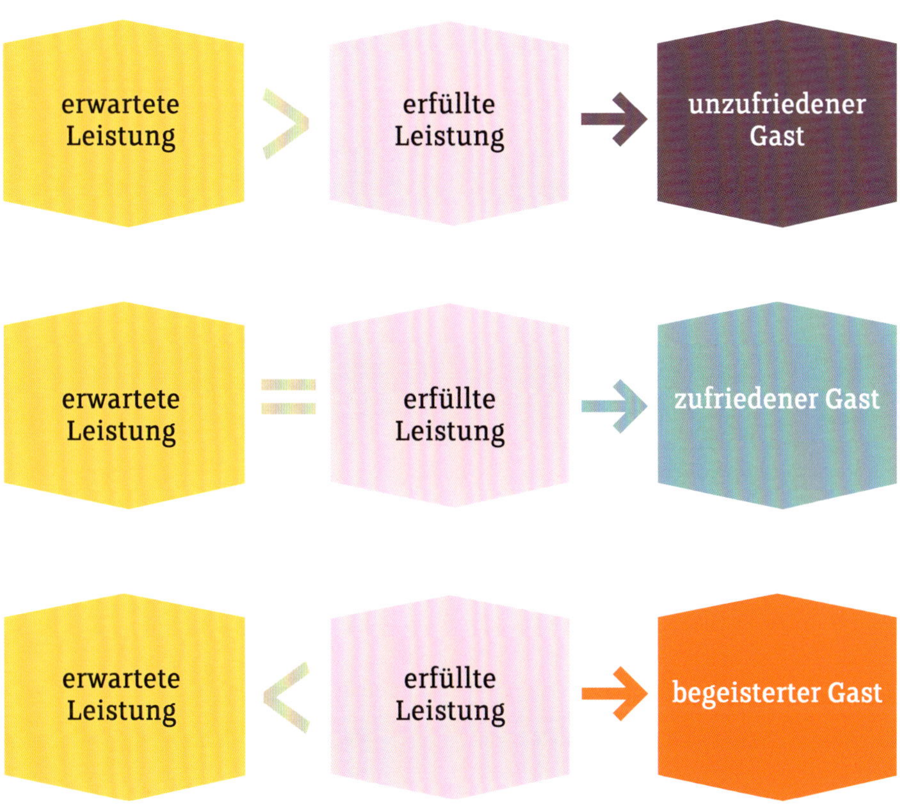

Jeder Gast hat eine unterbewusste Erwartungshaltung an ein Produkt, eine Dienstleistung oder ein Konzept. Stimmen Erwartungshaltung und erfahrene Leistung miteinander überein, sprich: der Gast bekommt genau die Leistung, die er auch erwartet hat, so ist die Leistungsbilanz ausgeglichen. Die Folge dieser Balance ist Gästezufriedenheit, aus der möglicherweise ein Wiederkaufverhalten resultieren kann.

Erfährt der Gast eine niedrigere Leistung, als er vorher erwartete, so ist die Leistungsbilanz in negativem Sinne unausgeglichen. Der Gastgeber hat nicht nur mit Reklamationen und Abwanderung zu kämpfen, sondern häufig auch mit negativer Mundpropaganda, die gerade bei Individualkonzepten geschäftsschädigend wirken kann.

Bekommt der Gast allerdings eine Leistung, die er vorher nicht erwartet hatte, ist er begeistert. Die Leistungsbilanz ist in positivem Maße unausgeglichen, die Leistung war höher als die Erwartungshaltung. Aus diesem Begeisterungseffekt resultiert nicht selten Loyalität und eine positive Weiterempfehlungsrate.

Hoteliers und Gastronomen unterschätzen häufig die Wirkung des Begeisterungseffektes. Mit wenigen Mitteln und niedrigem finanziellem Aufwand kann große Begeisterung erzielt werden. Gerade im Bereich Erlebnisinszenierung der kleinen bis mittleren Konzepte können Gäste durch Begeisterungseffekte nachhaltig gebunden werden. Bernd Reutemann, Direktor des Mindness Hotels Bischofsschloss in Markdorf, setzt auf kleine Begeisterungseffekte, um seinen Gästen größtmögliche Freude zu bereiten. Jeden Tag werden die Frühstückseier mit Smileys bemalt und wecken so schon früh am Morgen gute Laune bei den Gästen.

»Mitarbeit« zum Erlebnis machen: Der Latte Macchiato in Thurnher's Milchbar

In Thurnher's Milchbar in Zürs am Arlberg hat sich der Umsatz mit Latte Macchiato durch einen Einfall des Barista von einem auf den anderen Tag sprunghaft erhöht. Was war passiert? Er servierte zum Spaß einer Bekannten ein Glas aufgeschäumte Milch und ein Keramikkännchen mit Espresso, damit sie sich ihren Latte selbst zusammenstellt. Dies machte ihr sichtlich Spaß, was Gäste am Nachbartisch sahen und sich daraufhin ebenfalls daran versuchten, die farbliche Trennung zwischen Kaffee und Milch durch vorsichtiges Gießen hinzubekommen. Unbewusst machte sich der Barista den »viralen« Effekt zunutze und weckte den Experimentiertrieb von vielen Gästen. Regelrechte Wettbewerbe, wer den schönsten Latte macht, wurden an Tischen veranstaltet. Somit wurde eine Win-Win Situation geschaffen. Die Gäste haben Spaß, der Wirt macht Umsatz!

Die Schwierigkeit erlebnisorientierten Handelns ist das hohe Enttäuschungsrisiko. Hoteliers und Gastronomen sollen Gästewünsche vorausahnen und herausfinden, worauf der Gast gerade Lust hat. In Bezug auf Erlebnisinszenierung kann ein Erlebnis schnell langweilig werden, wenn es sich wiederholt oder nicht konsequent umgesetzt wird.

Der Konsument legt zunehmend Wert auf kleine persönliche Aufmerksamkeiten: »Personalisierter Urlaub ist in!«

VERÄNDERUNGEN IM REISEVERHALTEN

Der gesellschaftliche Wandel hat mit seinen tiefgreifenden Veränderungen das Reiseverhalten der Menschen geprägt. Die Pauschalreise, die vor nicht allzu langer Zeit Konjunktur feierte, tritt immer mehr in den Hintergrund. Der Trend zur Individualisierung schlägt sich im Buchungsverhalten der Gäste nieder. Es herrscht hohe Konkurrenz unter den Anbietern, die um das Reisebudget und die freie Zeit der Touristen buhlen. Der Konsument sitzt heute am längeren Hebel und entscheidet sich frei und unabhängig, wann er wie und wohin reisen möchte.

MOBILITÄT – SCHNELLER, HÖHER, WEITER!

Eine wichtige Veränderung im Reiseverhalten liegt in der verbesserten Mobilität der Gesellschaft. Tourismus hängt immer auch mit Verkehr zusammen. Die technische Entwicklung immer größerer und schnellerer Transportmittel förderte ein häufigeres, einfacheres und weltweites Reisen der Gesellschaft – auch in der freien Zeit. Der Ausbau von Infrastruktur und Straßenbau ermöglichte neue Verkehrswege und schnellere Verbindungen. Der Low-Cost-Boom einiger Fluggesellschaften hat das Reiseverhalten revolutioniert: Heute kann fast jeder für wenig Geld von A nach B reisen – insbesondere der Städtetourismus und der Trend zum Kurzurlaub entwickelten sich aus dieser Neuerung.

Verkehrsbarrieren nehmen weltweit ab: Die Weltbevölkerung rückt im Zuge der Globalisierung näher zusammen. Der Zukunftsforscher Matthias Horx spricht von einer zunehmend »glokalen Welt«[28]: einer Welt, in der jeder, zu jeder Zeit, zu jeglicher Destination reisen kann und dabei die Wahlmöglichkeit zwischen zahlreichen Transportmitteln, Geschwindigkeiten und Preisstrukturen hat.

Beispielsweise trug in Bezug auf Freizeitparks die verbesserte Mobilität der Gesellschaft zum heutigen Erfolg enorm bei. Früher zogen Schausteller mit ihren Attraktionen durch die Länder und bewegten sich damit zu den Konsumenten hin. Mit dem Ausbau der Straßen und der Entwicklung industrieller Ballungsgebiete ließen sich Schausteller an festen Standorten nieder. Die Besucher kamen aus der engeren und weiteren Region. Mit zunehmend verbesserter Infrastruktur vergrößerten die neu geschaffenen Erlebnisparks ihren Aktionsradius um ein Vielfaches. Eine häufig durchgeführte Analyse im Rahmen der Besucherzufriedenheit von Erlebnisparks untersucht die Länge der Zeit, die Gäste bereit sind, in die Anfahrt zu einem Erlebnispark zu investieren.

TREND ZUR KURZREISE – ICH BIN DANN MAL WEG!

Flexibilisierung der Arbeitszeit und Entwicklung der Mobilität ebneten den Weg für den Kurzreisetrend. Über das Wochenende spontan zum Sightseeing nach Dresden, einen Brückentag nutzen, um die Bundesgartenschau in Hamburg zu besichtigen, oder zum Junggesellenabschied für eine Nacht nach Mallorca – Kurzreisen liegen im Trend. Reiseentscheidungen werden spontaner getroffen, das Buchungsverhalten wird immer kurzfristiger und flexibler – eine wochenlange Planung rückt verstärkt in den Hintergrund.

Ob Doppelverdiener, die sogenannten DINKS (Double Income, no Kids), Best Ager (50+) oder Familien: Kurzreisen sind in allen Segmenten beliebt. Die freie Zeit wird seltener geballt dazu genutzt, um drei Wochen in die Türkei zu fliegen. Vielmehr geht es inzwischen darum, häufiger und vielfältiger aus dem Alltag auszubrechen und einen Ausgleich zum Arbeitsleben zu schaffen.

WORK-LIFE BALANCE IM FOKUS - DIE MISCHUNG MACHT'S!

Im Fokus vieler Arbeitnehmer liegt die Schaffung eines gesunden Ausgleichs zur Arbeit. Sie streben nach der richtigen Balance von Arbeits- und Freizeit, trotz zunehmender Vermischung und schwieriger Trennung: Kollegen treffen sich zum Brainstorming in Cafés, Geschäftspartner verhandeln Verträge bei einer gemeinsam Golfpartie, Angestellte lesen bereits am Frühstückstisch die ersten E-Mails des Tages via Smartphone. Quality Time wird in unserer erfolgsorientierten Gesellschaft zunehmend zu Mangelware.

Der Trend zum Ausgleich von Arbeit, Genuss und Erlebnis - kurz: zur Work-Life-Balance - liegt nahe. In einer immer schnelleren und komplexeren Welt werden Ausbrüche, und damit Reisen, zu Ankerpunkten, an die hohe Erwartungen geknüpft sind. Geprägt von der Erlebnisorientierung der Gesellschaft, liegt es nahe, dass die knappe freie Zeit dazu genutzt wird, möglichst extreme und nachhaltige Erlebnisse zu erfahren.

Das New Life Concept, überall zu leben und zu arbeiten, machen sich vor allem Hotelentwickler zunutze. Viele Gäste sind darauf angewiesen, während ihres Aufenthalts zu arbeiten, möchten dies aber in einem stilsicheren und bequemen Ambiente tun. Sie fordern funktionale Zimmer, die nicht ausschließlich ein Schlafplatz sind, sondern zum Leben einladen. Nach Expertenmeinungen sollte WLAN in einem Hotel heutzutage so selbstverständlich sein wie fließendes Wasser.

Insbesondere Hoteliers und Gastronomen müssen sich aber auch verstärkt um die Work-Life-Balance ihrer eigenen Mitarbeiter kümmern. Das Gastgewerbe ist personalintensiv und die Tätigkeit häufig mit Herausforderungen bezüglich der Arbeitszeiten und -tage verbunden. Da jeder Mitarbeiter als Gastgeber fungiert,

ist es zwingend erforderlich, die Motivation der Mitarbeiter aufrechtzuerhalten. Nur so kann ein Erlebniskonzept im »Moment of truth«, das heißt im Augenblick, wenn sich das Dienstleistungsversprechen des Gastgebers bewahrheiten muss, ganzheitlich umgesetzt werden.

Das Stock resort im Zillertal gilt als Erfolgsbeispiel und Vorreiter bei der Schaffung einer Work-Life-Balance für seine Mitarbeiter. Hier ist man der Meinung, dass die Gewinnung und Bindung von qualifiziertem Personal ein erfolgsentscheidender Faktor ist, der zur Chefsache ernannt werden muss. Die hohe Fluktuation der Branche und der Mangel an gut ausgebildetem Fachpersonal sind der Produktivitätskiller Nr. 1, da sowohl die Servicequalität als auch das betriebswirtschaftliche Ergebnis leiden. Deshalb setzte das Stock resort 2011 ein Zeichen und baute eine neue Team Lodge. Die Angestellten wohnen in modernen und vollausgestatteten Zimmern mit Panoramablick, Flachbildfernseher und Highspeed-WLAN. Der Dachterrassenpool lädt zum Auspowern und Entspannen ein. Albrecht von Bonin von der Personalberatung von Bonin konstatiert, dass Mitarbeiter als Ressource gesehen werden müssen, die sich abnutzen kann und die daher pfleglich behandelt werden sollte.

MEGATREND ERLEBNISINSZENIERUNG

Reisetrends lassen sich aufgrund der hohen Dynamik der Reisemärkte nur schwer voraussagen. Die Entwicklung der Gesellschaft, so wie sie in den vergangenen 20 Jahren stattgefunden hat, und die positiven betriebswirtschaftlichen Ergebnisse der Erlebnishotels, Erlebnisgastronomie Konzepte, Erlebnisparks und Markenwelten, die verdeutlichen, dass Gäste bereit sind, für einen Erlebniszusatznutzen mehr Geld ausgeben, beschreibt eine eindeutige Tendenz zur Erlebnisinszenierung.

Gäste streben nach Neuem, nach ständiger Abwechslung, suchen Faszination, Begeisterung und Freude. Sie möchten ihre Lebensqualität steigern und aus dem Alltag ausbrechen: Das individuelle Reiseerlebnis steht im Vordergrund. Die Erlebnisinszenierung mit all ihren Instrumenten bietet eine entsprechende Bühne, die Bedürfnisse und Wünsche der Gäste bedient. Diese Erlebnisorientierung veränderte das Konsumverhalten der Gesellschaft nachhaltig und kann als längerfristiger und durchgängiger Trend prognostiziert werden.

Erlebnisse werden in kleinem und größerem Umfang produziert. Es gilt Erlebnissituationen zu schaffen, die durchgängig, authentisch und unkompliziert den Gast berühren und langfristig binden.

Erfolgsbeispiel für Ecotainment der Explorer Hotels Entwicklungs GmbH

Passivhäuser* sind auf dem Vormarsch. Sie treffen bei Lebenseinstellung, Lebensstil und Erwartungshaltung der Zielgruppe voll ins Schwarze. Die Gäste sind sportaffin, zwischen 25 und 40 Jahre alt, designorientiert und modern. Sie möchten ihren Aktivurlaub nicht in einer verstaubten Pension in der Alpenregion verbringen, sondern bei einem preisgünstigen, qualitativ hochwertigen und umweltbewussten Gastgeber übernachten.

Die Explorer Hotels setzten vor allen anderen auf ein nachhaltiges Hotelkonzept und sind als erste zertifizierte Passivhotels Europas zu 100 Prozent klimaneutral. Das ökologische Konzept ist bislang einzigartig in der deutschen und österreichischen Hotellerie.

Das Gebäude ist ein Nullemissionsgebäude, das echten Ökostrom bezieht. Gegenüber vergleichbaren Ferienhotels sparen Explorer Hotels 70 Prozent der Energiekosten ein, bei den Heizkosten sparen sie sogar bis zu 85 Prozent.

Quelle: REISIGL 2012, S. 34 ff. und www.explorer-hotel.com

*Ein Passivhaus ist ein Gebäude, das aufgrund seiner allumfassenden Wärmedämmung keine klassische Gebäudeheizung benötigt.

ENTERTAINMENT IN ALLEN LEBENSBEREICHEN

Der »homo eventus« bezeichnet den erlebnisorientierten Menschen, der nach Ansprache mit allen Sinnen und auf allen Ebenen strebt. Er möchte auf visuelle, auditive, taktile, olfaktorische, gustatorische und thermale Art und Weise angesprochen werden, um so seine Bedürfnisse zu befriedigen. Der »homo eventus« sucht die Kombination von Kern- und Zusatznutzen, er will Entertainment auf jede erdenkliche Art.

Ähnlich wie das Wort »Erlebnis« als Präfix für zahlreiche moderne Wortneuschöpfungen fungiert, vermischen Erlebnismacher in der Definition ihrer Konzepte die Bezeichnung mit dem Wort »Entertainment«. Heute wird zwischen einer Reihe von »Tainments« unterschieden, die einen Primärnutzen mit dem Sekundärnutzen Entertainment verknüpfen.

Erfolgsbeispiel für Eatertainment: der traditionelle Kocherlball – die wohl kurioseste Party Münchens

Wer beim Kocherlball einen guten Sitzplatz ergattern möchte, muss besonders früh aufstehen. Bei Kerzenlicht werden Biertische liebevoll gedeckt und mitgebrachte oder vor Ort erworbene Schmankerl (vom Obazda, Brezn bis zur Schweinshaxe) zur ersten frischen Mass gefrühstückt. Dann tanzen von 6 Uhr bis 10 Uhr ca. 15.000 kostümierte Besucher zu Kapellenmusik Walzer, Polka, Zwiefache oder Münchner Française am Chinesischen Turm im Englischen Garten.

So viele waren es beim ersten Kocherlball, laut Überlieferungen im Jahr 1880, nicht. Damals wurde er noch ausschließlich für einfache Bedienstete wie Hausdiener, Laufburschen, Dienstboten und Küchenpersonal veranstaltet. Letztere, die Köche und Köchinnen, fungierten schließlich auch als Namensgeber des Koch(erl) Balls, der zu dieser Zeit an jedem Sonntag im Sommer stattfand. Dass die Teilnehmer direkt nach dem Ball wieder bei ihren Herrschaften antreten mussten, erklärt die frühe Uhrzeit – an schönen Sommertagen tanzten so wenige Jahre nach dem ersten Ball bereits rund 5.000 Menschen in den Tag hinein. Etwa ein Vierteljahrhundert später, im Jahr 1904, führten der »Mangel an Sittlichkeit« und zunehmende »Ausschweifungen« zur Abschaffung des Kocherlballs. Erst am 16. Juli 1989 feierte der Kocherlball auf Initiative des Münchners Dr. Pankraz Freiherr von Freyberg seine Renaissance. Mittlerweile schafft der Kocherlball insbesondere seit der Jahrtausendwende etwas, was nur auf wenigen Veranstaltungen möglich ist. Ob alteingesessene Münchner in Tracht oder junges Szenevolk – der Kocherball vereint Gegensätze und verbindet Generationen. Organisiert von der Wirtefamilie Haberl, die verstanden hat, dass gelebte Tradition mit herzlicher Gastfreundschaft Menschen begeistert.

Abbildung 24: **Übersicht aktueller Tainments**

Quelle: Eigene Darstellung nach GATTERER 2012, S. 32 ff.

CHECKLISTE ZU SZENE 3: HINTERFRAGEN SIE SICH!

Fragen als Umsetzungsunterstützung zur Szene 3: Publikum

Zentrale Fragen für eine erfolgreiche Umsetzung	Für meinen Betrieb nicht relevant, Gedanke wird nicht weiter verfolgt.	Relevant, der Frage wurde bereits im eigenen Betrieb nachgegangen.	Relevant, der Frage wird im eigenen Betrieb nachgegangen.
Kennen Sie Ihre Gäste, ihr Verhalten und ihre Wünsche?			
Bietet Ihr Angebot das »Mehr«, welches die Erlebnisgesellschaft fordert?			
Inwieweit gehen Sie im Rahmen Ihres Angebots auf die Maslow'sche Bedürfnispyramide ein?			
Berücksichtigen Sie die Bedürfnisse der Generation Y als Gäste und Arbeitnehmer?			
Können Sie aus den Sachverhalten der aufgeführten Praxisbeispiele etwas gewinnen?			

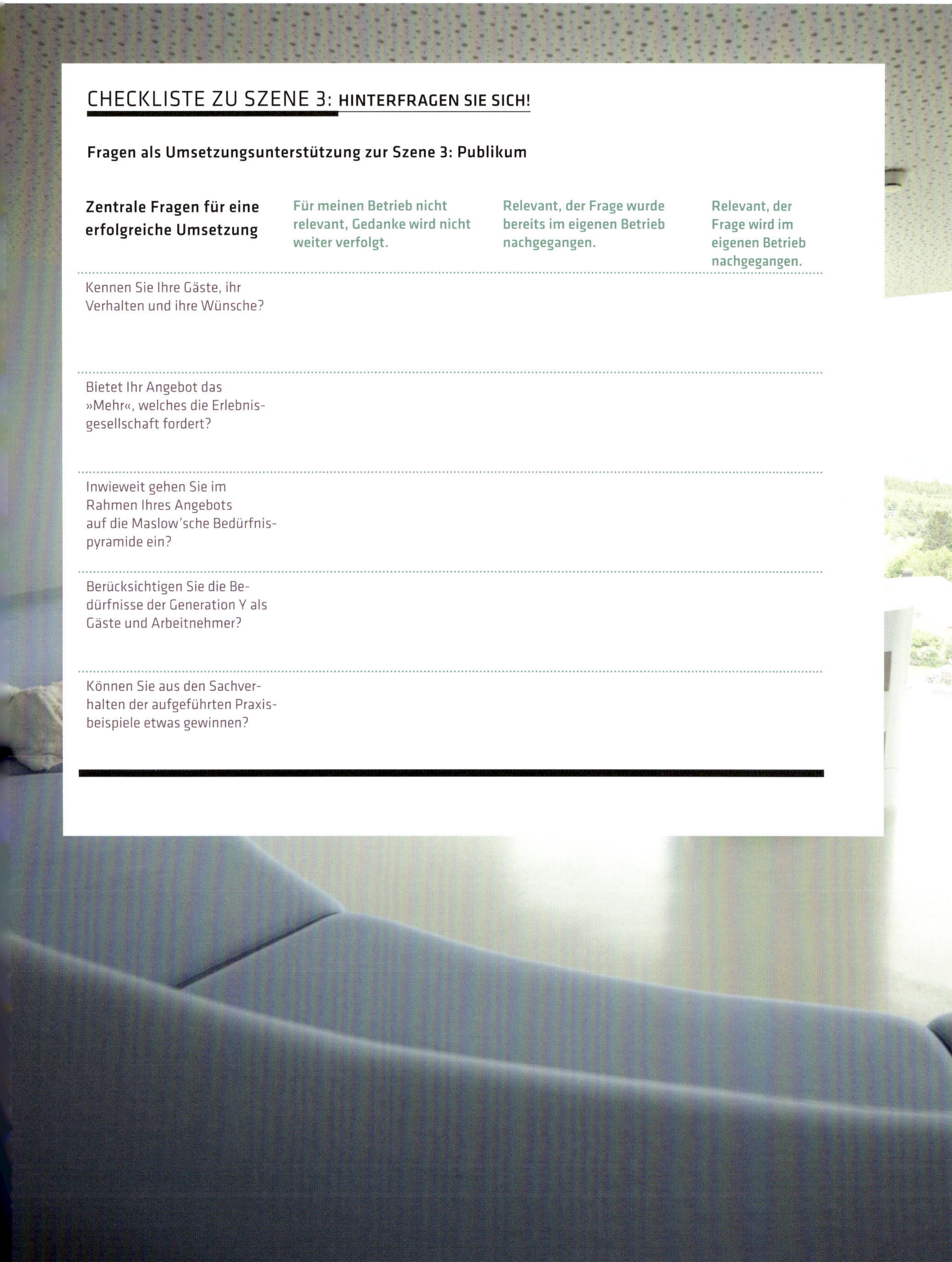

SZENE 4
DIE SCHAUSPIELER

Dem Publikum gegenüber stehen bekanntlich die Schauspieler. Auf Bühnen inszenieren sie eine künstliche Realität, die den Zuschauer für eine bestimmte Zeit in eine Scheinwelt entführt und Träume erlebbar macht. Sie benutzen Requisiten, Technik, Dramaturgie und Inszenierungsinstrumente, um dem Zuschauer eine Kombination aus Unterhaltung, Spaß, Vergnügen und Kultur zu liefern.

Der Erlebnisboom des vergangenen Jahrzehnts führte zu komplexeren Angebotsformen wie Urban Entertainment Center, Erlebnisparks, Markenwelten, Erlebnisbadelandschaften, Erlebnishotels und erlebnisorientierten Gastronomie-Konzepten. Die Freizeitindustrie hat es sich zur Aufgabe gemacht, eine erlebnisorientierte, facettenreiche Angebotspalette zu entwickeln, die – um nachhaltig zu wirken – nicht nur extreme Erlebnisse und Spaß, sondern auch individuelle und sinnvolle Erfahrungen vermitteln soll. Der Bedürfnisbefriedigung der Erlebnissuchenden sind kaum Grenzen gesetzt: Sie gilt für jeden, zu jeder Zeit, allerorts und unter allen Umständen (z. B. Witterung).

Auf dem Markt der austauschbaren Standardprodukte und -dienstleistungen sollten Konzeptentwickler das herausragende Alleinstellungsmerkmal, den emotionalen Zusatznutzen, den persönlichen Mehrwert finden, um sich erfolgreich gegenüber der Konkurrenz zu profilieren. Die Inszenierung von Themen hat sich in der neuesten Vergangenheit als erfolgreiche Differenzierungsstrategie etabliert. Der Erlebniskonsum wird zu einer Mischung aus Dienstleistung und Inszenierung, dem das Management by Entertainment gerecht werden muss.

Der Wandel der Gesellschaft und das Herauskristallisieren von hybriden Konsumenten und widersprüchlichem Gästeverhalten stellen die Freizeitplaner vor schwierige Aufgaben. Askese oder Konsumrausch, Erlebnishunger oder Chillout, Abenteuer oder Entspannung – die Freizeitindustrie muss bei der Entscheidung für eine Strategie im Vorfeld umfangreiche Recherchen und Analysen zur Marktsituation, dem Gästeverhalten und der zukünftigen Entwicklung der Gesellschaft durchführen und Trends bei der Konzeptionierung der Angebote berücksichtigen.

AKTEURE DER FREIZEITPLANUNG

Wer sind die Akteure auf dem Gebiet der Freizeitplanung? Von wem lohnt es sich zu lernen? Gut kopiert ist manchmal besser als schlecht selbstgemacht.

BETREIBER

Betreiber von Erlebnisangeboten sind Privatpersonen (z. B. Familie Fischer: Erlebnispark Tripsdrill) oder Managementgesellschaften (z. B. Merlin Entertainments Group: Legoland, Heidepark Soltau, Madam Tussauds, Sealife). Die Aufgabe des Betreibers besteht darin, dem Erlebnisnachfrager ein attraktives Angebot bereitzustellen und über die langfristige Nachfragegenerierung ein rentables Geschäftsmodell aufzubauen. Dabei steht und fällt der Erfolg mit dem qualitativen Angebot und den Rahmenbedingungen der Institution. Vielfach bzw. je nach Vertragsart trägt ein Betreiber ein geringeres Risiko als der Eigentümer der Immobilie. Gerade im schnelllebigen Freizeitsektor verlieren Einrichtungen, die über einen längeren Zeitraum dasselbe Erlebnisangebot propagieren, Besucher. Somit besteht der ständige Zwang zu neuen, zum Teil kostspieligen Attraktionen. Auch ist die Drittnutzbarkeit von Immobilien, die speziell für ein Erlebniskonzept geplant wurden, eine Schwierigkeit. Sie ist deutlich geringer als bei Standardkonzepten.

PROJEKTENTWICKLER

Projektentwickler sind maßgeblich für die Planung, Konzeption und Errichtung der Immobilie verantwortlich, die nach Abschluss des Projektes an den Betreiber übergeben wird. Projektentwickler sind häufig Architektenbüros, mittelständische Bauunternehmen oder spezialisierte Developer auf Betreiber- oder Kapitalseite. Sie arbeiten eng mit Beratungsgesellschaften zusammen, die im Vorfeld Standortbewertungen vollziehen, Projektideen auf Machbarkeit überprüfen und aussagekräftige Marktstudien anfertigen.

INVESTOREN

Hinter den Betreibern und Projektentwicklern stehen die Investoren der Immobilien. Bei Erlebniswelten im mittelständisch geprägten deutschsprachigen Raum sind Investoren häufig vermögende Privatpersonen, die auch gleichzeitig als Betreiber der Immobilie fungieren. Dies ist der Tatsache geschuldet, dass Banken gerade in der ersten Phase der Planung eines Erlebnisproduktes aufgrund des erhöhten Risikos der Branche abgeneigt sind hohe Beiträge zu finanzieren. Mit der Etablierung erfolgreicher Erlebniskonzepte in den vergangenen Jahren stieg jedoch die Bereitschaft der Banken, diesen aufstrebenden Sektor zu finanzieren.

Ohne Investment kein »Return on Investment« – doch muss das Investment stets finanzieller Art sein? Muss der Bewirtungs- oder Beherbergungsbetrieb im Rahmen der Erlebnisinszenierung für den Gast stets in Vorleistung gehen? Im Rhön Park Hotel Aktiv Resort standen die Kosten für ein aufwändiges Abendprogramm und die tägliche Animation in keinem Verhältnis zu dem generierten Mehrumsatz beispielsweise durch zusätzlichen Konsum in den F&B-Einrichtungen. Schrittweise wurde die eigene Animation zurückgefahren und durch lokale externe Dienstleister ersetzt, die auf Provisionsbasis oder eigene Rechnung arbeiten. Im Angebot sind beispielsweise Winterabenteuer wie Husky-Schlittenfahrten, Eisklettern und Schneeschuhwandern, Kulturangebote von Stadtführern wie beispielsweise »Auf den Spuren von Schiller und Goethe« sowie Crossgolf oder Floßbauen. Im Hotel stellen Plüschtierfabrikanten gegen Entgelt Tiere zum Ausstopfen bereit, das glückliche Kind erhält eine Geburtsurkunde vom selbst hergestellten Tier. Maler stellen persönlich aus und Kinderbuchautoren lesen aus ihren Büchern vor.

KOMMERZIALISIERUNG VON ERLEBNISSEN UND EMOTIONEN

Ende der 60er Jahre, als die Nachfrage nach Konsumgütern deutlich höher war als das Angebot, regulierte sich der Markt hauptsächlich durch Preis- und Distributionspolitik. Mit Eintritt der Marktsättigung und der Entwicklung vom Verkäufer- zum Käufermarkt waren Anbieter gezwungen, neue Marketingmethoden zu entwickeln, um sich auf dem hart umkämpften Markt zu behaupten. Die zunehmende Individualisierung des Konsums ist die Basis für heutige Marketingstrategien, die sich nicht ausschließlich mit Absatz und Preis der Produkte und Dienstleistungen beschäftigen, sondern vielmehr Konsumentenbedürfnisse antizipieren, Konsumgüter emotional aufladen und so Präferenzen gegenüber anderen Produkten wecken.

Abbildung 25: **Gästebindung vs. Gästeloyalisierung**

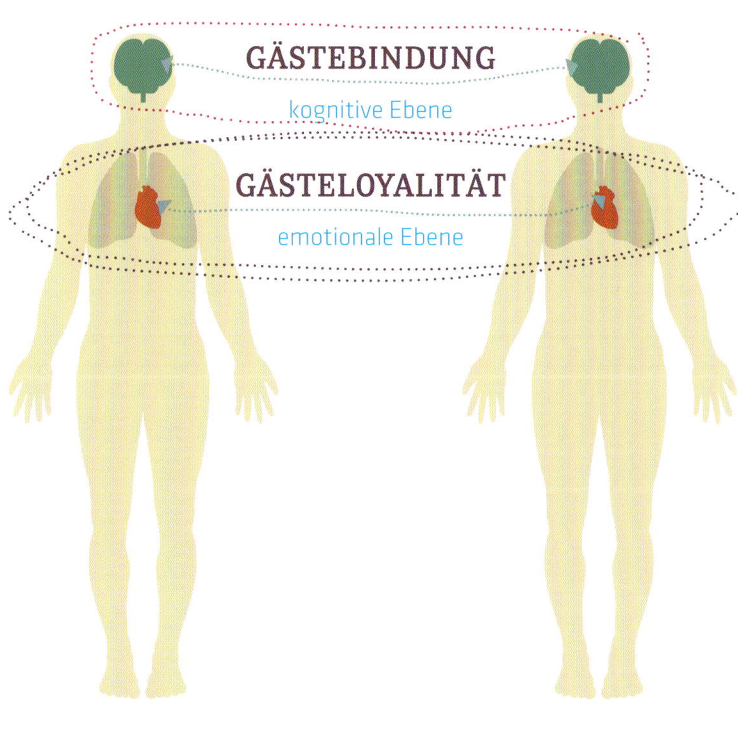

Bei der Gästebindung spielen sich die Entscheidungen für oder gegen eine Leistung auf der kognitiven Ebene ab. Der Kopf entscheidet nach harten Fakten und wägt Vor- und Nachteile der Leistung ab. Ein Beispiel für Gästebindung sind die beliebten Kundenkarten und Bonusprogramme. Der Gast sammelt Punkte und erreicht bei einem wiederholten Kauf einen – meist preislichen – Vorteil (z. B. Miles & More-Programm von Lufthansa).

Bei der Gästeloyalisierung zielen die Marketing-Maßnahmen auf die Ansprache der emotionalen Ebene des Gastes ab – das Herz soll angesprochen, Emotionen und Gefühle geweckt werden. Die erzeugten Gefühle sollen die »ratio«, den Verstand, ausschalten und die Entscheidung dem Bauchgefühl überlassen (z. B. Dallmayr, Feinkost Käfer, Sansibar, Nespresso, Red Bull).

»What you make people feel is just as important as what you make.«[29]

ERLEBNISMARKETING WECKT EMOTIONEN

Erlebnismarketing soll potenzielle Käufer auf einer emotionalen Ebene ansprechen. Es ist eine Strategie, um die nicht greifbare (tangible) Leistung eines Produkts in den Vordergrund zu rücken und deren Vorzüge in der Gefühlswelt der Konsumenten zu verankern. Ziel des Erlebnismarketing ist es, dem Kunden auf einer sinnlichen Ebene zu begegnen, ihn längerfristig und emotional an ein Produkt zu binden, idealerweise die Lebenswelt des Kunden widerzuspiegeln und dem Hersteller somit Differenzierung sowie Profilierung auf dem Markt zu garantieren.

Nicht jedes Produkt oder jede Dienstleistung eignet sich als Gegenstand für ein erfolgreiches Erlebnismarketing. Die Verantwortlichen müssen vorher abschätzen, ob sich ihr Angebot für die Vermittlung von nichttrivialen Erlebnissen eignet. Beispielsweise war es in der Vergangenheit wenig sinnvoll, Produkte und Dienstleistungen des täglichen Bedarfs, die kurzlebig sind und zum alltäglichen Leben der Konsumenten gehören, erlebnisorientiert zu

Produktinszenierung am Beispiel Starbucks

Das Ziel der Franchise-Kette Starbucks war es, mit ihren Kaffeespezialitäten zum »Third Place«/»dritten Platz« für ihre Kunden neben dem Zuhause sowie Büro zu werden. Der Erfolg zeigt, warum es sich lohnt, über das reine Produkt hinaus zu denken. Bei Starbucks bezahlen die Kunden nicht nur für den Kaffee, der ihnen gereicht wird. Sie bezahlen vor allem für den Lifestyle, den die Marke verkörpert. Diese wurde im Laufe der Jahre emotional aufgeladen. Starbucks-Kunden sehen die Filialen inzwischen als Treffpunkt, um Freunde und Familie zu treffen, als Entspannungsoase, um abzuschalten, Netzwerk-Location, teilweise sogar als »hippe« Workstation.

Das verlässliche Set an Eigenschaften geht zu Lasten von Individualität und Originalität. Ob man eine Starbucks-Filiale in Singapur oder in der Schweiz betritt – es herrscht ein international homogener Standard mit all seinen Vor- und Nachteilen.

Starbucks eröffnete 2012 das Kaffeelabor »The Bank« in Amsterdam und wirkt hier mit lokaler Originalität und Experimentierfreudigkeit einer Standardisierung ihrer Filialen entgegen. Alles läuft hier anders als in der Starbucks-Filiale, wie man sie kennt. Unter anderem werden hier neue Methoden der Kaffeeherstellung und des Live-Backens getestet.

Ortsansässige Künstler und Handwerker wurden mit der aufwändigen Gestaltung der 430 Quadratmeter großen Fläche beauftragt, deren Inneneinrichtung konsequent an den regionalen Bedingungen ausgerichtet ist. Anstelle der generisch-neutralen, immer gleichen Starbucks-Atmosphäre findet man hier unter anderem Delfter Kacheln, mit Spekulatius-Formen verkleidete Wände und einen »community table« aus holländischer Eiche.

Die Strategie der Emotionalisierung geht für Starbucks bei dem traditionellen wie auch dem innovativen Konzept auf, wie die überdurchschnittlichen Deckungsbeiträge für Kaffeespezialitäten belegen.

inszenieren und emotional zu vermarkten (z. B. Kopier-, Toilettenpapier, Wäschereinigung). Gut eigneten sich höherwertige Güter, die eine lange Verwendungsdauer aufweisen, für die Vermarktung als Erlebnis (z. B. Parfüm, Kreuzfahrtreisen, Mode). Mit der Professionalisierung des Erlebnismarketing rücken dennoch die Alltagsprodukte vermehrt in das Visier der Hersteller:

- Starbucks gelingt es mit seinem ganzheitlichen Erlebniskonzept, das Produkt Kaffee emotional aufzuladen und eine weitreichende Kundenbindung sowie überdurchschnittliche Wertschöpfung zu erreichen.

- Die neue Generation der Steakhäuser wie zum Beispiel die Meatery Steak Restaurants machen den Fleischkonsum zum ultimativen Erlebnis »über alle Sinne«. Sie inszenieren Fleisch in spektakulärer Form und in sehr hochwertigem Ambiente. Sie vermitteln dem Gast das Gefühl, dass er sich ein gutes Stück Fleisch ruhig gönnen darf, weil er es sich mit seinem Status verdient hat.

- Nespresso vermittelt – mittels Testimonials wie George Clooney – einen bestimmten Lifestyle (Dolce Vita, Kunde ist Connaisseur).

- Steve Jobs schaffte es, mit emotionsgeladenen Bildern und einer simplen Werbebotschaft (»Wenn du kein iPhone hast, dann hast du kein iPhone«), eine Millionenschar von Apple-Anhängern zu gewinnen, ohne ein einziges Wort über die technischen Vorzüge seiner Produkte zu sagen.

Viele Hersteller versuchen, ihre Produkte mit einem erlebnisbehafteten Symbolcharakter zu verknüpfen. Erlebnismarketing verwendet emotional aufgeladene Bilder, metaphorische Sprache, Musik, Duftstoffe und haptische Elemente zur zielgerichteten Ansprache der Konsumenten. Vor allem Bilder und Klänge stimulieren die Wahrnehmung des potenziellen Käufers positiv und lösen weiterreichende Assoziationen in ihm aus.

Eine 1997 in England durchgeführte Studie belegte, dass Kunden in einer Weinhandlung häufiger zu französischen Weinen griffen, während französische Musik im Geschäft lief. Stellten die Ladenbesitzer auf deutsche Musik um, so kauften die Weininteressierten vermehrt deutschen Wein.

Dies zeigt: Unsere Emotionen steuern unsere kognitiven Fähigkeiten. Über Konditionierungsprozesse entwickeln wir Vorlieben für Produkte und Dienstleistungen, ohne rational die Produkteigenschaften zu bewerten.

Emotionsmarketing folgt damit dem Gesetz der Konditionierung. Wird ein neutraler Reiz, beispielsweise ein Wort oder ein Bild, wiederholt und vor allem gleichzeitig mit einem emotionalen Reiz verknüpft angeboten, so kann nach einer gewissen Zeit der neutrale Reiz dieselbe emotionale Reaktion hervorrufen, auch wenn er alleine dargeboten wird. Hersteller versuchen deshalb, ihre anfangs neutralen Marken zusammen mit emotionalen Bildern und Musik zu präsentieren. Bei erfolgreicher Konditionierung der Konsumenten erleben die Käufer die beabsichtigte emotionale Reaktion.

»If you sell undifferentiated products, you compete solely on price; but if you provide experiences [...], you offer a differentiated service for which a premium can be charged.«[30]

Der Konsument der MEHR-Gesellschaft sucht bei der Auswahl eines Produktes oder einer Dienstleistung nach dem emotionalen Vorteil des Kaufobjekts, der nur psychologisch über Emotionen nachzuvollziehen ist, nicht faktisch. Durch Assoziationen wie Freiheit, Liebe, Glück,

Naturverbundenheit, Gesundheit oder Eleganz werden die Produkte auf einer höheren Ebene unterscheidbar und nicht mehr ausschließlich über den Preis.

Produktentwickler sollten auf diesen Trend reagieren, denn die Tatsache, dass potenzielle Käufer mehr Wert auf Kundenbewertungen und Weiterempfehlungsraten legen, anstatt die detailgenauen Produktbeschreibungen (hard facts) für sich sprechen zu lassen, zeigt, wie die Gesellschaft von morgen einkauft. Viele Produkte werden nur aufgrund ihres Markenimages bzw. des Lifestyle, der damit assoziiert wird, gekauft. Erlebnismarketing ist ein langfristiges Positionierungskonzept, das sich nachhaltig auf den Konsumenten auswirkt und die Präsenz im Markt festigt.

CUSTOMER EXPERIENCE MANAGEMENT UND GÄSTELOYALISIERUNG

Eine wichtige Basis für Hoteliers und Gastronomen sind Stammgäste, die als positiver Multiplikator für das Konzept wirken. Das Wiederkehren bzw. die Wiederkaufabsicht und die Weiterempfehlungsbereitschaft von Kunden hängen unmittelbar mit der emotionalen Bindung des Gastes an das Unternehmen zusammen. Loyalisierung schafft eine solche Bindung langfristig. Mit dieser emotionalen Bindung beschäftigt sich das Customer Experience Management, kurz CEM.

Lernen von der Luxushotellerie

Der in Deutschland an 11 Standorten präsente Herrenausstatter Eckerle bietet mit seinem Modekonzept den Kunden mehr als Männermode. Führungsinstrumente wie das Line Up sowie Serviceleistungen aus der Luxushotellerie helfen neben dem exklusiven Ambiente, sich durch ein 5-Sterne Erlebnis klar von den Mitbewerbern abzusetzen.

Erlebnismarketing mit Prominenten

Stars und Prominente gelten als Motoren der Mediengesellschaft. Sie haben eine weitreichende Wirkung auf die Gesellschaft und werden daher bevorzugt für Werbekampagnen gebucht, die ihren Produkten einen Hauch Realität mit Exklusivität verleihen wollen. Ein bekanntes Beispiel ist die Nespresso-Werbung mit George Clooney, die verdeutlichen soll, dass bei Nespresso jeder Gast gleich exklusiv behandelt wird.

Aber auch Dienstleistungen werden mit Prominenten vermarktet: Das Mandarin Oriental in München lud 2012 Opernfans zum exklusiven »Dining with the Stars« ein. Nach der Opernaufführung haben die Gäste exklusiv die Gelegenheit, im Michelin-Sterne-Restaurant des Hotels, MARK'S, gemeinsam mit den Stars der Oper zu speisen.

ABBILDUNG 26: **ZIELE DES CUSTOMER EXPERIENCE MANAGEMENT**

Quelle: Eigene Darstellung in Anlehnung an DETECON 2012, S. 6 ff.

CEM ist eine konsequente Weiterentwicklung des Customer Relationship Management, CRM. CRM ist ein Gästebeziehungsmanagement, das sich mit der Erhebung, Dokumentation und Verwaltung von Gästedaten, -verhalten und -präferenzen beschäftigt. Die ganzheitliche Ausrichtung des Unternehmens am Gast hat eine positive Wirkung auf das Geschäftsergebnis.

Customer Experience Management beschäftigt sich mit der Planung, Analyse und Optimierung von Kundenerlebnissen, deren Qualität zum entscheidenden Kaufkriterium für Konsumenten wird. CEM unterstützt Unternehmen dabei, einzigartige Kundenerfahrungen zu generieren, indem sie rationale und irrationale Faktoren des Gästeverhaltens erlebnisorientiert beeinflussen, um Kunden zu begeistern. Diese Begeisterung schlägt sich nachweislich in der Bilanz der Unternehmen nieder.

Um Gästechampions zu werden, sollten Hoteliers und Gastronomen genau um die Entwicklung der Bedürfnisse ihrer Gäste wissen. Dies geschieht durch umfassende Kundenzufriedenheitsanalysen, die in regelmäßigen Abständigen durchgeführt werden sollten. Für objektive Analysen empfehlen sich externe Beobachter und Berater, da eine unabhängige Interpretation der Ergebnisse die Auswertung nicht subjektiv beeinflusst.

Aus den Ergebnissen der Analysen können neue Strategien gebildet werden, beispielsweise in Bezug auf Mitarbeiter, die maßgeblich am Moment of Truth beteiligt sind und bei vielen Konzepten die entscheidenden Treiber der Gästezufriedenheit darstellen. Eine hohe Kundenorientierung der Mitarbeiter steigert die emotionale Bindung der Gäste.

Diese emotionale Bindung der Gäste an ein Produkt oder eine Dienstleistung wirkt sich

Emotionale Bindung: Wie man mit Abklatschen Kundschaft gewinnt

»Seit dem Frühjahr 2007 schallt ein ganz freundliches Geklatsche durch die Straßen der Münchner Maxvorstadt. Wer sich diesem Geräusch nähert, erkennt bereits von ferne zwei große Gestalten, die strahlend andere Menschen mit ausholender Hand begrüßen und erst dann vollends glücklich sind, wenn sie die Hand des anderen so erwischen, dass sich ein lauter (Ab-)Klatschton entwickelt.«

(Auszug aus einer Münchner Tageszeitung)

Dieses Geklatsche ist regelrecht zum Markenzeichen von Avni und Bardhyl (Barry) Berisha geworden, die zusammen mit ihren rund 80 Mitarbeitern Gastgeber in vier Cafés in und rund um die Barerstraße sind. Im hart umkämpften Gastronomiemarkt Münchens behaupten sie sich in erster Linie deshalb, weil sie ihre Gäste, die sie meist mit Namen kennen, emotional binden. Seit 2007 hat sich eine ständig wachsende Fangemeinde gebildet, die sich unter anderem an Kaffeespezialitäten, Piadinas, Wraps, Bagels, Salaten und kreativen Pizzen erfreut und ein zweites Zuhause gefunden hat. »Cocooning« oder »Homeing«, vielfach zitierter Trend, wird nicht nur durch die lockere Art der Gastgeber, sondern auch durch die Einrichtung, eine buntes Sammelsurium an Flohmarktstühlen, Couchen und Tischchen, bedient.

nachweislich auf die Wirtschaftlichkeit eines Unternehmens aus (z. B.: EBIT oder Produktivität). Ein loyaler Gast kauft häufiger, konsumiert dabei in höherem Maße und empfiehlt die Leistung an Freunde und Bekannte. Er reagiert gelassener auf Fehler und ist weniger anfällig für Konkurrenzangebote.

Weiterhin ist das Beschwerdemanagement ein entscheidender Faktor zur Messung der Zufriedenheit von Kunden und eine wichtige Möglichkeit um Gäste zu binden. Wird ein unzufriedener Gast glücklich gestimmt, wirkt sich die Begeisterung positiv auf das Unternehmensbild aus, der Gast fungiert als positiver Multiplikator.

Eine optimale Ausgestaltung von CEM kann sich aus dem Zusammenspiel folgender Handlungsempfehlungen entwickeln:

Handlungsempfehlung für erfolgreiches CEM

ABBILDUNG 27: **HANDLUNGSEMPFEHLUNGEN FÜR ERFOLGREICHES CEM**

Quelle: Eigene Darstellung in Anlehnung an DETECON 2012, S. 6 ff.

KÜNSTLICH INSZENIERTE ERLEBNISWELTEN

Künstlich inszenierte Erlebniswelten lassen sich nicht immer trennscharf definieren; sie vereinen eine Vielzahl von Konzepten. Wie bereits in Szene 2 beschrieben, fungieren Erlebniswelten als Oberbegriff für Themenhotels, Freizeitparks, Erlebnisrestaurants, Spaßbäder, Shopping Malls, Urban Entertainment Center, Markenwelten, Casinos, aber auch für ganze Resorts und Destinationen. Die meisten Erlebniswelten spezialisieren sich auf einen Schwerpunktbereich, den sie gezielt inszenieren.

Gemeinsam ist den Erlebniswelten der Fokus auf die Erlebnisorientierung der Gesellschaft sowie die Multifunktionalität ihrer Elemente. Erlebniswelten folgen meist einem konsistenten Thema. Weiterhin sind sie räumlich von der Außenwelt abgegrenzt und folgen einem strategischen Inszenierungskonzept, inklusive aller Inszenierungsinstrumente und -techniken.

Erlebniswelten leben von einer emotional aufgeladenen Atmosphäre, die durch Kulisse, Musik, Gerüche und metaphorische Sprache erzeugt wird. Alle Ausprägungen von Erlebniswelten geben ihren Besuchern die Möglichkeit, kurzfristig und spontan in eine abgeschlossene Welt, fern vom Alltag, zu fliehen bzw. einzutauchen. Häufig sind künstliche Erlebniswelten durch eine plakative, auffällige und ausdrucksstarke Architektur geprägt.

Ein architektonisches Meisterwerk ist das vom kalifornischen Stararchitekten Frank O. Gehry designte Hotel Marqués de Riscal, A Luxury Collection Hotel, in Elciego, das zur Starwood Hotels & Resorts-Kette gehört. Die überdimensionalen Metallschleifen, die über den Weinbergen des berühmten Weinanbaugebietes Rioja zu schweben scheinen, saugen die rosaroten Farbtöne der Umgebung in sich auf und kreieren einen einzigartigen An- und Ausblick. Auch im Inneren des Hotels dreht sich alles um »enoturismo«, zu Deutsch: Weintourismus. Das Hotel Marqués de Riscal bietet nicht nur eine ausgezeichnete Auswahl an Weinen an, sondern auch Weinschulungen, Verkostungen und Weintherapien im Spa-Bereich des Hotels.

Frank O. Gehry zählt zu den Vertretern des Dekonstruktivismus.
Zu seinen weiteren Werken gehört u. a. das Guggenheim Museum in Bilbao.

Quelle: FOCUS Online 2010, www.hotel-marquesderiscal.com

DER LEBENSZYKLUS VON ERLEBNISWELTEN

Wie jedes Produkt und jede Dienstleistung haben auch Erlebniswelten einen Lebenszyklus, der verdeutlicht, wie sich die Attraktivität der Leistung mit der Zeit verändert. Der Lebenszyklus einer inszenierten Erlebniswelt folgt dabei den klassischen Regeln des Produktlebenszyklus, mit Ausnahme einiger Veränderungen.

Auf die häufig schwerfällige Einführungsphase der Erlebniswelt am Markt folgt die Wachstumsphase. Diese kann sich bei inszenierten Erlebniswelten sprunghaft verhalten. Zwar ist es ratsam, im Vorfeld aussagekräftige Analysen durchzuführen, um die Relevanz des Konzeptes am Markt zu untermauern; dennoch lässt sich der Erfolg des Konzeptes nie voraussagen. In der Reifephase werden die Besucher standardisiert zufriedengestellt.

Die Erlebnisbedürfnisse der Gäste können schnell befriedigt sein, und die Besucher beginnen, sich nach neuen, spannenderen Konzepten umzusehen. Das Thema der Erlebniswelt spielt hierbei eine große Rolle, genau wie Design und Komfort. Ist das Konzept ein einmaliges Erlebnis, das es nicht lohnt zu wiederholen, so befindet sich die Erlebniswelt schneller in der Sättigungsphase und sollte mit Innovationen, z.B. neuen Attraktionen oder Weiterentwicklungen des Themas, aufwarten. Auf die Sättigungsphase folgt die Stagnationsphase, in der die Nachfrage stillsteht, evtl. sogar weiter sinkt.

Die Tatsache, dass gerade im Freizeitbereich Dienstleistungen und Konzepte von Erlebniswelten schwer patentierbar sind, schürt die Bedrohung durch Nachahmer. Der stetige Konkurrenzdruck führt zu einer Verkürzung des Dienstleistungslebenszyklus, die Höher-Schneller-Weiter-Spirale steigert den Innovationsdruck.

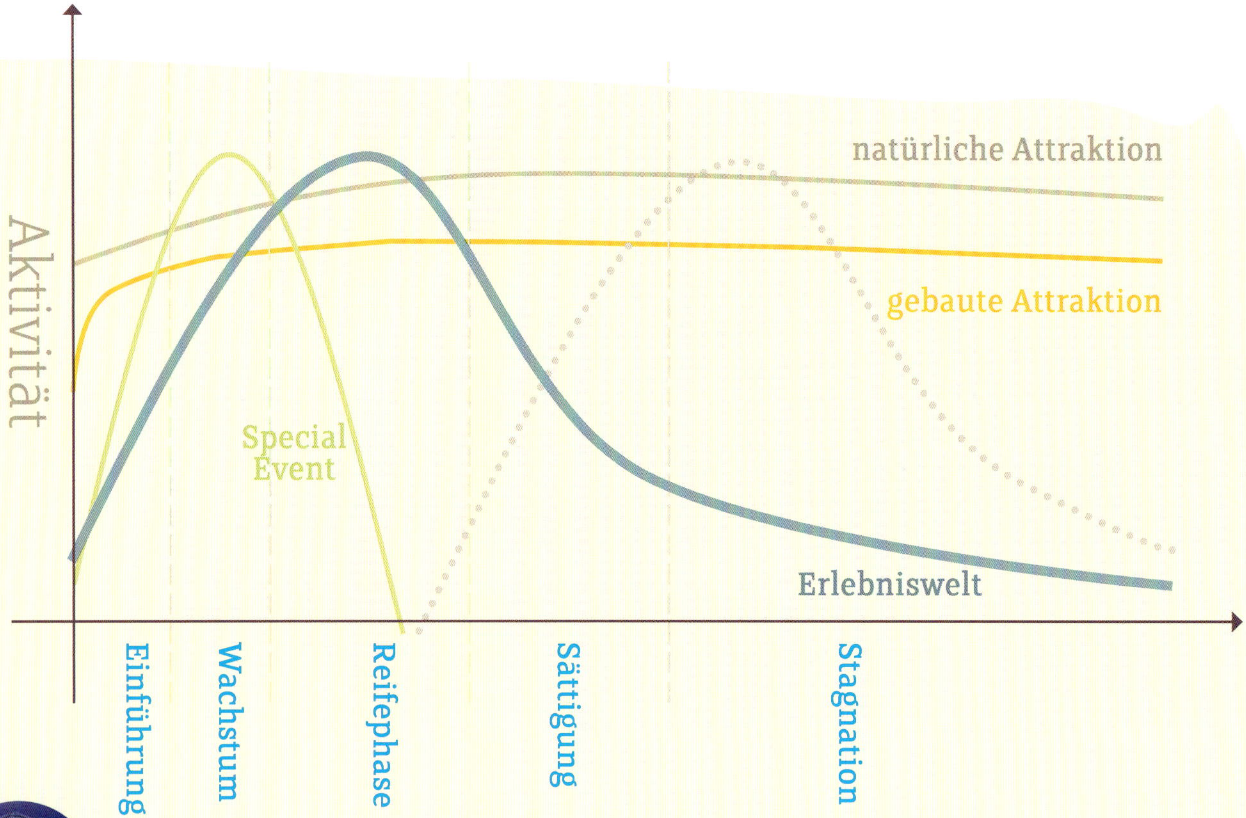

Erlebniswelt

- vom Menschen errichtete, künstlich inszenierte Attraktion
  Bsp.: Therme Erding

Special Event

- vom Menschen geplante, kurzfristige Attraktion
  Bsp.: Pop-up Restaurants

Gebaute Attraktion

- ursprünglich nicht als Attraktion vom Mensch errichtet
  Bsp.: der Schiefe Turm von Pisa

Natürliche Attraktion

- von der Natur gegebener Attraktionspunkt
  Bsp.: Grand Canyon

ABBILDUNG 28: **LEBENSZYKLUS EINER ERLEBNISWELT**

Quelle: Eigene Darstellung in Anlehnung an WACHTER 2001, S. 37

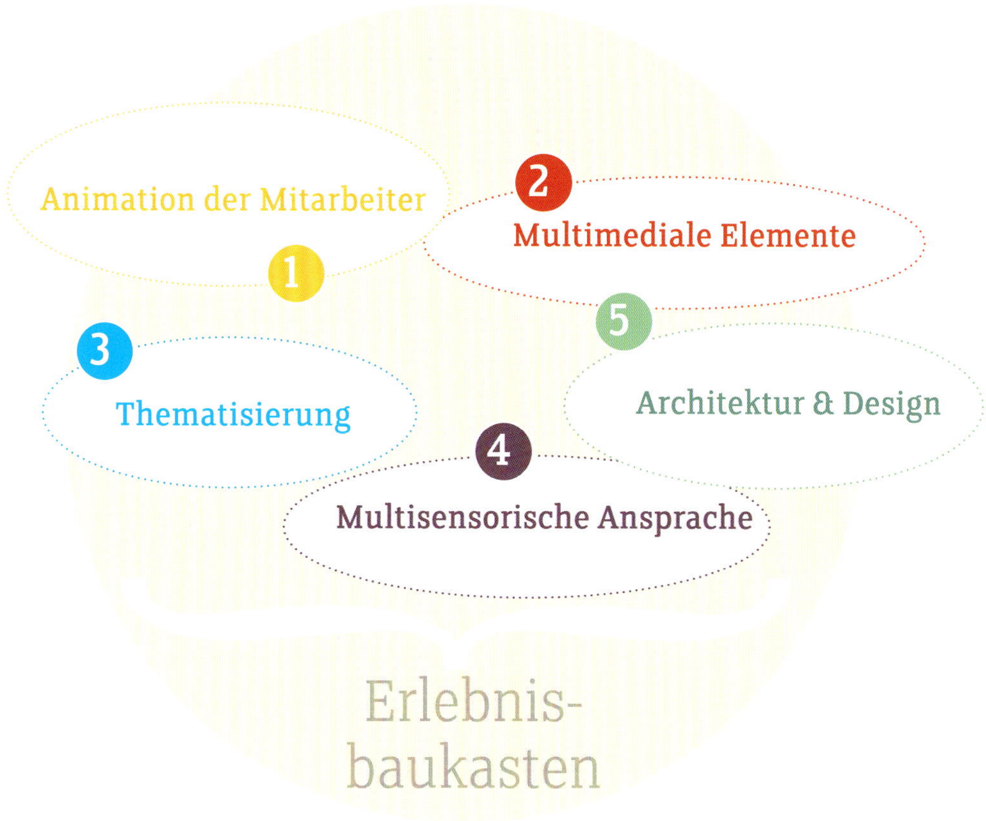

ABBILDUNG 29: **ERLEBNISBAUKASTEN**

DAS REPERTOIRE INSZENIERTER ERLEBNISWELTEN

Die Inszenierung einer Erlebniswelt ähnelt einer Bühnenaufführung, bei der Kostüme, Masken, Beleuchtung und Musik perfekt in Szene gesetzt werden, um die Handlung des Stückes zu untermalen. Das Repertoire umfasst neben den Inszenierungsinstrumenten, die in Szene 1 des Buchs eingehend beschrieben wurden, die in Abbildung 29 dargestellten Bausteine, die jedes Erlebniskonzept individuell ausgeprägt umsetzen kann.

THEMATISIERUNG IN ERLEBNISWELTEN

Der Erfolg thematisierter Erlebniswelten beruht auf der Faszination des Menschen durch das Exotische und Außergewöhnliche: Jeder sehnt sich nach nicht-alltäglichen Situationen. Ob historische oder exotische Inszenierungen – die Erlebniswelt unterliegt einem Leitmotiv, das durchgängig, detailreich und allumfassend sein muss, damit die Scheinwelt für die Gäste zur Realität wird. Nur eine konsequente Umsetzung des Themas, eine thematische Geschlossenheit und ein logischer Themenstrang schaffen außergewöhnliche Stimmungen und können emotionale Erlebnisse vermitteln.

Häufig stammen die Themen aus der populären Kultur, da diese sowohl einen hohen Wiedererkennungswert als auch eine gesteigerte emotionale Qualität vereint. Es ist zielführend, eine Thematisierung zu wählen, die einen hohen Faszinationsgrad bei den Besuchern auslöst.

Bei der Wahl des Themas sollte auf ethnozentrisches Denken geachtet werden. Durch ethnozentrisches Denken projiziert der Mensch seine individuellen Bedürfnisse auf die Be-dürfnisse der Allgemeinheit, getreu dem Motto: Was mich begeistert, das begeistert auch andere! Verschiedene Herkunft, unterschiedlicher Bildungsstand und variable Lebensstandards führen zu unterschiedlichen Interessenfeldern und Möglichkeiten.

Das Thema einer Erlebniswelt sollte daher möglichst objektiv eine breite Masse der Zielgruppe ansprechen. Folgende Themen finden sich vermehrt in Erlebniswelten wieder:

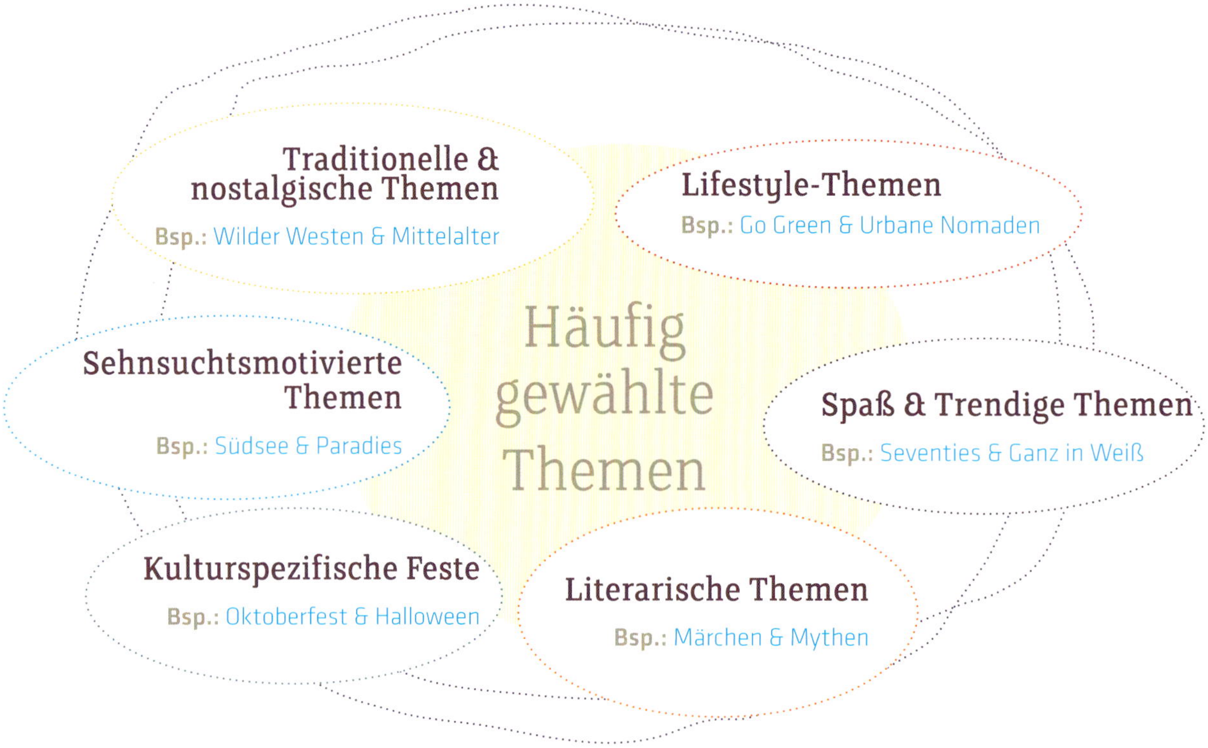

ABBILDUNG 29: **BEISPIELE HÄUFIG GEWÄHLTER THEMEN**

Quelle: Eigene Darstellung in Anlehnung an DIEHL und TERLUTTER 2008, S.600 f.

Der Trend zur Thematisierung ist durch den permanenten Konkurrenzdruck unverwechselbarer Angebote auf Erfolgskurs. Gäste werden durch die Wahl des Themas und der Gesamtinszenierung emotional angesprochen und involviert. Es ist von großem Vorteil, wenn das Thema des Konzeptes nicht ausschließlich optisch in der Gestaltung des Raumes liegt, sondern z. B. auch durch das authentische Verhalten der Mitarbeiter transportiert wird. So werden Gefühle und Emotionen geweckt, die den Besucher aus der Rolle des Beobachters locken und in das Geschehen einbeziehen.

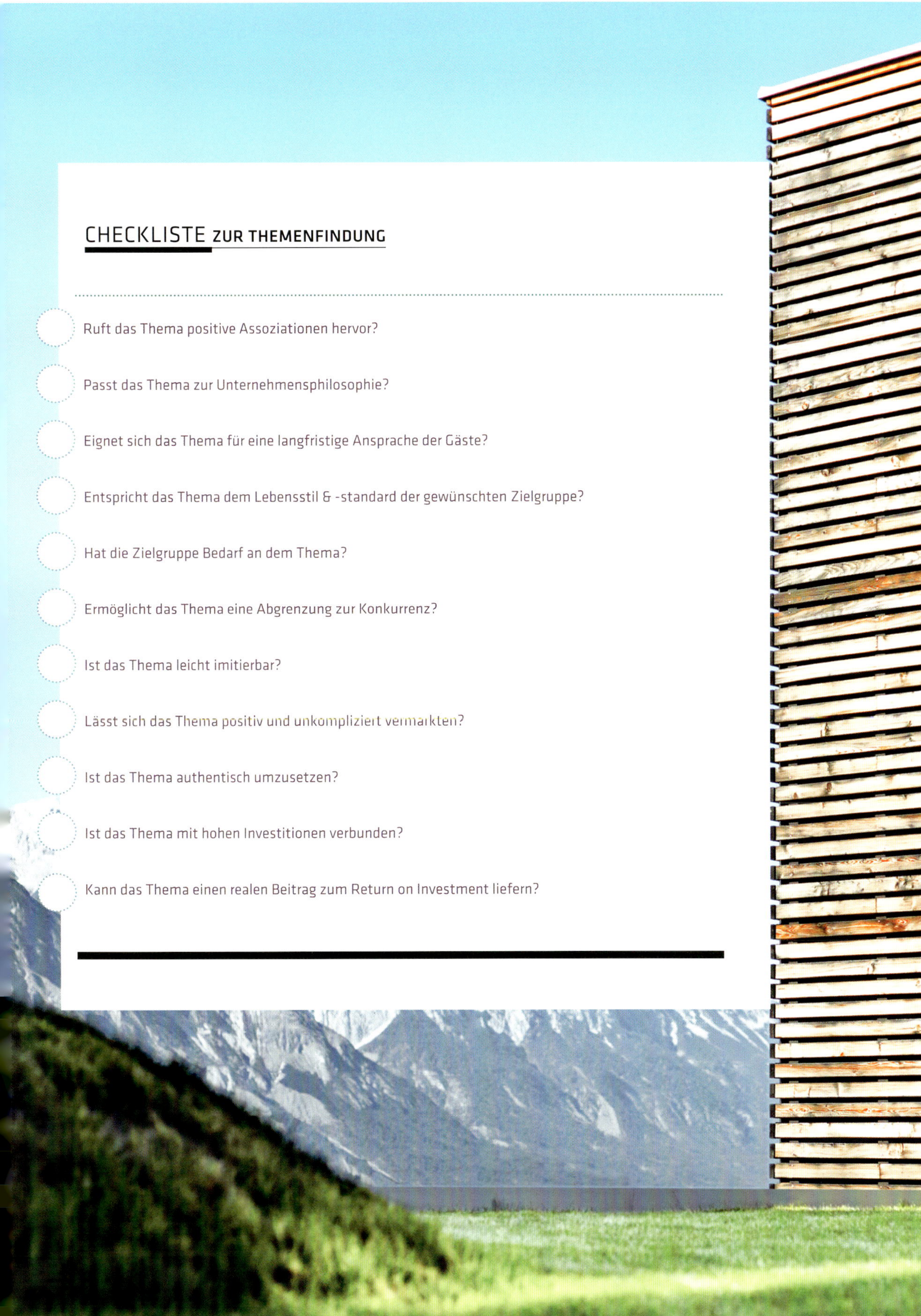

CHECKLISTE ZUR THEMENFINDUNG

- Ruft das Thema positive Assoziationen hervor?
- Passt das Thema zur Unternehmensphilosophie?
- Eignet sich das Thema für eine langfristige Ansprache der Gäste?
- Entspricht das Thema dem Lebensstil & -standard der gewünschten Zielgruppe?
- Hat die Zielgruppe Bedarf an dem Thema?
- Ermöglicht das Thema eine Abgrenzung zur Konkurrenz?
- Ist das Thema leicht imitierbar?
- Lässt sich das Thema positiv und unkompliziert vermarkten?
- Ist das Thema authentisch umzusetzen?
- Ist das Thema mit hohen Investitionen verbunden?
- Kann das Thema einen realen Beitrag zum Return on Investment liefern?

ERLEBNIS-ARCHITEKTUR UND INTERIEUR-DESIGN

»Architektur ist die Kulisse des emotionalen Theaters.«[31]

Heute werden Räume als multifunktionale Anlagen konzipiert: Bahnhöfe, Flughäfen und Sportarenen haben längt nicht mehr nur ihre Primäraufgabe, sie sind zugleich Shopping Center, Food Corner und Erlebniswelt. Cafés und Restaurants sind gleichzeitig Ausstellungsräume für Möbel und Kunst, Friseursalons werden als Bars genutzt und Herrenausstatter vergleichbar mit gemütlichen Wohnzimmern eingerichtet.

Bei der Inszenierung von künstlichen Erlebniswelten spielen Architektur, Gestaltung und Interieur-Design eine tragende Rolle. Visuelle Reize erreichen den Gast sofort und schaffen es, ihn gezielt in eine gewollte Stimmung zu versetzen. Das Repertoire ist mannigfaltig: Es beginnt mit der Raumform und den Proportionen, erstreckt sich über die Möblierung und den Einsatz von Farben und wird durch eine sinnvolle und erlebnisorientierte Wegeführung für die Gäste umrahmt. Optische Täuschungen und die Auswahl der Materialien, die gezielt atmosphärisch eingesetzt werden (z.B. weiche, harte, warme oder kalte Materialien), erzeugen Stimmungen und verankern sich so in der Gefühlswelt der Besucher.

Bei der Konzipierung und Einrichtung von Erlebniswelten geht es nicht um die Verschleierung der Realität, sondern vielmehr darum, eine neue, einzigartige Traumwelt zu erschaffen, die - fernab vom Alltag - die Bedürfnisse der Gäste bedient. Dabei ist die Bauweise des Erlebnisraums stark von vorgefertigten Bildern und Erwartungen der Gäste geprägt. Standort und Konzept sollten einen starken thematischen Bezug zueinander aufweisen, damit eine ästhetische Gestaltung des Gesamtraums erreicht werden kann und keine Brüche zur Realität entstehen.

»Wer ein Hotel der Zukunft schaffen will, muss sich mehr Gedanken über Design machen als die Konkurrenz.« Harry Gatterer, Geschäftsführer des Zukunftsinstitutes Österreich

Einige Unternehmen haben in den vergangenen Jahren - neben Corporate Design, Corporate Behavior und Corporate Communication - auch die sogenannte Corporate Architecture für sich entdeckt. Corporate Architecture soll zentrale unternehmerische Werte (z.B. Umweltbewusstsein und Nachhaltigkeit) in symbolischen Bauten widerspiegeln.

Die Herausforderung besteht darin, erlebnisorientierte Räume für eine ganzheitliche Sinneswahrnehmung zu schaffen. In einem Erlebnisrestaurant steht der Genuss (ob

emotional oder gustatorisch) im Mittelpunkt, nicht die Nahrungsaufnahme. Das Umfeld spielt eine entscheidende Rolle für den Erfolg des Restaurants, die räumliche Gestaltung bietet einen Erlebnismehrwert für den Gast. Erlebnisarchitektur muss eine Bühne – und damit eine Umgebung – schaffen, auf der das Konzept perfekt wirkt.

Der Designer Philippe Starck geht so weit, zu sagen, dass das Erlebnis das eigentliche Produkt im Tourismus ist und dass die Hotellerie im Grunde genommen nur eine Maschinerie ist, die diese Erlebnisse generiert. Er sieht das Hotel als einen Mikrokosmos, der den Gast aus seiner Alltagswelt herauszieht und in ein Ambiente versetzt, das stimuliert, inspiriert und für Überraschungen sorgt. Mit Standardprodukten und herkömmlichem Design alleine können Hoteliers den Gästen von heute, keine Begeisterung mehr entlocken: Es gilt, anders zu sein, Erlebnisse zu kreieren und Emotionen zu wecken.

Kleinere Konzepte können mit feinen Nuancen im Design und persönlichen Details punkten, die nicht zwingend mit hohen Kosten verbunden sein müssen. Das Design muss vor allen Dingen auf den Standort zugeschnitten sein und zur Zielgruppe passen. Gerade das Persönliche erlebt in den vergangenen Jahren einen Aufschwung. Kleine aber feine Aufmerksamkeiten mit regionalem Bezug bleiben als Begeisterungsgefühl lange im Gedächtnis der Gäste gespeichert.

Design liegt demnach hoch im Kurs und beweist sich als hervorragende Chance um Gäste zu gewinnen und langfristig zu binden. Gerade für kleinere Individualkonzepte bietet Interieur Design eine nicht zu verachtende Möglichkeit, sich von der Masse abzuheben.

Die anhaltende Nachfrage und der daraus resultierende wirtschaftliche Erfolg vieler Designhotels unterstreicht ein neues Bewusstsein für Raum und Gestaltung seitens der Gäste.

Das Rogner-Bad Blumau in Österreich ist ein Beispiel dafür, wie Architektur den Erfolg eines Konzeptes entscheidend beeinflussen kann. Laut einer Gästebefragung ist die innere und äußere räumliche Gestaltung der Therme als Alleinstellungsmerkmal der Hauptgrund für einen Besuch der Therme.

Das Gesamtkunstwerk. gestaltet vom Künstler Friedensreich Hundertwasser, bestärkt die Besucher in ihrem Drang nach Individualität und Exklusivität. Berühmte Persönlichkeiten und Designer sind ein nicht zu verkennender Gästemagnet, der zukünftig immer mehr an Bedeutung gewinnen wird.

Handlungsempfehlungen für erfolgreiches Design:

- Vergleichbare Best Practice-Beispiele aus der Branche studieren
- Eigene Zielgruppe genau definieren
- Gästebedürfnisse und -wünsche einholen und berücksichtigen
- Lifestyle der Gäste analysieren
- Trends beobachten und von Modeerscheinungen differenzieren
- Funktionalität der Räume immer im Hinterkopf behalten
- Kosten und Nutzen der Investitionen objektiv abwägen
- Persönliche Bedürfnisse und Geschmäcker zurückstellen

ABBILDUNG 30: **HANDLUNGSEMPFEHLUNGEN FÜR ERFOLGREICHES ERLEBNISDESIGN**

Quelle: Eigene Darstellung in Anlehnung an Hotel Design 2012, S. 31

Duftcocktails

Die Bar The Curtain Club im Berliner The Ritz-Carlton mixt ihren Gästen die Cocktails nach ihren Lieblingsdüften. Die Idee für die einzigartigen Cocktailkreationen gehen auf das Konto des jungen und kreativen Barmanagers Arnd Heißen. Er lässt seine Gäste an verschiedensten Kräutermischungen, Gewürzen und Aromen schnuppern und erkennt so die Vorlieben und die Geschmacksrichtung seiner Gäste. Er mixt ihnen dann einen Cocktail ganz nach ihrem Geschmack: Ein besonderer Drink für Gaumen und Nase, aus Aromen, die an die besonderen Ereignisse im Leben erinnern sollen.

Quelle: MARCONI 2013, S. 10

Konzeptentwickler und Produzenten entwickeln zeitgemäßes und funktionelles Design, aus nachhaltigen Materialien, ganz nach den Bedürfnissen der neuen Generation. Hölzer und Natursteine mit regionalem Bezug stehen vor allem in den Spa-Bereichen der Hotellerie hoch im Kurs: Der Trend hin zu Authentizität, Ursprünglichkeit, Ungezwungenheit, Exklusivität und Qualität spiegelt sich im Interior Design der Konzepte wider. Ob luftreinigendes Laminat, antibakteriell wirkende Oberflächen oder lichtdurchlässiger Beton – Nachhaltigkeit und die Haptik von Materialien treten in den Vordergrund.

REIZUNG UND ANSPRACHE ALLER SINNE

Bei der Konzeption von Erlebnisangeboten darf eine multisensorische Ansprache der Gäste nicht fehlen. Wie erläutert, zielt eine emotionale Ansprache auf die fünf Sinne des Menschen ab: Sehen, Hören, Fühlen, Schmecken und Riechen. Der Gast wird auf der emotionalen Ebene angesprochen und generiert durch das persönliche Erleben eine Verbindung und Nähe zum Konzept.

Ob durch visuell reizvolles Design, entspannte Musik, haptisch angenehme Materialien, ansprechende Düfte oder leckere Aperitifs – der Gast soll auf allen Ebenen ganzheitlich angesprochen werden. Durch die multisensorische Ansprache behalten Gäste das Erlebte nachhaltig in Erinnerung und schaffen es, sich die Eindrücke wiederholt ins Gedächtnis zu rufen, selbst wenn sie sich an einem anderen Ort befinden. Das Wiederkaufverhalten der Gäste kann über multisensorische Ansprache strategisch gesteuert werden.

Der olfaktorische Sinn der Menschen ist ein entscheidender Faktor, ob sich ein Gast wohlfühlt oder nicht: Stinkt ihm buchstäblich etwas, so sucht er schnell das Weite. Gerüche empfindet jeder individuell anders, daher gestaltet sich die Wahl eines charakteristischen und dennoch dezenten Raumduftes als schwierig. Hat ein Konzept einen Duft gefunden, der die Zielgruppe anspricht, so wirkt das erlebnisverstärkend auf die Loyalität der Gäste. Die Luxusmarke SOFITEL der Hotelkette Accor hat eine Reihe von Düften kreiert, die jedes Haus individuell charakterisieren. Gäste, die wiederkehren, haben so das Gefühl, nach Hause zu kommen und nicht in ein steriles, unpersönliches Hotel. SOFITEL nutzt die Düfte als neues Positionierungskonzept, das die französische Lebensart widerspiegelt. In Zusammenarbeit mit der Parfümmanufaktur L'Artisan Parfumeur hat sich jedes SOFITEL für einen von 12 Düften entschieden.

Ein wichtiges Instrument für eine optimale Ansprache der Gäste ist Musik. Sie dient als idealer Vermittler zwischen Konzept und Besucher. Musik schafft schnelle und langanhaltende Empfindungen (fröhlich, nachdenklich, spannend, euphorisch) und verleitet den Gast unterbewusst zu bestimmten Handlungen und Gefühlen. Erlebniswelten setzen Musik auf unterschiedlichste Art und Weise ein. In Freizeitparks hört man beispielsweise neben Naturgeräuschen in der Wildwasserbahn auch einprägsame Jingles in den Warteschlangen.

Lichtinstallationen und Beleuchtung im weiteren Sinne sind ein ausgezeichnetes Stilmittel, um Emotionen und Gefühle zu erzeugen. Der richtige Einsatz von Farben, Licht und Dunkelheit versetzen den Gast in die verschiedensten Gemütszustände. Ob Chillout, Disco oder Sternenhimmel: Kreativen Geistern sind keine Grenzen gesetzt. Amerikanische Casinos arbeiten seit Jahren mit dem Einsatz von Lichtelementen, um ihre Besucher in eine zeitlose Traumwelt zu entführen. Qbic Hotels, eine Budget-Designmarke, arbeitet verstärkt mit Lichtinstallationen. In den funktionalen Zimmern können die Gäste je nach Lust und Laune Lichteinstellungen wie Mellow Yellow, Red Romance oder Deep Purple Love über einen Tablet-PC steuern.

Handlungsempfehlungen für eine multisensorische Ansprache

- Stress- und Störfaktoren minimieren!
- Konzeptadäquate Reize für alle Sinnesorgane definieren!
- Aktive Einbindung des Besuchers in das Thema der Erlebniswelt gewährleisten!
- Schaffung positiver Assoziationen steuern!
- Atmosphärische Grundstimmung durch Sinnesansprache schaffen!

ABBILDUNG 31: **HANDLUNGSEMPFEHLUNGEN FÜR EINE MULTISENSORISCHE ANSPRACHE**

Quelle: Eigene Darstellung in Anlehnung an KOLLER 2005, S. 370

ANIMATION UND EMOTIONALE ARBEIT DER MITARBEITER

»Wer Schwanensee aufführen will, darf beim Casting keine Enten nehmen!«[11]

Die wahren Schauspieler in der Umsetzung der Erlebnisinszenierung sind die Mitarbeiter der Erlebniswelt. Sie haben direkten Kundenkontakt und großen Einfluss auf die Gestaltung des ganzheitlichen Gästeerlebnisses: Der Moment of Truth wirkt entweder erlebnisverstärkend oder erlebnisvernichtend auf die Gäste.

Für eine erfolgreiche Erlebnisvermittlung ist die Auswahl der Mitarbeiter von höchster Bedeutung. Die Angestellten sollten das Konzept selbst leben, um es den Gästen glaubhaft und authentisch zu vermitteln. Ein Bruch in der Inszenierung hat erhebliche Folgen für das ganzheitliche Erleben.

Voraussetzung für die Mitarbeit in einer Erlebniswelt ist eine besondere Freundlichkeit und ein ausgeprägter Servicegedanke. Die Stimmung der Mitarbeiter springt auf die Gäste über, sie wirken als Animateure positiv auf die Situation ein. Sie animieren und motivieren vor schwierigen Situationen (z. B. Warteschlangenmanagement vor der Achterbahn), sie wirken entspannend und vertrauensvoll (z. B. Bademeister im Spaßbad), sie wirken professionell und authentisch (z. B. Mittelalter-Dinner). Je nachdem, in welchem Bereich der Mitarbeiter einer Erlebniswelt beschäftigt ist, stellen Gäste einen höheren Anspruch an seine emotionale Arbeit (z. B. Gastronomie) als in anderen Bereichen (z. B. Facility Manager). Wichtig bei der Umsetzung bleibt die Echtheit von Freundlichkeit und Animation.

Bei mittleren und kleinen Erlebniskonzepten spielt die Rolle des Inhabers bzw. Betreibers eine tragende Rolle. Viele Konzepte funktionieren ausschließlich mit einem Betreiber, der sich mit den Jahren ein soziales Netzwerk aufgebaut hat und als eine Art Institution am Zielort gilt. Gäste kommen des Gastgebers wegen in das Restaurant oder das Hotel. Die Persönlichkeit des Hoteliers und Gastronomen ist in Bezug auf Erlebnisinszenierung von höchster Bedeutung. Er motiviert seine Mitarbeiter und Gäste,

Ein gelungenes Beispiel für den Einsatz von multimedialen Funktionen ist das BamBoo in Ahaus. In tropischem Ambiente können die Gäste per App mit eigenen Smartphones oder Tablets ihre Getränke und Speisen bestellen und zwischendurch eine atemberaubende Safari im High-Tech-Simulator erleben.
Die technischen Elemente dienen dem Betreiber auch zur Steuerung seines Restaurants. Über die Anzahl der Bestellungen wird in Echtzeit analysiert, in welchen Teilen des Restaurants hohes Bestellaufkommen herrscht. So können Mitarbeiter effizienter eingesetzt werden, um den Gästen ein lückenloses Gesamterlebnis zu vermitteln. Die Technik erleichtert dem Service das Arbeiten, lockt zusätzlich technikaffine Gäste ins BamBoo und sorgt für unkompliziertes Bestellen und Bezahlen.

stellt die Umsetzung aller erlebnisorientierten Maßnahmen sicher und tritt als Vertreter des Konzeptes auf.

MULTIMEDIALE FUNKTIONEN

In Erlebniswelten wirken Multimedia-Elemente erlebnisverstärkend. Vor allem Infotainment- und Edutainment-Center nutzen die neueste Technik, um ihren Gästen spielerisch Wissen zu vermitteln. »Mittendrin, statt nur dabei«, trifft es dabei auf den Punkt: Slide Shows, audiovisuelle Präsentationen, Audio Guides, Computerterminals mit Touchscreens, Lichteffekte, musikalische Untermalung: Besucher werden in eine andere Dimension gehoben und erfreuen sich an den scheinbar grenzenlosen Möglichkeiten der Technik. Sie werden Teil der Erlebniswelt und interagieren sowohl mit den technischen Angeboten als auch mit anderen Besuchern.

Ein großer Vorteil beim Einsatz multimedialer Elemente ist das Plus an Informationen und individueller Selbstbestimmung für den Gast. Durch neue Technologien durchläuft der Besucher einzigartige und dynamische Erlebnisse. Andererseits ist die Verlässlichkeit der Technik umso wichtiger. Funktionieren die Geräte nicht einwandfrei, so können multimediale Elemente eine erlebnisvernichtende Auswirkung auf das Konzept haben.

GRENZEN UND RISIKEN INSZENIERTER ERLEBNISWELTEN

Projektentwickler stoßen in erster Linie bei der Umsetzung inszenierter Erlebniswelten an Grenzen. Die Arbeit mit Emotionen und Erlebnissen ist hochsensibel und darf keine Kompromisse eingehen. Ganz oder gar nicht, lautet die Devise.

STÄNDIGE AUFMERKSAMKEIT UND ERLEBNISSUCHT

Erlebnisse sind individuell erfahrbar und daher schwer zu reproduzieren. Konzepte kämpfen mit der Tatsache, dass die Erlebnisse, die sie generieren, im Zeitverlauf langweiliger und weniger extrem erscheinen. Gäste suchen ohne Pause nach einzigartigen Erlebnissen. Aufgrund des dynamischen Marktes ist die Gefahr einer Abwanderung zur Konkurrenz erhöht.

CHECKLISTE ZUM EINSATZ MULTIMEDIALER ELEMENTE

- Passt die Technik zum Konzept?
- Erleichtert die Technik die Arbeit?
- Gestaltet sich die Technik benutzerfreundlich?
- Ist das Verhältnis zwischen Kosten und Nutzen ausgewogen?
- Dient die Technik als Alleinstellungsmerkmal?
- Kennt sich der Betreiber selbst mit der Technik aus?
- Kostet die Technik einen zusätzlichen Support?
- Spricht die Technik die gewünschte Zielgruppe an?
- Wirkt die Technik erlebnisverstärkend auf das Konzept?

ALLES GESCHMACKSACHE

Bei der Entscheidung für ein Design sollten sich Projektentwickler viel Zeit nehmen. Hoteliers und Gastronomen müssen darauf achten, ihre eigenen Vorlieben nicht zu weit in den Vordergrund zu stellen – Design ist Geschmackssache. Hier empfiehlt sich eine professionelle Recherche und Beratung, ansonsten läuft die Gestaltung Gefahr, bereits überholt zu sein, ehe sie sich amortisiert hat. Die Lebensdauer der einzelnen Bereiche – vor allem im Hotel – verkürzt sich zunehmend. Während Gebäude (20–50 Jahre) und Technik (15–20 Jahre) langfristig Bestand haben, endet der Lebenszyklus des Designs und der Einrichtung heute bereits nach 7 bis 10 Jahren. Bei außergewöhnlichen Ideen endet die Lebensdauer eines Konzeptes unter Umständen bereits nach 3 bis 7 Jahren.

AUSGEBILDETE UND MOTIVIERTE MITARBEITER

Ausgebildete und motivierte Mitarbeiter in der näheren Umgebung eines erlebnisorientierten Konzepts zu finden und langfristig zu halten, stellt eine große Schwierigkeit für die Betreiber von Erlebniskonzepten dar. Potenzielle Mitarbeiter sollten Einfühlungsvermögen mitbringen, besucherorientiert denken, sich mit dem Konzept identifizieren können und authentisch sein. Sie müssen ihre Rolle als Teil des Gesamtkonzepts verstehen, das nur durch Zusammenhalt und Perfektion funktionieren kann.

Mitarbeiter sind der Schlüssel zum Erfolg eines Erlebniskonzeptes: Sie sollen Menschen bewegen, berühren und begeistern. Wenn nur ein einziger Mitarbeiter einen schlechten Tag hat, leidet das Gesamterlebnis für den Gast, der hohe Erwartungen stellt: Er geht von exzellentem und herzlichstem Service aus. Bei der Umsetzung gilt das Null-Fehler-Prinzip: Viele Gäste verzeihen nur schweren Herzens.

Ein Beispiel: Befindet sich eine Familie in einem Freizeitpark, der von der Hardware hoch ansprechend und vom Erlebnisfaktor her atemberaubend ist, kann das Erlebnis dennoch darunter leiden, dass die Mitarbeiter sich nicht authentisch in das gesamte Geschehen eingliedern. Verlässt ein Mitarbeiter seine Rolle, geht ein Stück des Erlebnisses verloren – das ist der Tatsache geschuldet, dass sich Menschen immer eher an negative als an positive Erlebnisse erinnern.

GRÖSSE UND RELEVANZ DES BETRIEBES

Bei der Entwicklung von Erlebniskonzepten sollte auf die Relevanz des Konzeptes geachtet werden. Professionelle Analysen und aussagekräftige Auswertungen sollten objektiv

darstellen, dass das entworfene Konzept zur entsprechenden Zeit am geplanten Standort funktionieren kann – und zwar langfristig. Die Veränderungen der Konsumgewohnheiten, aktuelle Trends und die gesellschaftliche Gesamtentwicklung sollten ebenso in Betracht gezogen werden wie die gegebene Infrastruktur vor Ort. Durch den starken Wettbewerb liegen zwischen der Konzeptidee und der Umsetzung heute nur noch wenige Jahre, die früher für umfangreiche Analysen genutzt wurden. Der Erste zu sein bedeutet nicht zwingend, der Erfolgreichste zu sein.

AUSWAHL DER ZIELGRUPPE

Die Auswahl der Zielgruppe stellt ein großes Risiko bei der Einführung eines neuen Erlebniskonzeptes dar. Im Vorfeld muss nicht nur analysiert werden, ob die Zielgruppe groß genug und am Standort vorhanden ist, sondern auch, ob sie Bedarf nach der neuen Einrichtung hat und bereit ist, ihr Freizeitbudget zu investieren. Ebenso muss geprüft werden, ob die Zielgruppe die Infrastruktur in dem Maße nutzen kann, wie in der Planung festgelegt. Weiterhin verändern sich Ansprüche und Erwartungen, gerade bei jüngeren Zielgruppen, laufend – daher sollte so präzise wie möglich abgeschätzt werden, wie Gästewünsche antizipiert werden können.

NEGATIVE PRESSE UND SOZIALE NETZWERKE

Kaum ist ein Konzept fertiggestellt, wird es schon im Web 2.0 bewertet. Die Angewohnheit der Gesellschaft, alles und jeden öffentlich zu bewerten und zu kommentieren, hat auch ihre Schattenseiten. Reisende legen mehr Wert auf die Sternchenanzahl und die Weiterempfehlungsraten, die sie im Netz finden, als auf die Informationsbroschüren der Anbieter. Negative Mundpropaganda, die früher im Freundes- und Bekanntenkreis verbreitet wurde, hat sich durch den Aufschwung der sozialen Netzwerke vervielfacht. Eine strategische Steuerung und der Einbezug der Social-Media-Konzepte sind für den erfolgreichen Auftritt einer Erlebniswelt dringend notwendig.

DYNAMISCHE MARKTENTWICKLUNG

Durch kürzere Lebenszyklen von Erlebniswelten und variables Besucherverhalten werden Konzeptentwickler gezwungen, immer schneller zu reagieren und neue Leistungen auf den Markt zu bringen. Eine ständige Betrachtung des Marktes ist von Vorteil – derjenige, der weiß, was auf dem Markt passiert, kann Nischen für sich nutzen. Auch die politische und wirtschaftliche Situation ist für den Freizeitsektor höchst relevant: Gibt es keine Kaufkraft, so schwinden automatisch die Besucher. Im Zuge der Planung empfiehlt sich eine PESTEL-Analyse, die politische, ökonomische, soziale, technologische, ökologische und rechtliche Einflüsse am Standort, untersucht.

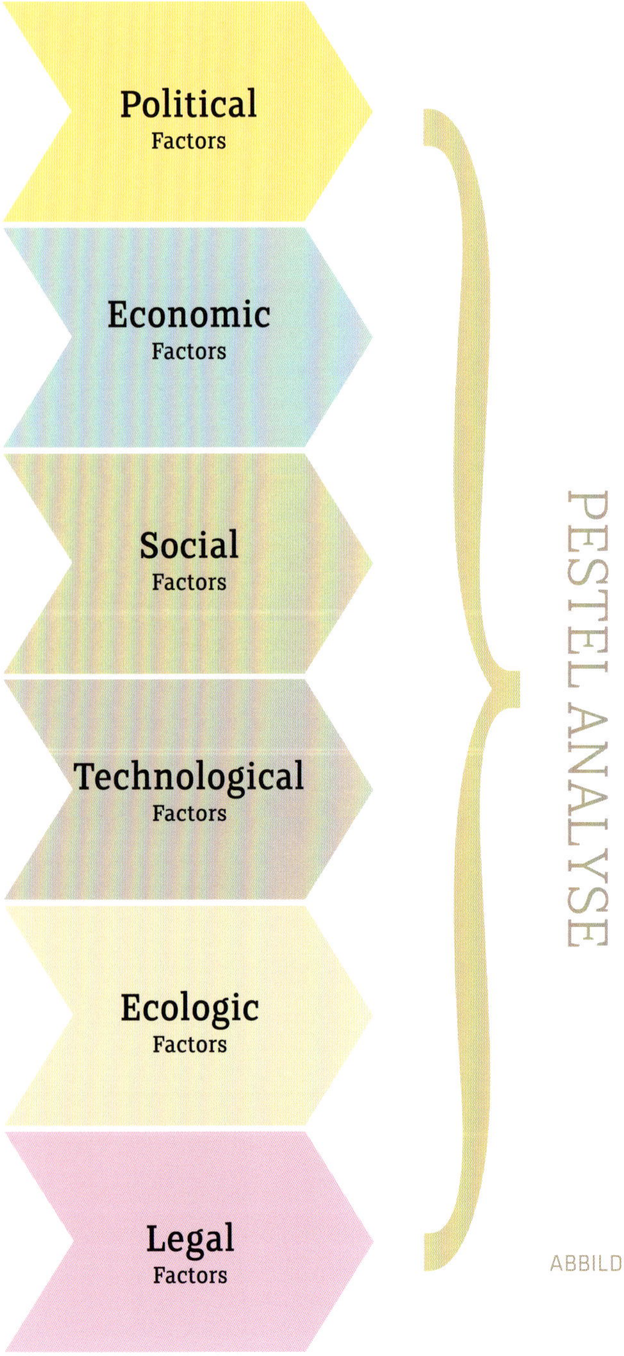

ABBILDUNG 32: **PESTEL ANALYSE**

TECHNISCHE VERLÄSSLICHKEIT

Implementiert man neueste Technik in eine Erlebniswelt, dann sollte man lückenlos dafür sorgen, dass die Technik einwandfrei funktioniert. Nichts ist erlebnisvernichtender als ein defektes Speisekartentablet in einem Restaurant, das damit wirbt, ein schnelles, hippes und modernes Konzept zu sein.

Technik kann außerdem frustrierend auf Besucher wirken, wenn das Handling zu kompliziert und benutzerunfreundlich gestaltet ist. Erlebniswelten sollen die Skepsis der Besucher gegenüber neuen Medien schwächen und nicht verstärken. Gerade im Bereich Technik ist ein lückenloser Support unerlässlich, genau wie einfühlsame und technikaffine Mitarbeiter vor Ort, die informationsbedürftigen Gästen die Angst und das Unverständnis nehmen. In Erlebniswelten sollen Medien als Orientierungshilfe dienen und nicht verwirren. Die Technik ist nur so gut wie die Besucher, die sie bedienen können – diese Hürde sollte tunlichst überwunden werden.

Doch wo die Risiken hoch sind, sind Chancen und Renditen umso höher!

CHECKLISTE ZU SZENE 4: HINTERFRAGEN SIE SICH!

Fragen als Umsetzungsunterstützung zur Szene 4: Schauspieler

Zentrale Fragen für eine erfolgreiche Umsetzung	Für meinen Betrieb nicht relevant, Gedanke wird nicht weiter verfolgt.	Relevant, der Frage wurde bereits im eigenen Betrieb nachgegangen.	Relevant, der Frage wird im eigenen Betrieb nachgegangen.
Setzen Sie bewusst Erlebnismarketing ein?			
Sind Sie oder einer Ihrer Mitarbeiter für das Customer Experience Management zuständig?			
Haben Sie sich Gedanken gemacht, in welchem Stadium des Lebenszyklusses sich die von Ihnen implizierten Begeisterungsfaktoren befinden?			
Können Sie sich bei der Gestaltung von Erlebnissen vom ethnozentrischen Denken frei machen?			
Können Sie aus den Sachverhalten der aufgeführten Praxisbeispiele etwas gewinnen?			

PHILIPS

SZENE 5
DIE AUFFÜHRUNG

Im Folgenden werden ausgewählte, erfolgreiche Erlebniskonzepte aus Deutschland, Österreich und der Schweiz vorgestellt. Hierzu wurden namenhafte Experten der Bereiche Erlebnishotellerie, Erlebnisgastronomie, Markenwelten und Erlebnisparks zum Thema Erlebnisinszenierung befragt.

➔ 25HOURS HAFENCITY, Seite 139

➔ ALMDORF SEINERZEIT, Seite 150

➔ SANSIBAR, Seite 139

➔ MAIENSÄSSHOTEL GUARDA VAL, Seite 192

25HOURS HAFENCITY

Interviewpartner: Christoph Hoffmann
Position: Partner & CEO

DAS KONZEPT IN EIGENEN WORTEN ZUSAMMENGEFASST

Zusammengefasst kann man das Konzept des 25hours Hotel HafenCity mit einem Namen beschreiben: Kuttel Daddeldu. Kuttel Daddeldu ist eine Kunstfigur des Lyrikers und Kabarettisten Joachim Ringelnatz, der selbst eine Zeitlang Seemann war. Er schrieb vom Norden geprägte, ironische und manchmal auch leicht schlüpfrige Geschichten und Gedichte. Kuttel Daddeldu ist der rote Faden, der sich durch unser individuelles Konzept zieht. Wir haben uns an der Grundidee eines Seemannsheims orientiert und sie mit lokalen Elementen im Hafen und der Speicherstadt verknüpft.

WELCHE ALLEINSTELLUNGSMERKMALE HAT DAS 25HOURS HAFENCITY?

- **Einziges Hotel in der HafenCity**
- **Hohes Maß an Individualität & außergewöhnliches Design**
- **Durchgängiger Erlebnisfaktor im Hotel**
- **Nonchalanter Service – locker, lässig & professionell**
- **Hafensauna auf dem Dach & Vinylothek**

WER IST DIE ZIELGRUPPE?

Unsere Kernzielgruppe, oder wie wir sagen: »Kernstilgruppe«, sind urbane Nomaden – moderne, markenbewusste Individualisten, die Wert auf Design und Qualität legen. Am Wochenende haben wir vermehrt klassische Touristen und Leisure-Gäste. Unsere Auslastung am Wochenende liegt zwischen 60 und 70 Prozent. Der Corporate-Gast spielt bei uns eine wichtige Rolle. Der Gästemix vereint im HafenCity ca. 60 Prozent Corporate-Gäste, zu 40 Prozent Leisure-Gäste. Wir wollen ein offenes Hotel sein, das für jedermann da ist und das Gefühl vermittelt, dass bei uns alle Türen offen stehen.

SIND IHRE GÄSTE BEREIT, FÜR EIN ERLEBNISKONZEPT MEHR GELD AUSZUGEBEN?

Wir wollen ein faires Preis-Leistungs-Verhältnis anbieten. Wir stellen fest, dass wir innerhalb unseres Mitbewerberfeldes bei der Durchschnittsrate höher liegen als die Konkurrenz. Das liegt vermutlich an unseren Alleinstellungsmerkmalen: Unsere Gäste setzen auf Erlebnisse und sind gleichzeitig bereit, für unsere Leistung einen höheren Betrag zu bezahlen. Ansprechendes Design, moderne Kunst oder eine besondere Gastronomie: Wir von 25hours schaffen ein Ambiente, in dem Menschen Ihresgleichen treffen. Für diesen Mehrwert ist der Gast bereit zu bezahlen.

VOM CHECK IN BIS ZUM CHECK OUT – AN WELCHEN STELLEN WIRD GANZ KONKRET MIT INSZENIERTEN ERLEBNISSEN GEARBEITET?

Die Inszenierung beginnt schon beim Betreten der Lobby, die eine 7 Meter hohe Decke hat. Dort steht ein riesiger Übersee-Container von Hapag Lloyd, der als einzigartiger Tagungsraum genutzt werden kann. Von da an zieht sich die Inszenierung durch das gesamte Hotel: Ob die Aufzüge, die Gänge, der Kiosk neben der Rezeption oder unser kostenloser Mini-Verleih – wir schaffen an allen Stellen des gesamten Hotels Erlebnisse für unsere Gäste. Zwei besondere Highlights sind die Vinylothek, ein Schallplattenraum, den wir anstatt der klassischen Bibliothek eingebaut haben, und unsere aus Containern gestaltete Hafensauna auf dem Dach des Hotels, die eine spektakuläre Aussicht auf den Hafen bietet: Die Sauna ist inzwischen ein echter USP geworden.

WIE SCHAFFEN SIE GROSSE ERLEBNISSE MIT WENIG FINANZIELLEM AUFWAND?

Das fängt schon beim Meeresrauschen in der Telefon-Warteschleife an. Wir haben viele kleine Details, die sich zu einem Gesamterlebnis zusammenfügen. Im 25hours HafenCity haben wir beispielsweise eine Skypebox eingerichtet, mit der Gäste kostenlos skypen können. Der Hintergrund der Box ist eine Südsee-Attrappe – beim Skypen sieht es so aus, als befände man sich gerade am Strand. Die Skypebox hat nicht viel Geld gekostet, aber unsere Gäste sehen sie als Attraktion.

WELCHE MASSNAHME – IM RAHMEN DER ERLEBNISINSZENIERUNG – BRACHTE DEN HÖCHSTEN RETURN ON INVESTMENT FÜR DAS 25HOURS HAFENCITY?

Das ist wohl der Übersee-Container in unserer Lobby, den wir sehr häufig vermieten.

Es ist etwas Besonderes, mitten in der Lobby und doch exklusiv in einem außergewöhnlichen Ambiente zu tagen. Wir generieren zusätzliche Umsätze durch den Container – ob mit der Vermietung des Raumes, zusätzlicher Gastronomie- oder Logisleistung. Die Investition in den Container hat sich mit Sicherheit gerechnet – er stellt inzwischen ein Identitätsmerkmal für das Hotel dar. Der Container ist das am häufigsten angefragte Fotomotiv.

Im 25hours Spektakel in Wien haben wir etwas Ähnliches geschaffen: Fünf unserer Zimmer haben eine wunderschöne Terrasse, auf die wir jeweils eine Badewanne gestellt haben: Outdoor-Baden und gleichzeitig über Wien blicken – ein einmaliges Erlebnis! Das Hotel bekommt durch die Investition einen gewissen Charakter, der sich schnell in Return on Investment übersetzen lässt – ohne dass wir ihn finanziell benennen könnten.

KANN ERLEBNISINSZENIERUNG RISIKEN BERGEN?

Auf jeden Fall. Bei der Inszenierung kann man immer mal an eine Grenze stoßen. Manchmal scheitert man mit einer Idee. In so einer Situation sollte man flexibel reagieren und umdenken. Man sollte seiner Linie aber grundsätzlich treu bleiben und nicht gleich einknicken, nur um jeden Passanten glücklich zu machen. Wenn man nicht mutig ist, wird das Ergebnis nie mehr als mittelmäßig sein.

WELCHEN STELLENWERT NIMMT AUTHENTIZITÄT IM RAHMEN DER INSZENIERUNG IM 25HOURS HAFENCITY EIN?

Authentizität hat in unseren Augen viel mit der Auswahl der Materialien und Produkte zu tun. Wenn Konzepte einem starken Thema folgen, ist die Gefahr groß, künstlich zu wirken. Deswegen haben wir entschieden, bei allem, was wir tun, authentisch zu sein: Im 25hours HafenCity ist nirgendwo ein Schiff zu finden. Das würde unserer Meinung nach nicht mehr authentisch wirken, sondern einen gewissen Folklorecharakter bekommen.

WIE WICHTIG IST DER STANDORT FÜR DAS KONZEPT?

Sehr wichtig. Wir sind stark verwurzelt mit dem Hamburger Hafen und dem Flair, den die Speicherstadt versprüht. Wir fügen uns in das lokale Umfeld ein – eine Tatsache, die unserem Konzept zusätzliche Authentizität verleiht. Zum Beispiel ist die Hotelbar gänzlich aus Schrott und Produkten gebaut, die wir am Hafen gefunden haben. Selbst die Materialien sind also mit der lokalen Umgebung verbunden. Wir haben eine hervorragende Gastronomie,

die als eigenständiges Restaurant auch von Einheimischen wahrgenommen wird.

WELCHE ROLLE SPIELEN ERLEBNISARCHITEKTUR UND DESIGN FÜR DEN ERFOLG IHRES KONZEPTES?

Eine sehr große Rolle! Bislang haben wir an jedem 25hours hotels-Standort eine kreative Instanz gesucht. Für Wien haben wir die Agentur Dreimeta aus Augsburg gewählt. Armin Fischer von Dreimeta hat gemeinsam mit uns das erste 25hours geplant. Er ist unserem Unternehmen eng verbunden und versteht, was wir wollen.

Dann gibt es natürlich das kreative 25hours-Team, das unter anderem auch Henning Weiß (Head of Operations) und Bruno Marti (Head of Brand & Communications) einschließt. Wir sind bei jeder Planungssitzung dabei! Henning Weiß hat für das HafenCity viel Input geleistet: Die Vinylothek kam von ihm. Generell legen wir unseren Fokus auf Leisure, Lobby und Kommunikation, anstatt auf ein großes Business Center zum Beispiel.

25hours legt Wert auf das laute Spiel mit Design. Wenn wir was machen, dann wollen wir große Erlebnisse schaffen!

WAS WÜRDEN SIE IM 25HOURS HAFENCITY – IN BEZUG AUF ERLEBNISINSZENIERUNG – ÄNDERN, WENN SIE DAFÜR EIN AUSREICHEND HOHES INVESTITIONSVOLUMEN HÄTTEN?

Wir würden uns vielleicht ein schönes Schiff kaufen und zusätzlich großartige Hafentouren anbieten! Oder anbauen und in einen Fitnessbereich investieren. Das hat wenig mit Erlebnisinszenierung zu tun, ist aber unterm Strich ein Gästebedürfnis, das 25hours noch nicht bedient.

SCHLOSS ELMAU

Interviewpartner: Dietmar Müller-Elmau
Position: Eigentümer

DAS KONZEPT IN EIGENEN WORTEN ZUSAMMENGEFASST

Schloss Elmau ist ein Luxury Spa & Cultural Hideaway für Spa-Aficionados und kulturell interessierte Individualisten mit oder ohne Familie. Die Gäste suchen ein Maximum an Freiheit und Alternativen zum Nichtstun. Sie schätzen die Gleichzeitigkeit von vollkommener Ruhe und urbanem Leben ebenso wie das kosmopolitische Ambiente der großzügigen und vielfältigen Räumlichkeiten, in magisch solitärer Lage. Auch wenn Schloss Elmau vielleicht das beste Spa der Welt ist, so ist sein weltweit einzigartiges Kulturprogramm doch das Tüpfelchen auf dem i. Klassik, Jazz und Literatur mit einigen der berühmtesten Musiker unserer Zeit prägen das Programm, an dem auch die vielen Kinder regen Anteil nehmen, für die darüber hinaus zahlreiche Edutainment-Veranstaltungen organisiert werden. Eine erstklassige Buchhandlung und zwei Bibliotheken für Erwachsene und Kinder runden das Programm ab.

WELCHE ALLEINSTELLUNGSMERKMALE HAT SCHLOSS ELMAU?

- Solitäre Lage
- Erstklassiges Spa
- Weltklasse-Kulturprogramm – Food for Thought für Erwachsene und Kinder
- Erstklassiger Service und erstklassige Küche

WER IST DIE ZIELGRUPPE?

Die Zielgruppe sind ästhetisch anspruchsvolle Individualisten, die ihre Freiheit genießen wollen, ganz gleich, was sie darunter verstehen. Für den einen besteht die Freiheit darin, kein Buch zu lesen, weil er in seinem Beruf jeden Tag lesen muss. Für den anderen besteht die Freiheit darin, endlich lesen zu können, weil er im Alltag keine Zeit dazu hat. Freiheit ist die leere Mitte, die jeder für sich definiert. Die meisten unserer Gäste möchten sich in ihrem Urlaub auch bilden – getreu dem Motto: »Reisen bildet«. Sie können sich ein Leben und einen Urlaub ohne Literatur und Musik nicht vorstellen.

VOM CHECK IN BIS ZUM CHECK OUT – AN WELCHEN STELLEN WIRD GANZ KONKRET MIT INSZENIERTEN ERLEBNISSEN GEARBEITET?

Wir inszenieren nichts. Wir arbeiten überall mit ganz natürlicher Herzlichkeit und Freundlichkeit – die muss nicht inszeniert werden. Jeder Aufenthalt kann durch das Erlebnis der Ruhe in der Natur und den Inspirationen der Kultur sowie die Begegnung mit interessanten Gästen und Künstlern aus aller Welt von alleine zu einem unvergesslichen Erlebnis werden.

WIE SCHAFFEN SIE MIT WENIG FINANZIELLEM AUFWAND GROSSE ERLEBNISSE?

Freundlichkeit und Gastfreundschaft kosten kein Geld und sind das größte Erlebnis, das man im Urlaub erfahren kann. Es ist wichtig für die Gäste, dass ein Direktor präsent ist, der diese Herzlichkeit und Gastfreundschaft verkörpert und pflegt – und diese Wertschätzung für alles Individuelle, Kreative und den Respekt vor der Freiheit der Gäste sowie die Achtung ihrer Wünsche praktiziert. Wir pflegen Gastfreundschaft, wie sie seit Tausenden von Jahren die Grundlage jeder Zivilisation ist.

WIE GEBEN SIE DIESEN SERVICEGEDANKEN AN IHRE MITARBEITER WEITER?

Indem wir sie so lassen, wie sie sind. Sie sollen normale Menschen sein und sich den Gästen gegenüber genauso verhalten, wie sie sich selbst wünschen, dass man sich ihnen gegenüber verhält.

SIND IHRE GÄSTE BEREIT, FÜR EIN ERLEBNISKONZEPT MEHR GELD AUSZUGEBEN?

Geld ist sekundär. Jeder Gast weiß, dass man für ein qualitativ hochwertiges Konzept viel Personal benötigt und dass hierfür ein dementsprechend höherer Preis zu bezahlen ist. Die meisten 5-Sterne-Häuser in Deutschland haben nicht die Anzahl der Mitarbeiter, die für ein Luxuskonzept benötigt werden – daher sind die Preise im Vergleich zum Ausland niedriger. Dass die Deutschen nicht bereit sind, für Service zu bezahlen, ist ein Irrglaube – im Ausland zahlen

sie das Drei- bis Fünffache für den entsprechenden Service. Doch am Preisgefüge sind nicht die Gäste schuld, sondern die Hoteliers, denen es vielleicht an ausreichend Wertschätzung für das eigene Produkt fehlt.

WIE STELLEN SIE DIE UMSETZUNG DER MASSNAHMEN ZUR ERLEBNISINSZENIERUNG SICHER?

In einem Hotel weiß man nie, wer kommt und was er will. Ich weiß nur, was ich mir selbst wünsche, wenn ich in den Urlaub fahre. Ich habe das Hotel daher so gebaut und konzipiert, dass ich hier am liebsten selber Urlaub machen möchte. Die Direktoren und das Management stehen 100-prozentig hinter dem, was sie machen. Bei uns wird keiner dazu angehalten, etwas umzusetzen, was er nicht will. Man kann Mitarbeitern nicht ihre Freiheit wegnehmen und dann erwarten, dass sie den Gästen ein Gefühl höchster Freiheit vermitteln.

WELCHE ROLLE SPIELT AUTHENTIZITÄT BEI DER INSZENIERUNG?

Authentizität kann man nicht inszenieren oder kreieren. Wir müssen Mitarbeiter finden, deren Naturell es ist, Spaß daran zu haben, sich um andere Menschen zu kümmern. Mitarbeiter, die gerne Gastgeber sind, die gerne Menschen verwöhnen und die daraus Anerkennung für ihren Beruf schöpfen. Geld allein kann das nicht bezahlen, dazu sind die Gehälter viel zu gering in der Hotellerie. Die menschliche Wertschätzung und die Anerkennung, die man erfährt, wenn man jemand anderem etwas Gutes tut, ist jedoch eine Bereicherung für das ganze Leben.

WELCHE ROLLE SPIELEN STANDORT UND SERVICE?

Die Lage ist essenziell – aber die beste Lage nützt nichts, wenn der Service schlecht ist. Ohne diese Gastfreundschaft, ohne eine Willkommenskultur, die auch Deutschland braucht, ohne diese natürliche, nicht übertriebne und unaufdringliche Freundlichkeit, Hilfsbereitschaft, Fürsorge und Achtsamkeit funktioniert kein Hotel – auch nicht in bester Lage. Wenn die Gäste merken, dass diese Achtsamkeit gespielt oder inszeniert ist, dann ist das Erlebnis geplatzt.

WASS WÜRDEN SIE IM SCHLOSS ELMAU ÄNDERN, WENN SIE DAFÜR EIN AUSREICHEND HOHES INVESTITIONSVOLUMEN HÄTTEN?

Ich baue gerade ein Retreat im Hideaway, das Gästen von Schloss Elmau eine weitere Rückzugsmöglichkeit in ein kleineres Hotel mit generösen Suiten, Spa und Restaurant sowie die Möglichkeit der Nutzung aller Angebote im größeren Schloss Elmau bieten soll.

MINDNESS HOTEL

Interviewpartner: Bernd Reutemann
Position: Geschäftsführer

DAS KONZEPT IN EIGENEN WORTEN ZUSAMMENGEFASST

Unser Konzept beruht auf Lebensfreude, Qualität und dem gewissen Überraschungsmoment. Ich habe mir einen Namen für dieses einzigartige Konzept ausgedacht: Mindness = Achtsamkeit. Das bedeutet, dass jeder Einzelne sich seiner Handlungen bewusst werden sollte und nicht vergisst, dass jeder Tag zählt. Wir denken nach. Wir denken weiter, wo andere aufhören, und manchmal denken wir auch vor. Wir wollen als weltweit erstes Mindness-Hotel unsere Gäste nicht nur verwöhnen, sondern vor allem überraschen. Im Vordergrund steht unsere ausgeprägte und authentisch gelebte Serviceorientierung.

WELCHE ALLEINSTELLUNGSMERKMALE HAT DAS MINDNESS HOTEL?

- Authentischer Service
- Weltweit einzigartiges Mindness-Konzept
- Hohe Erlebnisorientierung – mit kleinen Gesten große Erlebnisse schaffen

WER IST DIE ZIELGRUPPE?

Das sind der Thomas und die Ulrike, beide zwischen 38 und 43 Jahre alt. Sie sind mobil, markenaffin, lebensfroh und gehen zum Lachen nicht in den Keller. Sie schätzen hohe Qualität und lieben das Leben. Unsere Gäste sind wie wir – das ist auch keine Überraschung.

VOM CHECK IN BIS ZUM CHECK OUT – AN WELCHEN STELLEN WIRD GANZ KONKRET MIT INSZENIERTEN ERLEBNISSEN GEARBEITET?

Im Mindness Hotel sind die Erlebnisse gut ausgewählt – immer dort, wo es gerade schön passt. Wenn wir Erlebnisse inszenieren, dann darf es nicht übertrieben sein, aufgesetzt oder künstlich wirken. Wir arbeiten hauptsächlich mit kleinen Details im Servicebereich. Wichtig beim Aufenthalt im Hotel sind der erste und der letzte Moment – zwischendrin generieren wir Erlebnisse an den passenden Stellen.

Als Betthupferl gibt es bei uns nicht das 0815-Schokolädchen, sondern Kleinigkeiten aus der Kindheit unserer Gäste. Wir bemalen unsere Frühstückseier mit Smileys und zaubern unseren Gästen damit schon morgens ein Lächeln auf die Lippen. Unsere Fahrstühle haben wir wie Duschen oder auch einen Kerker designt, die sind ein richtiger Hingucker geworden.

WIE SCHAFFEN SIE MIT WENIG FINANZIELLEM AUFWAND GROSSE ERLEBNISSE?

Die meisten Erlebnisse resultieren aus dem gesunden Menschenverstand. Das sind Kleinigkeiten: Eine handgeschriebene Postkarte nach der Buchung einer Tagung in unserem Haus. Es gibt bei uns den »Papa-hast-du-mir-was-mitgebracht«-Service: Das ist ein kleiner Korb neben der Rezeption mit kostenlosen Geschenken für KInder aller Altersklassen.

Wir bieten unkonventionelle Erlebnisse: In den Tagungspausen gibt es Schaumkussbrötchen, wir haben eine Ausstellung von kuriosen Fundstücken und ein Bonanzarad mit Fuchsschwanz zum Ausleihen. Wir bieten unseren Gästen sogenannte Single-Kissen an: Das sind Kissen, die einen angenähten Arm zum Kuscheln haben.

Im Mindness Hotel gibt es keine Mitarbeiter des Monats: Es gibt Gäste des Monats, die von den Mitarbeitern gewählt werden – Gäste, die besonders liebenswert oder sympathisch waren. Oder die sich über etwas beschwert haben und uns damit die Chance gaben, uns zu verbessern. Das kommt sowohl bei den Mitarbeitern als auch bei den Gästen gut an.

SIND IHRE GÄSTE BEREIT, FÜR EIN ERLEBNISKONZEPT MEHR GELD AUSZUGEBEN?

Ich schätze, dass erlebnisorientierte Menschen bereit sind, für ein Erlebniskonzept bis zu 20 Prozent mehr Geld zu investieren. Qualität, Atmosphäre und die dazugehörigen Emotionen müssen stimmig sein. Dann ist der Gast auch bereit, dafür zu bezahlen.

WELCHE MASSNAHME – IM RAHMEN DER ERLEBNISINSZENIERUNG – BRACHTE DEN HÖCHSTEN RETURN ON INVESTMENT FÜR DAS MINDNESS HOTEL?

Der Umbau der Fahrstühle zu Duschen hat ca. 190€ gekostet. Nach dem Umbau wurden unsere Aufzüge in TV-Sendungen gezeigt und die Presse berichtete ausführlich. Wir sind dadurch öffentlich präsenter geworden und so in die Köpfe der Menschen gelangt. Diese Idee war nichts Außergewöhnliches – es geht vor allem um Kreativität und gesunden Menschenverstand. Es ist wichtig, dass die Ideen von einem selbst stammen bzw. aus dem Haus. Wenn eine Agentur die Idee fur eine Erlebnisinszenierung entwickelt, dann wirkt die Umsetzung häufig fremd, da die Idee nicht 100-prozentig zum Konzept passt. Authentizität ist unheimlich wichtig, vor allem in der Hotellerie.

KANN ERLEBNISINSZENIERUNG RISIKEN BERGEN?

Alle Erfolgsrezepte können Risiken bergen – auch Erlebnisinszenierung. Vor allem, wenn sie nicht authentisch gestaltet ist und ein sogenannter Bruch entsteht. Es ist beispielsweise

nicht immer hilfreich, ein erfolgreiches Konzept zu kopieren. Das geht oft schief, weil essenzielle Teile, z. B. der Hotelier selbst, nicht imitierbar sind. Die Inszenierung muss zur persönlichen Einstellung passen. Die größte Gefahr liegt in der Diskrepanz von Einstellung und Verhalten. Eine Inszenierung darf nie übertrieben wirken: Wenn am laufenden Band Erlebnisse regelrecht produziert werden, dann wird der Gast überrumpelt und der gewünschte Effekt verfehlt sein Ziel.

WELCHEN STELLENWERT NEHMEN AUTHENTIZITÄT, ILLUSION UND IMAGINATION EIN?

Authentizität nimmt bei uns einen sehr hohen Stellenwert ein. Wir arbeiten zwar auch mit Story Telling, aber das stellt für uns keine Illusion oder Imagination dar. Im Mindness Hotel Bischofsschloss ist alles Original, die Geschichte entsteht von allein.

WELCHE ROLLE SPIELT DER STANDORT?

Viele Gäste kommen zu uns, weil sie in der Umgebung geschäftlich zu tun haben, andere kommen des Schlosses wegen. Wieder andere kommen wegen der hohen Qualität des Service und der kleinen Überraschungen, über die sie in Erfahrungsberichten gelesen haben. Es heißt zwar »Event schlägt Location«, doch würde ich in Zukunft einen besseren Standort wählen. Das macht es wesentlich einfacher.

WELCHE ROLLE SPIELT DER SERVICE?

Wir arbeiten in erster Linie so, wie es vor allem uns Spaß macht. So bleiben wir authentisch. Wir wollen keinen pinguinartigen Service mit Standardphrasen und Floskeln. Wir bemalen unsere Tischdecken beim Frühstück mit Buntstiften und wünschen unseren Gästen einen »Guten Morgen« oder »Endlich Sonntag!« – das machen wir, weil es uns Freude bringt.

WIE STELLEN SIE DIE UMSETZUNG DER MASSNAHMEN ZUR ERLEBNISINSZENIERUNG SICHER?

Das Auswahlverfahren unserer Mitarbeiter ist sehr umfangreich. Die Stimmung ist entscheidend. Bei uns gibt es keine Firmenwagen oder goldene Uhren zur Mitarbeitermotivation. Unsere Leute ziehen ihr positives Feedback aus dem Kontakt zum Gast. Wir machen keine Trainings zum Thema Freundlichkeit, das ist bei uns nicht nötig. Die Einstellung muss passen, dann geht der Rest von alleine.

Ich habe eine hauseigene Akademie gegründet, an der ich Seminare und Vorträge halte. Ich entwickle nicht nur Serviceideen, ich versuche sie auch an andere weiterzugeben.

WAS WÜRDEN SIE IM MINDNESS HOTEL BISCHOFSSCHLOSS – IN BEZUG AUF ERLEBNISINSZENIERUNG – ÄNDERN, WENN SIE DAFÜR EIN AUSREICHEND HOHES INVESTITIONSVOLUMEN HÄTTEN?

Ich würde von der Tiefgarage bis zur Rezeption alle Störer eliminieren, d.h. im Großen und Ganzen Basisqualitäten ausbauen. Wir versuchen, höchste Bequemlichkeit für den Gast zu erreichen. Ich würde gerne die Kernleistung eines jeden Hotels mehr inszenieren: das Bett. Gäste sollten zu uns kommen und sagen: »So toll habe ich noch nie in meinem Leben geschlafen!« Weiterhin würde ich meinen Mitarbeitern noch mehr bezahlen, denn meine Schlossgeister sind unser größter Erfolgsfaktor!

ALMDORF SEINERZEIT

Interviewpartner: Werner Müller
Position: Hoteldirektor

DAS KONZEPT IN EIGENEN WORTEN ZUSAMMENGEFASST

Das Almdorf Seinerzeit ist ein kleines, exklusives Bergdorf, das aus traditionellen Hütten, komfortablen Jagdhäusern und großzügigen Chalets besteht. Neben den Schlafmöglichkeiten bieten wir unseren Gästen ein uriges Restaurant, ein Badehaus, ein Alm-Spa inklusive zwei Teichen. Wir bringen im Almdorf Seinerzeit das Echte und Traditionelle mit der modernen Welt in Einklang. Das Dorf ist fantastisch gelegen und steht für den tiefsten inneren Wunsches des Menschen: den Wunsch nach Friede, Wahrheit und Authentizität.

Die Herzlichkeit unserer Mitarbeiter, ihre Aufmerksamkeit und ihre Freude machen die Gastfreundschaft im Almdorf Seinerzeit zu etwas ganz Besonderem.

WELCHE ALLEINSTELLUNGSMERKMALE HAT DAS ALMDORF SEINERZEIT?

- Erstes Almdorf in Österreich und Europa
- Einmalige Lage
- Authentizität
- Kombination aus Echtheit, Einfachheit und Erstklassigkeit

AN WELCHEN STELLEN WIRD GANZ KONKRET MIT INSZENIERTEN ERLEBNISSEN GEARBEITET?

Wir bieten unter anderem ein Lagerfeuer am Teich und Angeln mit den Kindern. Es gibt den beliebten Almdorf-Schweinsbraten, der noch im Oma-Ofen zubereitet wird.

Das Frühstück wird vom Hüttenwirt auf der Hütte serviert, und die Gäste können es genießen, während im Kamin schon das Feuer knistert. Es wird in kleinen Weckgläsern und schönen Karaffen serviert. Die Ursprünglichkeit zieht sich bis in das kleinste Detail durch.

Natürlich gibt es auch die Holzknechthütte – das wunderschöne »kleinste Restaurant der Welt«, für maximal vier Personen. Horst, ein Kärntner Unikat, bereitet hier vor den Augen der Gäste ein köstliches Kärntner Menü zu.

Und die Tierwelt nicht zu vergessen – Gehege, Hasenstall, Teich, Katzen ... die Natur wird ganz einfach zugänglich gemacht.

WIE SCHAFFEN SIE MIT WENIG FINANZIELLEM AUFWAND GROSSE ERLEBNISSE?

Das bleibt unser Geheimnis – und wir haben noch viele Ideen.

SIND IHRE GÄSTE BEREIT, FÜR EIN ERLEBNISKONZEPT MEHR GELD AUSZUGEBEN?

Nach meiner Erfahrung sind die Gäste nicht dazu bereit. Aber sie sind bereit, für Qualität mehr Geld auszugeben.

WELCHE MASSNAHME – IM RAHMEN DER ERLEBNISINSZENIERUNG – BRACHTE DEN HÖCHSTEN RETURN ON INVESTMENT FÜR DAS ALMDORF SEINERZEIT?

Die frisch über dem Feuer zubereiteten Palatschinken am Samstagnachmittag – einfach und sehr lecker.

KANN ERLEBNISINSZENIERUNG RISIKEN BERGEN?

In unserem Fall: zu sehr ins »Kitschige« abzugleiten, unnatürlich zu sein oder künstlich zu wirken.

WELCHEN STELLENWERT NIMMT AUTHENTIZITÄT IM RAHMEN DER INSZENIERUNG IM ALMDORF SEINERZEIT EIN?

Authentizität nimmt einen der höchsten Stellenwerte ein – Werte wie Ursprünglichkeit, Echtheit, Herzlichkeit und damit Glaubwürdigkeit sind uns wichtig. Auch Luxus gehört ganz klar dazu.

WELCHE ROLLE SPIELEN STANDORT, NATÜRLICHE UMGEBUNG, ARCHITEKTUR UND SERVICELEISTUNGEN?

Sicherlich sind Architektur, Standort und Umgebung bei uns äußerst wichtig und erfolgsrelevant. Letztendlich überzeugen wir unsere Gäste aber durch authentischen Service und erstklassige Qualität.

WIE STELLEN SIE DIE UMSETZUNG DER MASSNAHMEN ZUR ERLEBNISINSZENIERUNG SICHER?

Die authentische Natürlichkeit unserer Mitarbeiter kommt daher, dass sie aus der Region kommen und dass diese Werte hier in der Region verwurzelt sind.

Bei jeglicher Umsetzung steht das Wort »Seinerzeit« im Vordergrund. Die Tradition soll erhalten bleiben, aber in das »Heute« eingebunden werden. Die Umsetzung wird mit unendlich viel Feingefühl und Wissen über das ursprünglich Schöne erst wirklich erfolgreich.

WAS WÜRDEN SIE IM ALMDORF SEINERZEIT – IN BEZUG AUF ERLEBNISINSZENIERUNG – ÄNDERN, WENN SIE DAFÜR EIN AUSREICHEND HOHES INVESTITIONSVOLUMEN HÄTTEN?

Wir würden einen Bergbach durch das Dorf und eine »alte Mühle« bauen sowie einen »Almdorf«-Erlebnisweg gestalten, der sich durch die nahen Wälder schlängelt. Sicherlich würden wir an den Hütten arbeiten und diese mit weiteren liebevollen »Updates« verbessern sowie den Saunabereich erweitern.

SOFITEL VIENNA STEPHANSDOM

Interviewpartner: Barbara Vopelka
Position: Assistant Director of Sales & Marketing

DAS KONZEPT IN EIGENEN WORTEN ZUSAMMENGEFASST

Das SOFITEL Vienna Stephansdom ist ein Kunsthotel – ein avantgardistisches Meisterwerk, designt von dem französischen Star-Architekten Jean Nouvel. Er hat ein hochmodernes Gebäude in eine der klassischsten Städte der Welt gebaut, ohne dabei den historischen Aspekt zu vernachlässigen. Unser SOFITEL ist mehr als ein konventionelles Luxushotel – es ist ein Ort, an dem das Unmögliche möglich zu werden scheint: das Leben inmitten eines Kunstwerks. Das Hotel fügt sich in das traditions- und facettenreiche Stadtbild Wiens ein.

WELCHE ALLEINSTELLUNGSMERKMALE HAT DAS SOFITEL VIENNA STEPHANSDOM?

- **Außergewöhnliche Architektur und Design**
- **»Artwork« – Kunsthotel**
- **Exzellenter Service in allen Bereichen**

WER IST DIE ZIELGRUPPE?

Unsere Zielgruppe ist jung, frisch, designorientiert und fortschrittlich – genau wie das Hotel. Zu uns kommen sehr viele Geschäftsreisende, vor allem unter der Woche. Die Lage ist erstklassig. Wir haben viele Firmen, die in einem außergewöhnlichen Ambiente ihre neuen Produkte präsentieren möchten. Uns besuchen jedoch auch die klassischen Freizeit-Touristen, die etwas anderes erleben möchten und von der Kunst im Hotel angetan sind.

WIE SCHAFFEN SIE MIT WENIG FINANZIELLEM AUFWAND GROSSE ERLEBNISSE?

Bei uns sollen Gäste nicht nur ein Hotelzimmer und damit eine Übernachtung buchen, sie sollen etwas erleben, das ihnen nachhaltig im Gedächtnis bleibt. Dazu gehören vor allem kleinere, emotionale Gesten, die den Gast überraschen.

Eines unserer Zimmermädchen bemerkte einmal, dass ein Stammgast eine bestimmte Buchreihe liest. Sie hat diese Information an unseren Guest Relations Manager weitergegeben. Als der Gast das nächste Mal im Hotel übernachtet hat, lag der nächste Teil der Buchreihe auf seinem Nachttisch, mit der Notiz: »Schön, dass Sie wieder bei uns übernachten. Wir hoffen, Sie haben den neuen Teil noch nicht erworben. Viel Vergnügen beim Lesen und Entspannen.« Das Buch hat gerade einmal 10 € gekostet, aber der Gast war begeistert – das ist unbezahlbar. Er hat eine E-Mail an den Hoteldirektor geschrieben und sich bedankt. So ein »Service von Herzen« hat eine nachhaltige Wirkung.

SIND IHRE GÄSTE BEREIT, FÜR EIN ERLEBNISKONZEPT MEHR GELD AUSZUGEBEN?

Gäste, die bei uns übernachten, müssen von vornherein mehr Geld in die Hand nehmen als in anderen Hotels. Trotzdem heben wir uns deutlich von der übrigen 5-Sterne-Hotellerie ab. Wir sind auch, als eines von nur vier Häusern in der Stadt, offiziell als 5-Sterne-Superior-Hotel klassifiziert. Die Gäste erleben bei uns wirklich einen

außergewöhnlichen Aufenthalt. Dafür sind sie auch bereit, mehr Geld auszugeben. Vor allem der Service im SOFITEL Vienna Stephansdom ist erstklassig.

WELCHEN STELLENWERT NEHMEN ARCHITEKTUR, DESIGN UND KUNST IM HOTEL EIN?

Diese drei Faktoren spielen eine große Rolle. Wir haben viele Glasfassaden bzw. architektonische Elemente, die dem Dach des Wiener Stephandoms nachempfunden sind und sich in den Glasfassaden der gegenüberliegenden Gebäude zu allen Seiten spiegeln. Von außen betrachtet, scheint der fünfte Stock geradezu über dem Fundament des Hotels zu schweben – ein futuristisch angehauchter Anblick mit einer Geschichte dahinter.

Für die Kunst im Hotel zeichnen drei große Künstler verantwortlich. Zum einen spürt man im gesamten Hotel den Einfluss des Architekten Jean Nouvel. Für die großen Deckengemälde im Eingangsbereich, in der fünften Etage und im Dachrestaurant des Gebäudes ist die Schweizer Videokünstlerin Pipilotti Rist verantwortlich, die mit ihrer Kunst einen spannenden Kontrast zur minimalistischen Architektur Nouvels schafft. Die leuchtenden Deckengemälde entführen mit ihren wechselnden Lichtinszenierungen in eine fantastische Welt, die ganz Wien überstrahlt. Der französische Botaniker und Gartenkünstler Patrick Blanc hat sich mit einer lebendigen Pflanzenwand verewigt, die sich über die gesamte gläserne Rückfront des Hotels erstreckt. Das Gesamtkunstwerk aus lebenden Pflanzen wandelt sich mit den Jahreszeiten und schafft eine einzigartige Atmosphäre.

WELCHE ROLLE SPIELT DAS DESIGN DER ZIMMER?

Bei der Farbwahl des gesamten Hotels hat sich Jean Nouvel ebenfalls am Stephansdom orientiert: Die Dachschindeln des Wahrzeichens der Stadt sind schwarz, weiß und grau – diese Farben ziehen sich durch alle Tagungsräume und Zimmer im Hotel. Wir haben hier eine ganz spezielle Atmosphäre geschaffen: ganz weiße, komplett schwarze und in Grau eingetauchte Zimmer. Der Aufenthalt wird zum einzigartigen Erlebnis. Die Fensterfronten der Zimmer lassen sich individuell verschieben, sodass die Gäste ihren eigenen Panoramablick, ein Live Picture eines ganz bestimmten Stadtteils selbst kreieren können.

Unsere Gäste können im Voraus Zimmer in ihrer Wunschfarbe buchen. Hoch im Kurs stehen die weißen und grauen Zimmer. Die Weißen eignen sich besonders zum Arbeiten. Unsere drei komplett schwarzen Suiten laden vor allem zum Abschalten ein.

Bezüglich der Zimmer bieten wir auch ein spezielles Erlebnis-Package an: Jede Nacht

in einem anderen Zimmer – erst grau, dann schwarz, dann weiß. So können unsere Gäste die verschiedensten Atmosphären bei einem Aufenthalt erleben.

WIE WICHTIG IST DER STANDORT FÜR DAS KONZEPT?

Wien ist als Destination auf der einen Seite als klassische Stadt in den Köpfen der Menschen verankert. In den vergangenen Jahren hat sich Wien als hippe und trendige Stadt jedoch sehr etabliert, mit spannenden Restaurants und luxuriösen Geschäften.

Die Gäste, die in unser SOFITEL kommen, wissen, dass sie ein modernes Hotelkonzept gebucht haben, das alle Vorzüge vereint: Wir sind trendig, modern und durch die hohe Servicebereitschaft und Qualität trotzdem klassisch. Das Gebäude ist im Stadtbild geradezu ein Landmark geworden.

WELCHEN STELLENWERT NIMMT DER SERVICE IM SOFITEL VIENNA STEPHANSDOM EIN?

Man muss fairerweise gestehen, dass es zahlreiche einzigartige Hotelkonzepte im 5-Sterne-Segment gibt, die eine faszinierende Hardware haben. Nach wie vor ist jedoch die Software, also die einzelnen Mitarbeiter und damit der Service, entscheidend für den Erfolg des Konzepts. Diese erzeugen Gefühle und Emotionen – sie schaffen Erlebnisse. Der persönliche und herzliche Service ist ein wichtiger Faktor bei der Positionierung im Wettbewerb, gerade dann, wenn man ein außergewöhnliches Produkt wie das SOFITEL Vienna Stephansdom hat. Unsere Mitarbeiter schaffen unseren Gästen ein Zuhause. Wir gehen die sogenannte »extra Meile«.

WIE GEWÄHRLEISTEN SIE DIESEN SERVICE?

Wir versuchen alle 2 bis 3 Monate kleinere Mitarbeitergruppen zu organisieren, die untereinander ihre Erfahrungen austauschen. In diesen Gruppen erzählen sie von besonderen

Erlebnissen mit Gästen – das motiviert die Kollegen und gibt Inspiration. Unsere Mitarbeiter können bis zu einem gewissen Grad selbst besondere Erlebnisse für die Gäste generieren. Sie dürfen selbstständig kleinere Geschenke kaufen oder besondere Aufmerksamkeiten organisieren. Das steigert die Motivation sehr.

WELCHE MASSNAHME IM RAHMEN DER ERLEBNISINSZENIERUNG BRACHTE DEN HÖCHSTEN RETURN ON INVESTMENT FÜR DAS SOFITEL VIENNA STEPHANSDOM?

Diese Frage ist speziell für uns wahrscheinlich noch nicht wirklich aktuell, da wir ein junges Produkt sind. Das Restaurant trägt auf jeden Fall zum sehr großen Erfolg bei. Es befindet sich im obersten Stockwerk des Gebäudes und bietet einen spektakulären Panoramablick über Wien. Das leuchtende Deckengemälde kann von der ganzen Stadt gesehen werden. Somit wird es sich auf jeden Fall rentieren, da es sich in Wien bereits jetzt als Gourmet Restaurant etabliert hat. Wir begrüßen abends zahlreiche externe, jedoch lokale Gäste in unserem Haus – ein Zustand, den sich jedes Hotelrestaurant wünscht.

WAS WÜRDEN SIE IM SOFITEL VIENNA STEPHANSDOM – IN BEZUG AUF ERLEBNISINSZENIERUNG – ÄNDERN, WENN SIE DAFÜR EIN AUSREICHEND HOHES INVESTITIONSVOLUMEN HÄTTEN?

Das SOFITEL Vienna Stephansdom ist noch sehr jung, wir haben vor zweieinhalb Jahren eröffnet. Mit einem ausreichend hohen Investitionsvolumen würden wir vermutlich nichts an der Hardware ändern – wir würden einfach ein großes, wundervolles und spektakuläres Fest für alle unsere Gäste veranstalten!

DER VERRÜCKTE EISMACHER

Interviewpartner: Matthias Münz
Position: Geschäftsführer

DAS KONZEPT IN EIGENEN WORTEN ZUSAMMENGEFASST:

Ich betreibe eine Eisdiele, die sich »Der verrückte Eismacher« nennt. Das Konzept ist angelehnt an der Figur des verrückten Hutmachers aus Alice im Wunderland. Das Ambiente passt dazu: Eine befreundete Kunststudentin bemalte mir die Wände meiner Eisdiele mit Figuren und Szenen aus der fantastischen Geschichte. Ich kreiere verrückte Eissorten – nicht die Klassiker wie Vanille und Schokolade. Bei mir gibt es Weißwurst-, Bier- und Gebrannte-Mandeln-Eis: Ich lasse mir jeden Tag etwas Neues einfallen. Bisher habe ich 400 verschiedene Sorten ausprobiert. Die Gäste kommen in die Eisdiele und fühlen sich in ihre Kindheit zurückversetzt: ein Wunderland mit extravaganten Eissorten – ein einzigartiges Erlebnis.

WELCHE ALLEINSTELLUNGSMERKMALE HAT DER VERRÜCKTE EISMACHER?

- **Ausgefallene Eissorten – Es gibt jeden Tag neue Überraschungen**
- **Verrücktes Ambiente im Laden**
- **Wunscheis der Gäste wird umgesetzt**

VOM EINGANG BIS ZUM AUSGANG – AN WELCHEN STELLEN WIRD GANZ KONKRET MIT INSZENIERTEN ERLEBNISSEN GEARBEITET?

Im verrückten Eismacher ist jeder Besuch ein einzigartiges Erlebnis. Meistens haben die Leute ein erwartungsvolles Lächeln im Gesicht, sobald sie die Eisdiele betreten. Dann sehen sie das Schild »Weißwursteis« und fangen an zu lachen. Ich freue mich täglich über die neugierigen und lustigen Gesichter der

Gäste, wenn sie meine außergewöhnlichen Geschmackserlebnisse probieren.

Ich habe einmal ein ganzes Frühstücksbuffet aus Eis gemacht. Weißwurst-Eis, Bier-Eis, Lachs-Eis, Espresso-Sorbet und Joghurt-Bircher-Müsli-Eis – der Phantasie sind keine Grenzen gesetzt. Meine Gäste können selbst ihre eigenen Eiswünsche in einen Zylinder werfen, aus dem ich mir regelmäßig Inspiration hole. Sie haben mich schon auf die tollsten Ideen gebracht: Ein Gast wünschte sich zum Beispiel das Lachs-Eis.

WIE SCHAFFEN SIE MIT WENIG FINANZIELLEM AUFWAND GROSSE ERLEBNISSE?

Zur Fastenzeit habe ich Münchner Leitungswasser in Form eines Smileys am Stiel eingefroren und für 1,– € verkauft, als Fastenzeit-Eis mit 0,0 Kalorien. Für einen sehr niedrigen Einsatz habe ich vielen Gästen und Passanten ein Lächeln ins Gesicht gezaubert. Es kann einfach und trotzdem einzigartig sein.

SIND IHRE GÄSTE BEREIT, FÜR EIN ERLEBNIS-KONZEPT MEHR GELD AUSZUGEBEN?

Generell auf jeden Fall, man darf es aber nicht übertreiben. Gerade Bier-Eis gibt es nur exklusiv bei mir, ich könnte 2,– € pro Kugel verlangen, mache das aber trotzdem nicht. Ich habe vergangenes Jahr die Preise leicht erhöht, und trotzdem hat sich die Nachfrage verdreifacht. Natürlich habe ich Stammkundschaft gewonnen, aber im Vordergrund steht das Erlebnis. Der Preis ist dabei zweitrangig.

Es gibt Eissorten, für die ich mehr verlange. Das hat zum einen mit dem Wareneinsatz zu tun, zum anderen schafft es eine Art Image: Champagner-Himbeer-Eis oder Frischgepresster-Orangensaft-Eis kosten zum Beispiel mehr – die Gäste fragen es trotzdem nach.

WELCHE MASSNAHME IM RAHMEN DER ERLEBNISINSZENIERUNG BRACHTE DEN HÖCHSTEN RETURN ON INVESTMENT FÜR DEN VERRÜCKTEN EISMACHER?

Das Bier-Eis ist und bleibt der bislang größte Erfolg. Vor allem die ausgefallenen Eissorten werden stark nachgefragt. Die meisten Gäste sind neugierig und probieren wenigstens einmal. Deswegen kommen sie in den verrückten Eismacher: Sie wollen ein außergewöhnliches Geschmackserlebnis in einer verzauberten Atmosphäre genießen.

KANN ERLEBNISINSZENIERUNG RISIKEN BERGEN?

Stillstand bedeutet immer Risiko. Man muss immer neue Erlebnisse schaffen, um die Kunden auf lange Zeit zu halten. Ich lasse mir laufend neue Ideen einfallen, um meine Gäste zu begeistern, wie zum Beispiel mit dem Eis-Frühstück – bald soll es auch Eis-Abendessen bei mir geben. Man muss versuchen, »in aller Munde« zu bleiben und nie langweilig zu werden. Die Erlebnisse, die ich schaffe, sollen die Gäste überraschen, begeistern und dauerhaft binden – ich strebe schließlich eine langfristige Existenz in München an!

Ein Risiko besteht darin, sich beim Bedarf der Gäste zu täuschen. Die Bedürfnisse wandeln sich laufend – man muss hier am Ball bleiben. Deswegen arbeite ich mit dem Wunsch-Eis-Zylinder: So weiß ich genau, was meine Gäste probieren möchten.

Viele fragen mich, ob mir nicht die Ideen ausgehen könnten. Die Antwort lautet: Es gibt 10.000 Geschmäcker die man integrieren kann – man muss nur in den Supermarkt oder auf den Markt gehen und die Produkte genau unter die Lupe nehmen. Aus jedem Fisch, aus jedem Fleisch kann ich Eis machen, jede Gemüsesorte kann ich verarbeiten – unterm Strich muss es nur meinen Gästen schmecken.

WELCHEN STELLENWERT HABEN AUTHENTIZITÄT, ILLUSION UND IMAGINATION IM RAHMEN DER INSZENIERUNG IM VERRÜCKTEN EISMACHER?

Diese Instrumente haben in meinem Konzept einen hohen Stellenwert. Es ist wichtig, dem Gast ein authentisches Produkt anzubieten. Durch das Ambiente in der Eisdiele schaffe ich eine Wunderwelt, die viel Raum für Illusion und Imagination lässt.

Viele Gäste fragen auch gezielt nach mir, dem verrückten Eismacher. Ich versuche so oft es geht an der Theke zu stehen – selbstverständlich mit meinem Zylinder auf dem Kopf –, um die Inszenierung perfekt zu gestalten und weil ich Spaß daran habe. Der Betreiber ist strategisch ebenso wichtig wie das Konzept und der Standort.

WIE WICHTIG IST DER STANDORT FÜR DAS KONZEPT?

Der Standort ist ein entscheidender Faktor. Ohne meinen Standort gleich bei der Universität wäre der Erfolg sicher nicht der gleiche. Das Konzept kommt bei den Münchnern gut an. Wer weiß, ob sich in einem kleinen Dorf auch nur ein Passant nach meinem Weißwurst-Eis umdrehen würde. Für mich ist der Standort essenziell – die jungen Münchner sind neugierig, suchen Spaß und Erlebnis: Da sind sie bei mir genau richtig.

WAS WÜRDEN SIE IM VERRÜCKTEN EISMACHER – IN BEZUG AUF ERLEBNISINSZENIERUNG – ÄNDERN, WENN SIE DAFÜR EIN AUSREICHEND HOHES INVESTITIONSVOLUMEN HÄTTEN?

Mein Traum ist es, eine Maschine zu besitzen, die sich wie ein Riesenrad dreht und Miniatur-Schokoladenzylinder produziert. Oben gießt man flüssige Schokolade ein und unten kommen kleine Schokoladenzylinder heraus, die ich jedem einzelnen Eis aufsetzen könnte. Also ein großer Aufwand für ein unbezahlbares Gästelächeln. Ich benötige auch dringend einen Zylinderhut, aus dem ich Eiswaffeln zaubern kann. Ich wünsche mir Schaukeln und Rutschen in der Eisdiele. Da fallen mir eine Menge Investitionen ein – mit ausreichend viel Geld kann man in Bezug auf Inszenierung viel einfacher tolle Erlebnisse schaffen – aber man muss kreativ sein und die Ideen haben, das ist unbezahlbar.

SANSIBAR

Interviewpartner: Herbert Seckler
Position: Geschäftsführer

DAS KONZEPT DER SANSIBAR IN EIGENEN WORTEN ZUSAMMENGEFASST:
Wir verkaufen Urlaub. Dafür brauche ich kein Konzept, sondern ein gutes Bauchgefühl dafür, was unsere Gäste glücklich macht. Denn nur begeisterte Gäste kommen immer wieder – und erzählen den anderen, was für ein Erlebnis es war, in der Sansibar zu sein.

WER IST DIE ZIELGRUPPE?
In der Sansibar sind alle willkommen.

WELCHE ALLEINSTELLUNGSMERKMALE HAT DIE SANSIBAR?
In der Sansibar herrscht eine besondere Energie, ein besonderes Lebensgefühl, das man nicht in Worte fassen kann. Da muss man schon herkommen, um das selbst zu spüren. Außerdem bin ich ein Qualitätsfanatiker – bei uns werden nur hochwertige Lebensmittel verwendet. Das ist meine Philosophie und da gehe ich keinerlei Kompromisse ein. Dann natürlich unser Weinkeller mit über 30.000 liquiden Kostbarkeiten und eine Weinkarte mit 1.800 Positionen. Das ist schon was Besonderes.

AN WELCHEN STELLEN ARBEITEN SIE GANZ KONKRET MIT INSZENIERTEN ERLEBNISSEN?
Wir inszenieren nichts. Wir sind so. Authentisch und geradeheraus.

WIE SCHAFFEN SIE MIT WENIG FINANZIELLEM AUFWAND GROSSE ERLEBNISSE?

Das hat die Natur größtenteils für uns erledigt. Das Meer, die Luft, kurz gesagt – das Paradies. Direkt vor unserer Haustür. Aber auch unser unkonventioneller Service ist ein großer Teil unseres Erfolgs – meine Mitarbeiter transportieren dieses berühmte Lebensgefühl, von dem ich vorhin sprach, und stecken unsere Gäste damit an.

SIND IHRE GÄSTE BEREIT, FÜR EIN ERLEBNISKONZEPT MEHR GELD AUSZUGEBEN?

Ja, sind sie. Solange sie erstklassige Ware dafür erhalten, sind sie auch bereit, tiefer in die Tasche zu greifen. Gerade heute, in Zeiten von täglichen Lebensmittelskandalen, merken wir, dass Qualität und der natürliche Umgang mit Lebensmitteln für den Verbraucher immer mehr im Vordergrund stehen. Wenn sie sicher sind, dass man ihnen ehrlich »auftischt«, lassen sie sich so was auch kosten.

WELCHE MASSNAHME IM RAHMEN DER ERLEBNISINSZENIERUNG BRACHTE DEN HÖCHSTEN RETURN ON INVESTMENT FÜR DIE SANSIBAR?

Eindeutig die Investition in Textilien. Sie sind ein Stück Sansibar, das man mit nach Hause nehmen kann.

WELCHEN STELLENWERT NIMMT AUTHENTIZITÄT IM RAHMEN DER INSZENIERUNG IN DER SANSIBAR EIN?

Wenn Authentizität unter Inszenierung fällt, dann steht sie bei uns an erster Stelle.

WIE VIEL IST HIERBEI DEN FAKTOREN STANDORT, NATÜRLICHE UMGEBUNG, ARCHITEKTUR, RAUMDESIGN UND SERVICELEISTUNGEN GESCHULDET?

Ich denke, 100 Prozent. Die Dünen, das Meer – das ist eine unbezahlbare Kulisse. Die aber dennoch nicht ausreicht, um den Laden voll zu kriegen. Den Rest erledigen der tolle Service, das leckere Essen, die guten Weine. Und eben diese besondere Energie, die hier herrscht.

WIE STELLEN SIE DIE UMSETZUNG DER MASSNAHMEN ZUR ERLEBNISINSZENIERUNG SICHER?

Sylt ist ein magischer Ort. Und die Sansibar ist mein Heiligtum. Seit nunmehr 35 Jahren arbeite ich täglich daran, dass es die nächsten 35 auch so bleibt und unsere Bretterbude nicht zu einem dieser Mainstream-Restaurants verkommt. Sondern dass die Gäste auch weiterhin lächeln und sich wohlfühlen, wenn sie hier sind.

WAS WÜRDEN SIE IN IHREM BETRIEB IN BEZUG AUF ERLEBNISINSZENIERUNG ÄNDERN, WENN SIE DAFÜR EIN AUSEICHEND HOHES INVESTITIONSVOLUMEN HÄTTEN?

Ich würde öfter die Sonne scheinen lassen. Wenn hier bei uns die Sonne scheint und man im Strandkorb in den Dünen mit Blick aufs Wasser sitzt, merkt man, wie der Alltag von einem abfällt und die Sorgen schrumpfen. Und ganz plötzlich ist alles gut. Der Himmel ist in den Dünen – sag ich immer. Hier sind sie alle glücklich.

GLORIA PALAST

Interviewpartner: Walter Liebold
Position: Betriebsleiter

DAS KONZEPT IN EIGENEN WORTEN ZUSAMMENGEFASST

Ende 2012 haben wir den traditionsreichen Gloria Palast, nach aufwändigen Renovierungsarbeiten, als Münchens ersten Premium Filmpalast neueröffnet. Wir bieten unseren Gästen ein Film- und Kinoerlebnis der ganz besonderen Art: Die ehemals 508 Sitzplätze reduzierten wir um mehr als die Hälfte und ersetzten die konventionellen Sitze durch großzügige und komfortable Ledersessel mit verstellbaren Rückenlehen und eigenem Fußhocker. Jeder Sessel hat einen eigenen Tisch, an dem unsere Gäste Speisen und Getränke zu sich nehmen können, die wir ihnen direkt am Sitzplatz servieren. Modernste Technik in allen Bereichen, die Filmauswahl und das werbefreie Vorprogramm runden das Gesamterlebnis ab.

WER IST DIE ZIELGRUPPE?

Je nach Filmgenre und Vorstellungszeit lockt der Gloria Palast die verschiedensten Gäste an. Gemeinsam haben sie alle, dass sie ein stilvolles Ambiente, herzlichen Service, qualitativ hochwertige und ausgewählte Speisen, gute Filme sowie keine Warteschlangen schätzen. Wir begrüßen ältere Gäste, die vor allem den großzügigen Komfort und die ruhige Atmosphäre genießen möchten. Zu uns kommen Geschäftspartner, die sich nach der Arbeit in gehobenem Ambiente einen Action-Film ansehen möchten. Wir haben junge Pärchen, die für ihr erstes Date eine schöne Kulisse suchen.

WELCHE ALLEINSTELLUNGSMERKMALE HAT DER GLORIA PALAST?

- **Herzlicher und zuvorkommender Service**
- **Qualitativ hochwertiges und ausgewähltes Speisen- und Getränkeangebot**
- **Edles und stilvolles Ambiente**
- **Exklusives Vorprogramm**
- **Service am Platz**

VOM EINGANG BIS ZUM AUSGANG – AN WELCHEN STELLEN WIRD GANZ KONKRET MIT INSZENIERTEN ERLEBNISSEN GEARBEITET?

Wir bieten unseren Gästen ein Rundum-Erlebnis. Das beginnt schon beim Einlass in das Haus: Ein Mitarbeiter hält unseren Gästen die Tür auf,

heißt sie bei uns herzlich willkommen, erklärt ihnen das Konzept und den weiteren Verlauf des Abends. An der Garderobe dürfen unsere Gäste kostenfrei ihre Mäntel ablegen und anschließend an der Bar ein Willkommensgetränk genießen. Einen weiteren Begeisterungseffekt erzeugen wir durch unser exklusives Ambiente. Das werbefreie Vorprogramm birgt die nächste Überraschung: Mal zeigen wir einen preisgekrönten Kurzfilm, mal singt ein Männerchor oder ein Musicaldarsteller gibt zwei Songs zum Besten, während die Gäste ihre Getränke und Speisen genießen.

Das kulinarische Angebot ist ein Highlight: Es reicht von herzhaften lokalen Schmankerln über exklusives Fingerfood bis zu verführerischen Süßspeisen. Bei der Konzeption der Karte und der Auswahl der Produkte haben wir besonders darauf geachtet, dass die Geräuschkulisse beim Verzehr minimal gehalten wird – bei uns knistert oder raschelt keine Verpackung.

WIE SCHAFFEN SIE MIT WENIG FINANZIELLEM AUFWAND GROSSE ERLEBNISSE?

Wir erreichen das hauptsächlich durch unsere Mitarbeiter. Der Service am Platz ist ein Alleinstellungsmerkmal, das durch eine freundliche Bedienung zum exklusiven Erlebnis wird. Jeden Abend begrüßen meine Kollegen und ich unsere Gäste in einer persönlichen Ansprache auf der Bühne.

Es sind die Kleinigkeiten, die unsere Gäste überraschen: Sie können bei uns extravagante Popcornkreationen – wie Apfel-, Karamell- oder Schokoladenpopcorn – probieren oder bekommen eine Kuscheldecke, falls ihnen kühl werden sollte.

SIND IHRE GÄSTE BEREIT, FÜR EIN ERLEBNISKONZEPT MEHR GELD AUSZUGEBEN?

Im Gloria Palast sind die Gäste auf jeden Fall dazu bereit. Unter dem Strich sind wir ein Kino und verkaufen das Produkt Film. Natürlich kann man sich den gleichen Film in einem konventionellen Kino für weniger Geld ansehen. Es ist das gewisse Extra, der Erlebnismehrwert, den wir unseren Gästen bieten, der unser Konzept einzigartig macht – dafür sind unsere Gäste definitiv bereit, mehr Geld zu investieren.

Wir haben Rückmeldungen von Gästen, die ihren Abend bei uns mit einem Theater- oder Opernbesuch vergleichen. Gerade die Qualität unseres kulinarischen Angebotes und der persönliche Service tragen dazu bei, dass unsere Gäste das Gefühl bekommen: Ein Abend im Gloria Palast ist jeden Euro wert.

WELCHE MASSNAHME IM RAHMEN DER ERLEBNISINSZENIERUNG BRACHTE DEN HÖCHSTEN RETURN ON INVESTMENT FÜR DEN GLORIA PALAST?

Zum einen war das wohl die Investition in das Ambiente. Wir haben in edle Materialien und modernste Technik investiert, um eine bis ins Detail durchdachte Wohlfühlatmosphäre für unsere Gäste zu schaffen. Die Einrichtung begeistert unsere Gäste stets aufs Neue.

Zum anderen haben wir bei der Konzeption und Auswahl der Speisen auf einen externen Gastronomie-Spezialisten vertraut. Er beriet uns vor der Eröffnung umfassend und brachte kreative Ideen in die unkonventionelle Umsetzung der Serviceprozesse ein. Diese Investition hat sich mehr als gelohnt – unsere Gäste sind mit dem Angebot sehr zufrieden.

KANN ERLEBNISINSZENIERUNG RISIKEN BERGEN?

Inszenierung ist nur die halbe Miete: Die Basisleistung muss kontinuierlich auf höchstem Niveau sein, damit überhaupt Spielraum für Erlebnisinszenierung bleibt. Wenn die Herzlichkeit der Mitarbeiter und der Gastgeber nicht authentisch sind, dann wirkt das Ambiente aufgesetzt – der Gast spürt diese Diskrepanz sofort.

WELCHE ROLLE SPIELT DER STANDORT?

Der Gloria Palast ist ein traditionsreiches Haus, es besteht schon seit 1956 am gleichen Standort, direkt am Karlsplatz im Herzen Münchens. Die Lage ist exklusiv, zentral und gut erreichbar. Mit dem Konzept Premium-Filmpalast haben wir uns in München gut positioniert. Die Kaufkraft und das Klientel sind hier vor Ort, sie legen Wert auf genau das Ambiente, das wir ihnen geschaffen haben.

WIE STELLEN SIE DIE UMSETZUNG DER MASSNAHMEN ZUR ERLEBNISINSZENIERUNG SICHER?

Wir sind stets bemüht, unsere internen Abläufe und Prozesse zu optimieren. Wir haben ein junges Konzept, dass sich kontinuierlich weiterentwickelt. Legen größten Wert auf den erstklassigen Service, daher organisieren wir in regelmäßigen Abständen Schulungen und Trainings. Wir arbeiten mit Cross Trainings, damit jeder Mitarbeiter jede Position im Ablauf eines Abends bekleiden kann. Das motiviert das Team und vermeidet eingefahrene Strukturen. Jeder Mitarbeiter hat individuelle Stärken, die sich durch Cross Trainings verdeutlichen – und wir können unsere Mitarbeiter variabel einsetzen.

Gelegentlich laden wir einen externen Coach ein, der einen Vormittag mit unseren Mitarbeitern verbringt. Hier können sie frei mit ihren Kollegen sprechen und anonym Feedback an die Betriebsleitung weitergeben. Das fördert die interne Kommunikation und den Zusammenhalt. Die Gäste spüren, wenn ein Team funktioniert.

WAS WÜRDEN SIE IM GLORIA PALAST – IN BEZUG AUF ERLEBNISINSZENIERUNG – ÄNDERN, WENN SIE DAFÜR EIN AUSREICHEND HOHES INVESTITIONSVOLUMEN HÄTTEN?

Mit ausreichenden – bzw., viel spannender, mit unbegrenzten – Mitteln würde ich das Konzept auf die Spitze treiben. Statt der Ausrichtung »Kino« sklavisch zu folgen, würde ich den Saal so konstruieren, dass er sich ebenso als Restaurant wie auch als Theater, Club oder Konzertsaal verwenden ließe. Je nach Nutzung könnte man die Stühle drehen, verschieben oder ganz entfernen. Die Bühne wäre multifunktional einsetzbar. Schauspieler könnten auf ihr ebenso zu Hause sein wie Rockbands, Konzertpianisten oder DJ's.

Dazu noch eine umfangreiche Gastronomie, die es erlaubt, Küche auf höchstem Niveau anzubieten oder hungrige Partygäste durch die Nacht zu bringen ...

Jedes Element des Interieurs wäre von bereits berühmten oder aufstrebenden Künstlern designt, sodass der Gloria Palast selbst zum Kunstobjekt würde. Darüber hinaus würde das Haus ständig wechselnde Kunstausstellungen beherbergen.

Je nach Thema dieser Ausstellung könnte selbst die Arbeitskleidung des Personals von bekannten Modeschöpfern entworfen sein und stellte für sich schon eine Attraktion dar – wie alles andere im Gloria Palast. Alles würde grundsätzlich dem Prinzip folgen, eine eigene Anziehung auf die Menschen auszuüben. Jeder Aufenthalt wäre einzigartig, faszinierend und unvergesslich – ganz gleich, ob man als Besucher durch die Räume flaniert oder Gast eines rauschenden Balls ist.

MATHIS FOOD AFFAIRS

Interviewpartner: Reto Mathis
Position: Geschäftsführer

DAS KONZEPT IN EIGENEN WORTEN ZUSAMMENGEFASST

Wir bieten Außergewöhnliches in außergewöhnlicher Umgebung – wir machen Luxus zum Alltag. Das Konzept wurde 1967 von meinem Vater, Hartly Mathis, ins Leben gerufen. Als langjähriger Küchenchef in den verschiedensten 5-Sterne-Häusern Europas verfolgte er den Plan, ein Selbstbedienungsrestaurant auf dem Berg zu eröffnen. Von Anfang an plante er, das Restaurant aufzuteilen in ein Selbstbedienungs- und ein Á-la-carte-Restaurant. Mit dem Gourmet Restaurant – damals ein Novum für die Berggastronomie – wollte er beweisen, dass Skihütten mehr zu bieten haben als Würstchen und Spaghetti. Unser Betrieb feiert dieses Jahr 45-jähriges Jubiläum.

Bekannt sind wir heute für unsere exquisite Küche, vor allem für unsere Trüffel- und Kaviarspezialitäten. Das Mathis Food Affairs Gourmet Cluster umfasst sechs Gastronomie-Betriebe, vom Selbstbedienungsrestaurant »Bütschella« bis zum Gourmetlokal »La Marmite«.

WELCHE ALLEINSTELLUNGSMERKMALE HAT DAS GOURMET CLUSTER?

- **Sterne-Küche in einem außergewöhnlichen Ambiente**
- **Modernes Gebäude aus Holz und Stein – nicht die klassische Heidi-Hütte**
- **Spektakuläre Lage in den Bergen**
- **Keine Kompromisse bei Qualität und Service**

WER IST DIE ZIELGRUPPE?
Auf der Corviglia, dem 2486m hohen St. Moritzer Hausberg, kommen die unterschiedlichsten Gäste zu uns. In erster Linie Wintersportler, die sich mittags ein qualitativ hochwertiges Essen gönnen möchten. Wir haben Gäste aus dem Ort, die extra auf den Berg kommen, um bei uns zu speisen. Gäste, die ein edles, trendiges aber dennoch bodenständiges Konzept schätzen. Bei uns essen die Gäste in Skischuhen und Anorak – sie kommen direkt von der Piste.

Unsere Zielgruppe hat sich – wie wir auch – mit den Jahren entwickelt. Natürlich ist der zahlungskräftige Gast in St. Moritz vor Ort. Wir haben uns von Steaks über Hummer und Lachs zu Gänseleber und Trüffel entwickelt. Das Konzept geht nur dann auf, wenn genügend Gäste bereit sind, für das einzigartige Geschmackserlebnis und die Qualität der Produkte Geld zu investieren.

Auch Größen wie der Shah von Persien, König Carl Gustav von Schweden, Weltfußballer Kaka oder Boxweltmeister Vladimir Klitschko essen gelegentlich bei uns.

VON DER RESERVIERUNG BIS ZUR BEZAHLUNG – AN WELCHEN STELLEN WIRD GANZ KONKRET MIT INSZENIERTEN ERLEBNISSEN GEARBEITET?
Die ungewöhnliche Umgebung ist natürlich speziell und per se ein Erlebnis. Wir befinden uns mitten in der Engadiner Bergwelt, mitten im Skigebiet – ein spektakulärer Ausblick in die Natur. Erlebnisse schaffen wir vor allem im kulinarischen Sinne. Unsere Fachkompetenz, die wir über Jahrzehnte aufgebaut haben, verkörpert unseren Qualitätsgedanken. Unsere Gäste schätzen dieses Erlebnis, wenn sie zu uns kommen.

Die Inszenierungen sind sehr spontan, und das sollten sie auch sein. Der Gast hat eine gewisse Vorstellung von dem Erlebnis, das ihn erwartet. Was uns von anderen Konzepten abhebt, ist der persönliche Kontakt zu den Gästen: spontan und individuell.

WIE SCHAFFEN SIE MIT WENIG FINANZIELLEM AUFWAND GROSSE ERLEBNISSE?
Im »La Marmite«, dem Á-la-carte-Restaurant, betreiben wir eine sehr visuelle Gastronomie. Wir platzieren Fleisch- und Fischwagen mit täglich frischen Meeresfischen im Restaurant, damit die Gäste sich von der Qualität unserer Produkte überzeugen können. Wir haben einen Käsewagen und Trüffel ausgestellt. Die Trüffel- und Kaviar-Menüs werden von mir selbst am Tisch der Gäste zubereitet – so entsteht Kontakt zum Gast.

Viele Trendlokale eröffnen und schließen im gleichen Jahr. Oft liegt die Inszenierung im Design und im Mobiliar – nicht in der Küche und im Herzen des Gastgebers: Die Seele des

Lokals schafft das unvergleichliche Erlebnis! Ein Restaurant benötigt keinen namenhaften Architekten oder Designer, der mit viel Geld eine künstliche Inszenierung schafft, um das Konzept erfolgreich zu positionieren. Ohne eine herzliche Persönlichkeit, einen Gastgeber mit entsprechender kulinarischer Erfahrung, funktioniert ein Erlebnisgastronomie-Konzept nicht. Die Person, die hinter dem Konzept steht, macht den Erfolg des Hauses aus: Alles steht und fällt mit dem Gastgeber. Diese Leidenschaft kann man für Geld nicht kaufen.

SIND IHRE GÄSTE BEREIT, FÜR EIN ERLEBNISKONZEPT MEHR GELD AUSZUGEBEN?

Wir haben nie Diskussionen über die Höhe der Preise. Wenn Produkte, Service und die Qualität stimmen und der Gast am Ende zufrieden das Restaurant verlässt, dann achtet er nicht auf den Preis. Er bekommt für sein Geld mehr, als er vorher erwartet hatte. Wichtig ist, dass die Qualität der Leistung in der entsprechenden Preisklasse stimmig ist. Es ist ein Irrglaube, nach dem Motto »Geiz ist geil« zu leben und zu glauben, dass man für ein Minimum an Geld ein Maximum an Qualität bekommen kann. Das ist unmöglich. Qualität und Luxus haben ihren Preis. Es ist eine große Kunst, den Gästen die Wertigkeit der Produkte zu vermitteln.

WELCHE MASSNAHME IM RAHMEN DER ERLEBNISINSZENIERUNG BRACHTE DEN HÖCHSTEN RETURN ON INVESTMENT FÜR MATHIS FOOD AFFAIRS?

Ich bin sozusagen der Erfinder der Trüffelpizza. Ich suchte vor acht Jahren ein neues Angebot für meine Brasserie. Im Ausland habe ich Inspiration gesucht und landete irgendwann beim Elsässer Flammkuchen. Den habe ich weiterentwickelt und belege meine Flammkuchen heute mit Trüffel. Ein bisschen revolutionär und provokativ, wenn der Flammkuchen dann 80,– € kostet. Aber der Erfolg gab mir Recht: Von 10.000 Flammkuchen, die wir im Winter verkaufen, sind 6.000 mit Trüffeln belegt.

Vor Jahren habe ich eine zwölf Meter lange Motoryacht erstanden und auf den Berg vor das Restaurant schleppen lassen. Ich habe auf 2468m Höhe einen Guerilla Yachtclub gegründet. Meine Gäste kamen – symbolisch gesagt – in den sicheren Hafen, um sich zu verpflegen und Kräfte zu sammeln. Ich war natürlich der Kapitän! Wir haben zehn bis zwölf Hochzeiten auf der Segelyacht in den Bergen veranstaltet. Die Investition hat mich ca. 40.000,– € gekostet, inklusive Kauf und Transport des Bootes. Das Schiff stand acht Jahre auf dem Berg – ich hatte nie eine bessere Werbung weltweit. Jeder Gast, jeder Passant, der an dem Schiff vorbeilief, machte ein Foto. Die Aktion blieb bei den Menschen im Gedächtnis verankert – das ist das Ziel!

Die Motoryacht war die erfolgreichste und billigste Marketingstrategie, die ich je hatte. Heute ist das Boot nicht mehr auf dem Berg, ich habe es vor zwei Jahren wieder zurück in den Hafen gebracht. Wir brauchen jetzt eine neue Idee, vielleicht einen Flugzeugträger?

WELCHE RISIKEN BIRGT ERLEBNISINSZENIERUNG?

Die Inszenierung muss immer im Rahmen des guten Geschmacks bleiben – aber No Risk, No Fun! Man darf den Respekt vor seinen Gästen, der Qualität und den Produkten nicht verlieren. Wenn man Aufgaben professionell in Angriff nimmt und nicht übertreibt, dann kann wenig schiefgehen. Es benötigt hin und wieder eine verrückte Idee wie die Trüffelpizza – das hätte auch schiefgehen können. Je mehr man sich mit seinen Gästen befasst, desto sicherer kann man voraussagen, welche Ideen sie gut annehmen werden und welche nicht.

WIE STELLEN SIE DIE QUALITÄT IM SERVICE SICHER?

Wir nehmen uns für die Auswahl der Servicekräfte viel Zeit. Hier zählt nicht ausschließlich der Lebenslauf, da kann man sich leicht täuschen. Mit den Jahren bekommt man ein Händchen für das richtige Personal.

Im Service beugen wir durch Schulungen vor. Täglich organisieren wir Trainings, wie beispielsweise die Theoriestunde, bevor der Betrieb startet. Die Zubereitung der Speisen wird besprochen, Detailwissen vermittelt, alle Karten werden erklärt. Das fundierte Wissen vor Ort ist Chefsache – ich muss sicherstellen, dass alle meine Leute das entsprechende Wissen haben, um es an die Gäste weiterzugeben.

Trotzdem dürfen die Mitarbeiter bei Entscheidungen mitwirken. Sie haben eigene Ideen für die Küche und den Service. Den roten Faden gebe ich vor, aber es motiviert meine Mitarbeiter, wenn sie eigene Ideen einbringen dürfen – sie tragen innovativ zum Erfolg der Restaurants bei.

WIE STELLEN SIE DIE QUALITÄT DER PRODUKTE SICHER?

Unsere Lage auf dem Berg ist eine Herausforderung. Wenn bei der Bestellung ein Produkt fehlt, kann ich nicht schnell jemanden einkaufen schicken. Wir haben mit den Jahren ein sehr professionelles und ausgesuchtes Netzwerk an Lieferanten aufgebaut, die genau wissen, was ich benötige. Wenn man hochpreisige Produkte einkauft, dann kann man davon ausgehen, dass die Lieferanten sich mit den Produkten auskennen. Unsere jahrelangen Partnerschaften sind aus gegenseitigem Vertrauen gewachsen.

WAS WÜRDEN SIE IM MATHIS FOOD AFFAIRS CLUSTER IN BEZUG AUF ERLEBNISINSZENIERUNG ÄNDERN, WENN SIE DAFÜR EIN AUSREICHEND HOHES INVESTITIONSVOLUMEN HÄTTEN?

An den bestehenden Konzepten würde ich nichts ändern. Ich könnte in eine verbesserte Infrastruktur investieren. Vermutlich würde ich aber ein neues Konzept eröffnen – etwas Neues schaffen, an einem unberührten Ort. Oder doch noch einmal über den Flugzeugträger nachdenken!

BLINDEKUH

Interviewpartner: Adrian Schaffner
Position: Geschäftsführer

DAS KONZEPT IN EIGENEN WORTEN ZUSAMMENGEFASST:
Die blindekuh in Zürich ist das weltweit erste Dunkelrestaurant. Das Restaurant schafft seit 1999 auf der einen Seite spannende, authentische Erlebnisse für unsere Gäste und auf der anderen Seite wichtige Arbeitsplätze für blinde und für sehbehinderte Menschen. Im Dunkeln erfährt man Gerüche und Geschmäcker auf eine andere Art und Weise – ein rundum sinnliches Erlebnis.

Träger der blindekuh ist die Stiftung Blind-Liecht. Sie ist der größte private Arbeitgeber für sehbehinderte und blinde Menschen. Diese gehören auf dem Arbeitsmarkt zu den schwieriger zu vermittelnden Personen. Im Gegensatz zu einer üblichen Stelle, ist die Behinderung der Servicefachangestellten in der blindekuh eine Schlüsselqualifikation, deren Einsatz grundlegend zum Erfolg des Konzeptes beiträgt. In Zürich und Basel arbeiten über 30 blinde und sehbehinderte Menschen.

WER IST DIE KONKURRENZ?
Die blindekuh in Zürich war 1999 das weltweit erste Dunkelrestaurant. In der Umgebung sind wir immer noch relativ konkurrenzlos. In Basel haben wir einen zweites Dunkelrestaurant eröffnet – die Nachfrage ist da. Mittlerweile gibt es vor allem in Deutschland ähnliche Konzepte, die ihre Gäste im Dunkeln empfangen. Inzwischen hat fast jede Stadt ein Dunkelrestaurant oder schafft Angebote am Wochenende, um dieses Erlebnis in der Dunkelheit auszuprobieren. Es gibt beispielsweise das »Nocti Vagus« in Berlin

oder die »Dans le Noir«-Konzepte in London, Paris und Moskau. Aber wir waren mit der blindekuh in Zürich die Ersten.

WELCHE ALLEINSTELLUNGSMERKMALE HAT DIE BLINDEKUH?

Unsere Gäste essen im Dunkeln und werden von blinden oder sehbehinderten Kellnern bedient. Damit unterscheiden wir uns von allen anderen Restaurants. Neben dem Erlebnischarakter des Restaurants fördern wir aktiv den Dialog zwischen Sehenden und Nicht-Sehenden.

WER IST DIE ZIELGRUPPE?

Die Motivation der Gäste, zu uns zu kommen, ist sehr unterschiedlich. Einige kommen wegen des sozialen Aspekts, andere feiern ihren Geburtstag bei uns oder suchen ein außergewöhnliches Ambiente für einen Heiratsantrag. Wir haben Ausgeh-Publikum und Touristen. Ein großes Segment sind Firmen oder größere Gesellschaften, die etwas Spezielles und Einzigartiges für ein Incentive suchen.

VON DER RESERVIERUNG BIS ZUR BEZAHLUNG – AN WELCHEN STELLEN WIRD GANZ KONKRET MIT INSZENIERTEN ERLEBNISSEN GEARBEITET?

Die Inszenierung im Dunkeln ist im engeren Sinne keine Inszenierung, sondern die Idee ist ziemlich einfach: Im Restaurant ist es vollkommen dunkel, die Gäste sehen ihre eigene Hand vor Augen nicht. Sie erfahren ein völlig neues Gefühl. Ohne Augenlicht verändern sich die Sinneswahrnehmungen: Der Geschmackssinn wird verfeinert, Hören und Tasten treten in den Vordergrund. Die Gäste wissen nicht, wer neben ihnen sitzt, welche Farbe die Tischdecke hat oder wie der gesamte Raum an sich aussieht. Das lässt Spielraum für Phantasie. Es ist etwas ganz Alltägliches: Gäste essen und trinken bei uns. Die Herausforderung ist die Dunkelheit. Der Kontakt mit der Dunkelheit und den sehbehinderten und blinden Serviceangestellten ist für viele Gäste hoch emotional und sehr bewegend. Das kann man nicht einfach so kopieren. Und der Erfolg gibt uns seit 13 Jahren Recht.

Unser kulturelles Angebot ist einzigartig. Bei uns spielen Bands, wir lesen Erzählungen im Dunkeln oder veranstalten Tango-Tanzkurse. Auch im Dunkeln gibt es praktisch keine Grenzen.

WIE SCHAFFEN SIE GROSSE ERLEBNISSE MIT WENIG FINANZIELLEM AUFWAND?

Wir haben das Licht ausgeschaltet, das kostet uns im ersten Moment nicht viel. Wir geben den Gästen eine sinnliche Erfahrung, die auf einer banalen Idee basiert: Nahrungsaufnahme ohne Licht. Trotzdem haben wir dadurch nicht weniger Kosten. Die blindekuh ist selbsttragend, das heißt, wir werden nicht staatlich subventioniert.

Das Konzept macht den Betrieb sehr personalintensiv – das steigert die Betriebskosten im Vergleich zur konventionellen Gastronomie: Die Abläufe im Dunkeln sind erschwert und die Gäste haben einen höheren Informations- und Betreuungsbedarf. Das kostet Geld. Wir können ja nicht vom Gast verlangen, 20 Schweizer Franken mehr für ein Schnitzel zu bezahlen, nur weil es ihm von einem Blinden oder Sehbehinderten serviert wird.

SIND IHRE GÄSTE BEREIT, FÜR EIN ERLEBNISKONZEPT MEHR GELD AUSZUGEBEN?

Wir haben die gleichen Marktpreise wie andere Restaurants in Zürich. Der Gast ist nicht wirklich bereit, viel mehr zu bezahlen. Für die meisten Leute dreht es sich trotz allem um die Nahrungsaufnahme. Ihnen gefällt zusätzlich die Idee, ein Konzept zu unterstützen, dass sich für Sehbehinderte und blinde Menschen einsetzt. Die blindekuh ist kein Erlebnisrestaurant im engeren Sinne, sondern ein Restaurant, das seinen Gästen eine besondere emotionale Erfahrung vermittelt.

WELCHEN STELLENWERT NEHMEN AUTHENTIZITÄT, ILLUSION UND IMAGINATION IM RAHMEN DER INSZENIERUNG EIN?

Wir leben von der Authentizität. Bei uns sind die Erfahrungen zu 100 Prozent echt und einzigartig. Imagination und Illusion ist das, was der Gast daraus macht. Er stellt sich vor, wie seine Umgebung aussieht, wer der Tischnachbar ist und wie das Schnitzel serviert wird. Wir schaffen in dem Sinne keine Illusionen: Wir schaffen Raum für Illusionen, indem wir das Licht ausschalten.

WELCHE MASSNAHME IM RAHMEN DER ERLEBNISINSZENIERUNG BRACHTE DEN HÖCHSTEN RETURN ON INVESTMENT FÜR DIE BLINDEKUH?

Die blindekuh in Basel hat 2010 mit der Eröffnung der »SichtBar« einen neuen Eventraum geschaffen. Dieser Raum ist nicht verdunkelt und bietet so eine optimale Ergänzung für das Dunkelrestaurant. Der Wechsel zwischen Hell und Dunkel vergrößert seine Attraktivität für die Zielgruppe und steigert die Nachfrage. Diese Investition rentierte sich für Basel.

KANN ERLEBNISINSZENIERUNG RISIKEN BERGEN?

Es besteht wohl immer ein gewisses Risiko, langweilig zu werden. Dennoch versuchen wir, mit unserem Konzept einzigartig zu bleiben. Unsere Zielgruppe ist breit gefächert und unsere Erfolgsgeschichte konkurrenzlos.

Wir waren 10 Jahre lang jeden Abend ausgebucht. Die Journalisten haben sich bei uns die Türklinke in die Hand gegeben, das war ein unglaublicher Erfolg. Das hat sich mittlerweile ein bisschen gelegt, und jetzt ist die große Herausforderung, den Laden in Schwung zu halten und genügend Gäste anzusprechen. Wir versuchen, neue Inhalte für den Betrieb zu schaffen. Wir haben viele Ideen, aber es ist noch nichts spruchreif.

WELCHEN STELLENWERT NEHMEN DIE MITARBEITER IN BEZUG AUF DIE INSZENIERUNG EIN?

Wir arbeiten zum größten Teil mit blinden und sehbehinderten Menschen und schaffen damit wichtige Arbeitsplätze. Das Thema Mitarbeiterrekrutierung und -motivation gestaltet sich bei uns deshalb sensibler. Dennoch zielen wir nicht auf Mitleid für Sehbehinderte und Blinde ab. Im Gegenteil: Unsere Servicemitarbeiter müssen genauso arbeiten wie die Mitarbeiter in einem konventionellen Restaurant auch. Wir sind keine »geschützte Werkstatt«. Jeder muss seinen Beitrag leisten, wir auch: Unsere Mitarbeiter erhalten gute Arbeitsbedingungen und überdurchschnittliche Marktlöhne.

Die größte Herausforderung bleibt, genügend fähige blinde und sehbehinderte Mitarbeiter zu finden. Bei uns treffen sie mit sehenden Mitarbeitern aufeinander. Nicht alle bringen die gleiche Erfahrung im gastronomischen Bereich mit. Dafür machen wir regelmäßige Schulungen.

WAS WÜRDEN SIE IN DER BLINDEKUH IN BEZUG AUF ERLEBNISINSZENIERUNG ÄNDERN, WENN SIE DAFÜR EIN AUSREICHEND HOHES INVESTITIONSVOLUMEN HÄTTEN?

Genau wie die blindekuh in Basel würden wir einen Eventbereich entwickeln, der lichtdurchflutet ist. Wir haben den Anspruch, uns aus eigener Kraft zu finanzieren. Gastronomie, Kultur, Bildung und Soziales erfolgreich und rentabel zu managen, ist ein schwieriges Unterfangen. Ein Eventbereich könnte die Nachfrage steigern

BMW WELT

Interviewpartner: Thomas Muderlak
Position: Leiter der BMW Welt

DAS KONZEPT IN EIGENEN WORTEN ZUSAMMENGEFASST

Die BMW Welt ist das Erlebnis- und Auslieferungszentrum der BMW Group. Hier holen unsere Kunden ihr neues Automobil ab. Hier tritt das Unternehmen mit seinen Kunden, Freunden, Nachbarn und Besuchern aus aller Welt in Dialog. Hier lernen Besucher aus der ganzen Welt die BMW Group und ihre Marken BMW, BMW Motorrad, MINI und Rolls-Royce mit allen Sinnen kennen. Rund 2,5 Millionen Gäste haben allein in 2012 die Erlebniswelten der Marken besucht und sich persönlich ein Bild von unserer Modellpalette gemacht.

WELCHE ALLEINSTELLUNGSMERKMALE HAT DIE BMW WELT?

Bezogen auf unsere Marken und Erlebnismomente ist die BMW Welt absolut einzigartig. In der Automobilbranche gibt es aber natürlich auch Erlebniszentren von anderen Herstellern.

VOM EINGANG BIS ZUM AUSGANG – AN WELCHEN STELLEN WIRD GANZ KONKRET MIT INSZENIERTEN ERLEBNISSEN GEARBEITET?

In der BMW Welt schaffen wir Erlebnismomente ganz unterschiedlicher Art: Durch die Architektur, die persönliche Ansprache durch unsere Gastbetreuer, unsere gastronomischen Angebote und natürlich die Erlebniswelten der Marken. Bei allen Marken werden unsere ausgestellten Modelle mittels der Gestaltung, Licht und Materialien, aber auch mit Film und anderen multimedialen Bespielungen inszeniert. Dazu haben wir in jedem Bereich spezifische Exponate, die Erlebnismomente schaffen: Bei BMW sind dies Fahrsimulatoren und technische Exponate, mit deren Hilfe sich Innovationen des Unternehmens erfahren lassen. Bei MINI finden Besucher u. a. ein Gokart oder das MINI Bodypaint Exponat, mit dem ein MINI auf kreative Art und Weise virtuell selbst gestaltet werden kann. Dazu kommen regelmäßige Live-Acts, die wir durchführen: Zum Beispiel fahren wir mit einer BMW Isetta aus den 1950er Jahren täglich durch das Gebäude, und seit Kurzem auch mit unseren vollelektrischen BMW i3-Modellen – Inszenierungen, die den Charakter der jeweiligen Marke unterstreichen. Auch die

Führungen sind ein ganz wichtiger Bestandteil, wenn wir von inszenierten Erlebnissen sprechen. Zudem haben wir mit BMW on Demand und DriveNow auch zwei Angebote in der BMW Welt, die es den Besuchern ermöglichen, für wenig Geld unsere faszinierenden Produkte tatsächlich zu erfahren. Ein weiteres Beispiel ist der BMW Shuttle Service. Alle Gäste unseres Sterne-Restaurants Ess-Zimmer, das von unserem Gastronomiepartner Käfer betrieben wird, werden von uns in BMW Automobilen in München heimgefahren – ein besonderes Angebot, ein besonderes Erlebnis.

Am größten ist der Anteil der Inszenierung sicherlich bei der Automobilabholung. Von der Begrüßung über die theoretische Erklärung des neuen Automobils bis zur Schlüsselübergabe und der ersten Kurve, die Sie in ihrem neuen Auto natürlich in der BMW Welt fahren, inszenieren wir einen ganzen Tag voller unvergesslicher Momente für unsere Kunden.

SIND IHRE BESUCHER BEREIT, FÜR EIN ERLEBNISKONZEPT MEHR GELD AUSZUGEBEN?

Der grundsätzliche Besuch der BMW Welt ist kostenfrei für alle Gäste, dennoch haben wir einige Bereiche, in denen Kunden bereit sind, Geld für Erlebnisprodukte auszugeben. In erster Linie ist das die Automobilabholung, aber auch das BMW Welt Event Forum spielt hier eine Rolle. Die BMW Welt bietet externen Kunden und Firmen unterschiedliche Veranstaltungsflächen an. Dabei geht es nicht nur um flexible und innovative Raumkonzepte, sondern auch um optionale Erlebnisangebote, die nur wir als Automobilhersteller anbieten können. Diese reichen von individuellen Führungen in BMW Welt, Museum oder Werk über Produktinszenierungen innerhalb des eigenen Events bis hin zu fahraktiven Veranstaltungen von BMW Driving Experience. Dass Kunden bereit sind, dafür Geld auszugeben, liegt natürlich an der Einzigartigkeit der Angebote und auch an unserem Namen.

WELCHE MASSNAHME IM RAHMEN DER ERLEBNISINSZENIERUNG BRACHTE DEN HÖCHSTEN RETURN ON INVESTMENT FÜR DIE BMW WELT?

Bei uns heißt es eher »Return on brands« als »Return on Investment«. Die BMW Welt ist nicht zu einem wirtschaftlichen Zweck erbaut worden, sie ist ein Marketinginstrument, ein zentraler Ort der Kommunikation und Begegnung. Automobilbegeisterte und Kunden können hier unsere Marken in allen Facetten kennenlernen. Das geschieht nicht über eine Einzelmaßnahme, sondern über eine Vielzahl und Vielfalt unserer Maßnahmen hier. Architektur, Markenwelten, Live-Acts,

Veranstaltungen, die gastronomischen Angebote sowie die Automobilabholung tragen alle zu diesem Ziel bei.

KANN ERLEBNISINSZENIERUNG RISIKEN BERGEN?

Bei der Inszenierung von Erlebnissen gibt es zwei wesentliche Risiken: Eine tatsächliche körperliche Gefahr für die Besucher und die Gefahr, dass man »off the brand« läuft oder die Besucher es zumindest so wahrnehmen. Beides wird bei Konzeption, Umsetzung und Betrieb, aufs Genauste unter die Lupe genommen und laufend überwacht. Ein Motorradfahrer fährt beispielsweise zwei Mal am Tag die Treppen der BMW Welt rauf und runter. Dazu wird der Besucherbereich abgesperrt, der Fahrer fährt natürlich in kompletter Schutzmontur.

WELCHEN STELLENWERT NEHMEN AUTHENTIZITÄT UND ILLUSION IM RAHMEN DER INSZENIERUNG IN DER BMW WELT EIN?

Authentizität ist alles, Illusion ist nichts – eine Marke, die auf Illusion beruht, kann nicht überleben. Authentizität ist mit Sicherheit auch der wichtigste Aspekt in der BMW Welt, das Produkt steht für jeden, der BMW primär besucht, zunächst im Mittelpunkt. Viele Besucher sind vor Ort dann überrascht, wie vielfältig das Angebot ist und welche tollen Inszenierungen sie vorfinden. Jede Marke steht für einen bestimmten Charakter und bestimmte Werte. Dies vermitteln wir in unserer Ausstellungsgestaltung genauso wie mit unseren Prozessen und den anderen Erlebnisaspekten und -angeboten. Dass Sehnsüchte und der Wunsch nach unseren Produkten auch durch die Inszenierungen in der BMW Welt entstehen können, ist uns bewusst und auch gewollt. Loyalisierung mit den Marken, die Eroberung und Gewinnung von Kunden ist natürlich auch eines der primären Ziele.

WIE VIEL IST HIERBEI DEN FAKTOREN STANDORT, NATÜRLICHE UMGEBUNG, ARCHITEKTUR, RAUMDESIGN UND SERVICELEISTUNGEN GESCHULDET?

All diese Faktoren spielen eine Rolle. Die BMW Welt befindet sich dort, wo der Puls von BMW seit über 90 Jahren schlägt: Auf dem Milbertshofener Oberwiesenfeld, in direkter Nachbarschaft zum BMW Stammwerk, zur Konzernzentrale, zum BMW Museum und dem Olympiapark. Das Areal im Münchner Norden ist gerade mal zehn Minuten von der Innenstadt entfernt und mit öffentlichen Verkehrsmitteln genauso gut erreichbar wie mit dem Automobil.

Die Architektur spielt wie bei allen Gebäuden von BMW eine sehr wichtige Rolle. Die BMW Welt zählt zu den ersten Werken einer neuen

Generation von Kommunikationsbauten des 21. Jahrhunderts. Die offene Architektur und die Glasfassade bringen viel Licht in die Räume und öffnen das Gebäude zur Umgebung hin. Gleichzeitig fügt sich die BMW Welt harmonisch in den Kontext der Architektur des Olympiaparks und bestehender BMW Gebäude ein. Entworfen wurde die BMW Welt von Prof. Wolf D. Prix und dem Wiener Büro Coop Himmelb(l)au. Diese hatten sich in einem offenen Architekturwettbewerb unter 275 der weltbesten Architekturbüros durchgesetzt. Die gleiche Beachtung schenken wir unserem Raumdesign, das erst im vergangenen Jahr durch die Mehrmarken-Erweiterung der BMW Welt komplett neu erstellt wurde.

Hinter allen Erfolgen stecken Menschen. Als direkte Ansprechpartner für alle Besucher sind sie ein weiterer entscheidender Baustein für unseren Erfolg und für zahlreiche Erlebnismomente. Das beginnt mit den Informationscountern und geht bis hin zu unseren nach Brand Behaviour Standards geschulten Führern, Besucherbegleitern und Produktexperten in den Markenwelten. Der Servicegedanke beginnt bei so kleinen Dingen wie der Aufnahme eines Fotos eines Kunden vor einem Exponat, dem Öffnen einer Tür bis hin zu ausführlichen Produktgesprächen bei potenziellen Kunden.

WIE STELLEN SIE DIE UMSETZUNG DER MASSNAHMEN ZUR ERLEBNISINSZENIERUNG SICHER?

Für jeden Bereich in der BMW Welt gibt es beschriebene Prozesse und Personen, die die Funktionsfähigkeit sicherstellen und die zudem für Optimierung wie auch für die Konzeption neuer Erlebnisse zuständig sind. Das beginnt bei den Verantwortlichen in der Administration und hört beim technischen Support, den IT-Dienstleistungen auf – die BMW Welt verfügt sogar über eine eigene Werkstatt, die die Ausstellungsfahrzeuge wie vor allem die Neufahrzeuge für die Abholer technisch wie optisch aufbereitet.

WAS WÜRDEN SIE IN IHREM BETRIEB IN BEZUG AUF ERLEBNISINSZENIERUNG ÄNDERN, WENN SIE DAFÜR EIN AUSREICHEND HOHES INVESTITIONSVOLUMEN HÄTTEN?

Man kann immer mehr machen, auch wir. Aber die BMW Welt hat ein sehr hohes Niveau erreicht, das zeigen alle unsere Kennzahlen, insbesondere die Anzahl der Besucher und Automobilabholer und die jeweiligen Zufriedenheitswerte. Zudem verändern wir immer wieder unsere Ausstellungen, Exponate und Veranstaltungen – nicht zuletzt, um State-of-the-Art zu bleiben.

ALLIANZ ARENA

Interviewpartner: Dr. Stephan Thewalt
Position: Geschäftsführer Arena One GmbH

WELCHE ALLEINSTELLUNGSMERKMALE HAT DIE ALLIANZ ARENA?

Es gibt Stimmen, die im Fußballerlebnis viele Züge des Religiösen entdecken, nämlich die Dramaturgie des Spiels, die Selbstüberwindung der Spieler, das Gemeinschaftserlebnis der Fans, ihr Pilgern zu den Spielen etc. Der Vergleich mag gewagt sein, aber er führt gleich zu einem ganz wesentlichen Punkt: Die Allianz Arena als Erlebniswelt unterscheidet sich grundlegend von konventionellen Hotels oder Restaurants, weil diese eigens für Übernachtung und Verpflegung gestaltet wurden. In unserem Fall ist das Fußballspiel der primäre Zweck der Arena. Aus ihm speist sich das Erlebnis. Die Gastronomie ist Beiwerk. Wenn man so will, zelebrieren die Fußballmannschaften die Messe, und die Gastronomie ist der Messdiener.

Damit ist das Faszinierende schon erklärt: Das Alleinstellungsmerkmal liegt darin, dass der Zuschauer dort ist, wo (Fußball-) Geschichte geschrieben wird – einerlei, ob der Besucher einen Spieltag erlebt oder an einem Nichtspieltag zu Gast ist. Es ist eben ein besonderes Ereignis, Gast einer Veranstaltung in einer Event-Box zu sein und den Blick über das leere Spielfeld schweifen lassen zu können. Das alles wird in seiner Inszenierung unterstützt und unterstrichen durch die faszinierende Architektur, die gute Verkehrsanbindung, die moderne Technik und die Infrastruktur innerhalb der Arena. Besonders hervorzuheben sind die schier unbegrenzten Möglichkeiten innerhalb dieser Location.

Egal ob an Spiel- oder Nichtspieltagen, egal ob als Fußballfan am Kiosk oder in den VIP-Bereichen, egal ob als Besucher einer Arena Tour

oder als Eventkunde: Die Allianz Arena wartet mit einer unglaublichen Vielfalt verschiedenster Gastronomie- und Hospitality Bereiche auf, von Kiosken, Cafés, Biergarten und Bistros im Public Bereich, über die Pressekonferenzräume bis hin zu den VIP-Bereichen mit 106 Logen oder dem über 3.000 qm großen Business Club. Das macht die Allianz Arena, über die Faszination des FC Bayern hinaus, zu einer der Top-Eventlocations in München. Hier können wir jeden Wunsch erfüllen.

VOM EINGANG BIS ZUM AUSGANG – AN WELCHEN STELLEN WIRD IN DER ALLIANZ ARENA GANZ KONKRET MIT INSZENIERTEN ERLEBNISSEN GEARBEITET?

Besonders inszeniert wird alles, was sich auf den Beginn des Matches richtet, um maximale Spannung vor Spielbeginn zu erzeugen. Das Strömen der Menschen in den Bauch des Stadions, wie von einem Magneten angezogen, die Eröffnungsshow auf dem Rasen vor dem Spiel, das Einlaufen der Mannschaften unter lauter, hymnischer Musik, das Verlesen der Spielernamen unter Beteiligung des Publikums, die Flaggenchoreografien der Fans. Damit kommen die Gäste an Spieltagen der Allianz Arena permanent mit inszenierten Erlebnissen in Berührung. Begleitet wird dies von der Esplanade vor dem Stadion, wo sich mobile Gastronomieeinheiten und Fanshops befinden und die Wartezeit bis zur Öffnung »verkürzen«, über DJs in den Fantreffs bis hin zu den Hostessen in den Logen- und VIP-Bereichen: Überall werden unterschiedlichste Erlebnisse passend zur jeweiligen Zielgruppe inszeniert.

WIE SCHAFFEN SIE GROSSE ERLEBNISSE MIT WENIG FINANZIELLEM AUFWAND?

Generell braucht es für eine Inszenierung keinen Beton und keine erlesenen Materialien – das können wir vom Theater und seinen Kulissen aus Sperrholz lernen, das können wir von Schaugeschäften und Geisterbahnen auf Volksfesten lernen. Auch mit geringem Aufwand lassen sich Gefühle erzeugen, aufgrund derer das Erlebnis in Erinnerung bleiben wird. Wichtig ist die Ansprache aller Sinne, insbesondere durch Beleuchtung und Akustik, bei Veranstaltungen ist die richtige Dramaturgie der kritische Faktor. Alles andere ist zwar mehr als nur Nebensache, jedoch

nicht erfolgsentscheidend. Aber es kann zum Misserfolg führen.

Deshalb ist eine gute Gastgeberschaft und Leidenschaft auch im Bereich F&B und Service wichtig. Sie müssen zum Konzept der Inszenierung und Hospitality passen. Ein freundliches und aufmerksames Servicepersonal, das motiviert auf die Bedürfnisse der Gäste eingeht, sowie ein gelungenes F&B-Programm können die Inszenierung unterstreichen und genauso begeistern und eine Wohlfühl-Atmosphäre für den Gast schaffen, wie eine rustikale Flohmarkt- oder Schrottplatzeinrichtung.

SIND IHRE GÄSTE BEREIT, FÜR EIN ERLEBNISKONZEPT MEHR GELD AUSZUGEBEN?

Ja, absolut. Es ist ein tiefes menschliches Bedürfnis, aus Routine und Alltag auszubrechen – und sei es auch nur, um anschließend die Vorzüge des gewohnten Alltags wieder genießen zu können. Ob der Einzelne dabei selbst Akteur oder nur Zuschauer ist, ist zweitrangig. Das zeigt der Erfolg von Institutionen wie Karneval, Oktoberfest und Erlebnisparks. Die Kunst besteht darin, den Menschen durch die Ansprache möglichst vieler Sinne in eine andere Welt zu entführen und den Alltag auszusperren. Derselbe Kaviar schmeckt im »Gourmettempel« anders als zu Hause. Auch ein simples Bier schmeckt in der aufgeladenen Atmosphäre eines Fußballstadions ganz anders als in »Uschis Pilsstüberl« – und noch mal anders auf dem selbst erklommenen Alpengipfel.

Natürlich sind Menschen bereit, für ein Erlebnis mehr Geld auszugeben. Dann muss aber auch alles stimmen: Der Gast erwartet aufgrund der Exklusivität und dem Prestige einer Veranstaltung oder Location und der damit verbundenen Hospitality klare Benefits. Für den Fan am Kiosk kann das die Geschwindigkeit im Verkaufsprozess sein. Der VIP-Gast wiederum legt mehr Wert auf ein entsprechend hochwertiges F&B-Programm, ein besonderes Ambiente oder den perfekten Service. Wer mehr Geld ausgibt, sich etwas gönnt, der erwartet einen möglichst hohen Grad an Exklusivität (nicht im Sinne von luxuriös). Da spielen z. B. auch die Infrastruktur, besonders gute Plätze, ein Promi-Faktor oder ein einzigartiger Event an sich eine entscheidende Rolle. Vor allem gilt: Je mehr Emotionen und je mehr Einzigartigkeit das Erlebnis verspricht, desto mehr sind die Gäste bereit, dafür zu bezahlen.

KANN ERLEBNISINSZENIERUNG RISIKEN BERGEN?

Erlebnisinszenierung hat eine höhere Fallhöhe als der Normalfall. Wer sich wochenlang auf ein Ereignis freut, das viele Emotionen verspricht und auch deutlich teurer ist, der kann entsprechend maßlos enttäuscht werden. Und das geht leicht: Durch fadenscheinige Routine der Beteiligten, des Gastgebers, die natürlich in Kontrast zur »Einmaligkeit« des Ereignisses steht, durch alles, was »alltäglich« im wahrsten Sinne des Wortes ist und bei der Inszenierung schlecht kaschiert oder aus Versehen augenscheinlich wird. Sind wir ehrlich: Inszenierungen sind Scheinwelten. Alles, was den schönen Schein zerstört, ist absolut inakzeptabel, auch wenn es in »scheinfreier« Umgebung akzeptiert werden würde. Das größte Risiko aus unserer Erfahrung ist, wenn die Erlebnisinszenierung zur reinen Augenwischerei wird und die Erwartungen der Gäste in keiner Weise erfüllt werden.

WELCHEN STELLENWERT NEHMEN AUTHENTIZITÄT, ILLUSION UND IMAGINATION IM RAHMEN DER INSZENIERUNG IN DER ALLIANZ ARENA EIN?

Die letzten beiden Aspekte sind nebensächlich. Anders als das Varieté, als die darstellenden Künste oder auch der Karneval, arbeitet der Sport nicht mit Illusion oder Imagination. Entscheidend sind das Prickeln des Wettkampfs, in dem es um Gewinnen und Verlieren geht, und das Erlebnis, als Zuschauer Teil der Masse zu sein. Diese Emotionen speisen sich aus anderen Quellen als Illusion und Imagination. Allenfalls die Authentizität würde leiden, wenn die Zuschauer mit ansehen müssten, dass Spielregeln ohne Sanktion verletzt würden, dass Spiele nicht sportlich entschieden würden (Ergebnismanipulation) oder nur Show wären (wie etwa im Wrestling).

WELCHE ROLLE SPIELEN DIE FAKTOREN STANDORT, NATÜRLICHE UMGEBUNG, ARCHITEKTUR, RAUMDESIGN UND SERVICELEISTUNG?

Der Standort eines Fußballstadions ist für die Inszenierung eigentlich unerheblich, da es sich ausschließlich nach innen richtet und der Außenwelt nur seinen Rücken zeigt. Allenfalls in touristischer Hinsicht: Der Standort der Allianz Arena am Autobahnkreuz München Nord ist hervorragend. Viele vorbeifahrende Touristen machen spontan einen Abstecher, um an einer Führung durch die Arena teilzunehmen oder sich das FC Bayern Museum (die Erlebniswelt) anzusehen. Unter holländischen Urlaubern hat es sich herumgesprochen, dass die Parkplätze eine sehr gute Infrastruktur für Wohnmobile und -wagen haben. Daher besuchen sie uns in den Urlaubszeiten oft zum Frühstück!

Der Faktor Umwelt ist völlig unerheblich. Architektur und Raumdesign nehmen einen höheren Stellenwert ein. Das Faszinosum Fußball funktioniert auch in primitiven Sportstätten. Aber in Arenen wie der Allianz Arena findet es eine viel bessere Entsprechung in der Architektur. Das gelungene und hochwertige, teilweise sogar einzigartige Raumdesign hebt das Einmalige eines Besuchs in der Allianz Arena deutlich hervor.

Die Serviceleistung muss dem entsprechen, was hohe Ansprüche mit sich bringen. In einem

Underground-Stadion wie dem Millerntor von St. Pauli muss der Service tätowiert, frech und sportlich daherkommen. Zur Allianz Arena passt Distinguiertheit, Seriosität und dennoch Sportlichkeit.

WIE STELLEN SIE DIE UMSETZUNG DER MASSNAHMEN ZUR ERLEBNISINSZENIERUNG SICHER?

Dazu bedarf es in erster Linie eines guten Projektmanagements und einer durchdachten Planung. Wir stellen das durch unsere Teamstrukturen, Entscheidungskompetenzen und Prozesse (von Einkauf über Logistik, Warenwirtschaft bis hin zu Kassentechnologien) schon im Vorfeld und am Event-Tag selbst sicher. Außerdem setzen wir regelmäßige Audits durch unabhängige Institute sowie Mysterychecks und Gastbefragungen ein.

WAS WÜRDEN SIE IN IHREM BETRIEB IN BEZUG AUF ERLEBNISINSZENIERUNG ÄNDERN, WENN SIE DAFÜR EIN AUSREICHEND HOHES INVESTITIONSVOLUMEN HÄTTEN?

In der Allianz Arena haben wir ein sehr hohes Niveau erreicht, was die Erlebnisinszenierung angeht – sei es an Spiel- oder Nichtspieltagen. Aber wenn wir aus den Vollen schöpfen dürften, könnten wir uns vorstellen, mehr in die Bedürfnisse von neuen oder noch nicht bekannten Zielgruppen zu investieren. Viele Gruppen faszinieren verschiedene Aspekte des Ereignisses »Fußball«. Wir würden noch gezielter auf deren Erwartungen an die Hospitality eingehen, hinsichtlich Raumgestaltung und Erlebnisinszenierung ebenso wie in einem darauf abgestimmten gastronomischen Angebot.

Da wären beispielsweise Kinder: Wir würden spezielle Kinderkioske installieren, mit niedrigeren Theken, kindgerechten F&B-Produkten in kindgerechten Portionen. Oder spezielle Kinder- und Familienrestaurants mit entsprechender Einrichtung und Betreuungsangeboten durch ausgebildete Erzieher.

Oder Frauen: Hier sehen wir komplett andere Ernährungskonzepte und -bedürfnisse und darüber hinaus auch andere Ansprüche an Raumgestaltung und Zusatzangebote wie Shopping oder Themenlounges.

Es gäbe noch zahlreiche andere Beispiele: Business-Punks, DINKs, Senioren, anspruchsvolle Reisegruppen, Public Premium Pakete und vieles mehr.

CENTRO DANNEMANN

Interviewpartner: Patricia Pippert
Position: Geschäftsleiterin

ZAHLEN, DATEN & FAKTEN

- **Gründungsdatum 2002**
- **Spezifikation Eventlocation und Markenwelt der Marke DANNEMANN** (Cigarillos und Cigarren)
- **Standort Brissago, Tessin, CH**
- **Seit 2009 unter der Leitung von Patricia Pippert**
- **Immobilieneigentümer FTB Holding**
- **Internetauftritt** www.CENTRODANNEMANN.de
- **Räumlichkeiten und Fläche: 8 Eventräume auf 1.281 qm sowie zwei Gärten auf 1.500 qm**
- **4 Vollzeit-, 10 Teilzeitmitarbeiter**

WELCHE ALLEINSTELLUNGSMERKMALE HAT DAS CENTRO DANNEMANN?

Alleinstellungsmerkmale sind die einzigartige Lage und das imposante Gebäude an sich, welches aufgrund der Struktur eine hohe Flexibilität der Location erlaubt und somit den Rahmen für unsere einzigartigen Genusserlebnisse bildet: »Eine Welt für Genießer«.

Die Vielseitigkeit der Location, die vor dem Umbau Teil der imposanten Cigarren-Manufaktur war und in traumhafter Umgebung direkt am Lago Maggiore liegt, erlaubt Kleinstevents wie Großanlässe, Indoor- wie Outdoor-Events, unterschiedlichste Set Ups und Inszenierungen und somit eine sehr große Bandbreite an Eventformaten.

AN WELCHEN STELLEN WIRD IM CENTRO DANNEMANN GANZ KONKRET MIT INSZENIERTEN ERLEBNISSEN GEARBEITET?

Wenn wir von inszenierten Erlebnissen im Sinne von »authentisch in Szene gesetzt« und die Markenwelt betreffend sprechen, so sind dies definierte Eventformate, bei welchen immer der Genuss im Mittelpunkt steht, wie beispielsweise Sensorik-Workshops, Cigarren-Blind-Tastings, der Cigarren-Service mit brasilianischen Charuteiras (Cigarren-Rollerinnen) oder die Genussführungen.

Im Ganzen reicht die Palette bis hin zur Inszenierung ganztägiger DANNEMANN-Events, welche vor allem Firmen für ihre Kunden oder Mitarbeiter buchen und die sich inhaltlich bis ins Detail an die Heritage der Marke, der TERRA DANNEMANN in Sao Felix, Bahia-Brasilien, anlehnen – vom Eventtitel über Programminhalte und Set Ups bis zum Catering und dem individuellen, bahianischen Give Away.

Uns ist jedoch auch das sekundäre bzw. unterbewusste Erlebnis wichtig, das durch feste bauliche Elemente, authentische Details oder die im Haus spürbare »Allegria« (Fröhlichkeit) erzielt wird.

Darüber hinaus arbeiten wir mit inszenierten Erlebnissen vieler Art, je nach Auftrag und Wunsch des Kunden. So werden innovative Incentives kreiert wie zum Beispiel »Touch The 5 Senses« oder eine Hochzeit ganz nach den jeweiligen Traumvorstellungen inszeniert.

WIE SCHAFFEN SIE MIT WENIG FINANZIELLEM AUFWAND GROSSE ERLEBNISSE?

Dies ist nicht immer leicht und kommt grundsätzlich auf Ziel und Inhalt der Inszenierung an. Wir sind Fans von Authentizität und Genuss und fokussieren uns gerne auf Elemente, die bereits bestehen bzw. gegeben sind und nicht erst künstlich erschaffen werden müssen. Das hilft. Ansonsten hat sich gezeigt, dass es sich lohnt, bei neu zu inszenierenden Erlebnissen gute konzeptionelle Vorarbeit zu leisten und in eine qualitative Ausführung zu investieren.

SIND IHRE GÄSTE BEREIT, FÜR EIN ERLEBNISPRODUKT MEHR GELD AUSZUGEBEN?

Ein gutes Erlebnisprodukt, auch wenn es hochpreisig ist, zieht zunächst an und weckt Interesse bei Gästen und Kunden, auch potenziellen. In erster Linie, wenn es individuell, hochwertig und genussvoll inszeniert ist. Ob diese sich dann dafür oder eventuell auch aus Budget-Gründen dagegen entscheiden, ist sehr unterschiedlich. Bei Privatkunden oder einzelnen Besuchern ist dies meist von der generellen finanziellen Lage abhängig. Bei Firmen sind Ziel und Wichtigkeit des Events ausschlaggebend.

WELCHE MASSNAHME IM RAHMEN DER ERLEBNISINSZENIERUNG BRACHTE DEN HÖCHSTEN RETURN ON INVESTMENT FÜR DAS CENTRO DANNEMANN?

Den höchsten Return on Investment gibt es, wenn die Gäste das CENTRO DANNEMANN in vollen Zügen genießen können – wir stellen den Kunden in den Mittelpunkt aller Maßnahmen, denn dann bleibt das Erlebnis in Erinnerung, wird weitererzählt und bringt somit neues und Stamm-Klientel.

Konkret sind dies die zuvor genannten halb- oder ganztägigen DANNEMANN-Events für Firmenkunden, auch weil sich hier der oben genannte finanzielle Aufwand auf Grund der eingespielten Bestandteile niedrig verhält, und die Erlebnisinszenierung »Touch The 5 Senses«, weil sie für alle Beteiligten Erlebnis pur ist und für den Kunden einen hohen Individualisierungsgrad bis ins Detail ermöglicht.

KANN ERLEBNISINSZENIERUNG RISIKEN BERGEN?

Erlebnisinszenierung muss für den Erlebenden schlüssig, mitreißend, authentisch und von hoher inhaltlicher Qualität sein; im Idealfall auch nachhaltig. Ist dies nicht gegeben, fällt die Inszenierung in sich zusammen und das Erlebnis wird als schlechtes Erlebnis wahrgenommen – und somit ist beides dahin.

Man darf nicht vergessen, dass wir in den letzten Jahrzehnten in Sachen Erlebnisinszenierung durchweg verwöhnt und teils überflutet wurden. Es wurde immer noch mehr und umfassender inszeniert, die technischen Möglichkeiten stiegen ins fast Unendliche. Vor allem bei Events mit großen Budgets bzw. inszenierungserfahrenen Kunden geht die Richtung wieder hin zum Handfesten – qualitativ hochwertig, genussvoll und authentisch sowie individuell inszeniert.

WELCHEN STELLENWERT NEHMEN AUTHENTIZITÄT, ILLUSION UND IMAGINATION IM RAHMEN DER INSZENIERUNG IM CENTRO DANNEMANN EIN?

Authentizität nimmt wie bereits beschrieben einen äußerst hohen Stellenwert ein – für uns vor allem, wenn es um die DANNEMANN-Erlebnisse geht.

Illusion ist ein wichtiges Thema, wenn es um neue Erfahrungen geht, zum Beispiel bei unseren Sensorik-Workshops, wenn wir aufzeigen, wie leicht unsere Geschmacks- und Geruchswahrnehmung Sinnestäuschungen unterliegt. Kurz gesagt, Illusion ist dann wichtig, wenn ein neuer AHA-Effekt erzeugt werden kann.

Imagination ist eine Fähigkeit, über die nicht alle Menschen verfügen, und ich würde ihr nur bei Inszenierungen für ein ausgewähltes Zielpublikum bzw. nur für spezielle Eventthemen einen hohen Stellenwert zuschreiben.

WIE VIEL IST HIERBEI DEN FAKTOREN STANDORT, NATÜRLICHE UMGEBUNG, ARCHITEKTUR, RAUMDESIGN UND SERVICELEISTUNGEN GESCHULDET?

Bei Inszenierungen muss das Gesamtkonzept passen. All diese Faktoren sind unglaublich wichtig, wenn sie in der Inszenierung eine tragende Rolle spielen oder den idealen Rahmen geben, und genauso unwichtig oder gar hindernd, wenn sie von der Inszenierung an sich unabhängig sind oder gar störend bzw. unpassend.

Die von uns entwickelten Erlebnisinszenierungen stehen nicht zuletzt aufgrund unseres USPs mit all diesen Faktoren in einer engen, wechselseitigen Beziehung. Zum einen ist ihnen viel geschuldet, zum anderen werden die Inszenierungen darauf abgestimmt. Wobei wir wieder bei der Authentizität wären.

Die Serviceleistung im Sinne von hoher Servicementalität nimmt unter diesen Faktoren eine besondere Rolle ein, sie ist ausnahmslos wichtig, nicht nur, weil wir im Dienstleistungssektor tätig sind. Auch weil sie den »kleinen, großen Unterschied« macht.

WIE STELLEN SIE DIE UMSETZUNG DER MASSNAHMEN ZUR ERLEBNISINSZENIERUNG SICHER?

Durch die entsprechenden Ressourcen: leidenschaftliches und offenes Team, vielseitige Location, kompetente Partner, Erfahrung, adäquates Budget und der jeweils bestentsprechenden Person im Lead.

Und durch einen unserer Core Values, der da heißt: Focus – we do it right or not at all.

EUROPA-PARK

Interviewpartner: Michael Kreft von Byern
Position: Beauftragter der Geschäftsführung

DAS KONZEPT IN EIGENEN WORTEN ZUSAMMENGEFASST

Der Europa-Park ist ein Familien-Freizeitpark mit dem Thema Europa. Der Park hat sich bis heute zu einem Erlebnisressort entwickelt, das nicht nur den Europa-Park mit seinen Fahrattraktionen und Shows, gastronomischen Angeboten, Shops und anderen Serviceeinrichtungen umfasst, sondern mit fünf thematisierten Erlebnishotels mit insgesamt 5000 Betten eine Destination für Kurzreisen geworden ist. Aus dem Ausflugsziel ist eine touristische Destination geworden.

WER IST DIE KONKURRENZ?

In unserem Fall muss man den Begriff »Konkurrenz« weiter fassen, anstatt lediglich andere Freizeitparks zu betrachten. Wichtig ist hier, das Motiv der Menschen zu analysieren, warum und wofür sie ihr Freizeitbudget ausgeben. Wichtig ist, genau zu betrachten, wie sich das Freizeitverhalten der Menschen weiterentwickelt. Wir können gut erkennen, dass unser Angebot im Trend liegt: Der Wunsch nach besonderen Erlebnissen in der Freizeit hat in den letzten 30 Jahren deutlich zugenommen.

WELCHE ALLEINSTELLUNGSMERKMALE HAT DER EUROPA-PARK RUST?

- Der Name Europa – kein anderer Freizeitpark weltweit hat dieses Thema so erfolgreich umgesetzt.
- Positive Synergieeffekte durch die enge Zusammenarbeit mit Mack Rides. Wir haben viele attraktive Prototypen bei uns auf dem Gelände und viele Ideen, die uns aus dem Herstellungsbereich zufließen.
- Die große Vielfalt unseres Angebotes: Wir ermöglichen Erlebnisse für jede Zielgruppe.
- Ein hohes Level an Servicequalität: Der Gast steht bei uns im Mittelpunkt. Das ist keine Phrase, darauf legen wir größten Wert.

WER IST DIE ZIELGRUPPE?

Unsere Zielgruppe ist breitgefächert, wir haben für jede einzelne Besuchergruppe ein attraktives Angebot geschaffen. Primär kommen Familien zu uns. Auf der anderen Seite haben wir durch unser Tagungsangebot im Bereich B2B zahlreiche Aktivitäten geschaffen. Wir haben zielgerichtete Angebote für einzelne Besuchergruppen gestaltet.

VOM EINGANG BIS ZUM AUSGANG – AN WELCHEN STELLEN WIRD GANZ KONKRET MIT INSZENIERTEN ERLEBNISSEN GEARBEITET?

Wir versuchen an jeder Stelle das Erlebnis des Gastes zu einem besonderen zu gestalten. Vom Eingang bis zum Ausgang muss Funktionalität, Service und Gestaltung gegeben sein. Was uns sicherlich auszeichnet ist, dass wir in bestehenden Bereichen stetig daran arbeiten, dass die Inszenierung und der Service noch besser werden. Diese Gästeorientierung führt dazu, dass wir im Laufe der letzten Jahre unseren Gästen durchgängig inszenierte Erlebnisse bieten konnten.

SIND IHRE GÄSTE BEREIT, FÜR EIN ERLEBNISKONZEPT MEHR GELD AUSZUGEBEN?

Wir haben bereits bei der Eröffnung des Europa-Parks ganz bewusst auf Qualität gesetzt. Wir sind der festen Überzeugung, dass unsere Gäste diese Qualität schätzen und bereit sind, für gute Qualität mehr zu bezahlen. Wenn wir eine neue Attraktion bauen, dann betten wir sie in eine Story, wir setzen sie in Szene. Story-Telling ist einer unserer Erfolgsfaktoren bei der Erlebnisinszenierung. Es ist vergleichbar mit einem Geschenk, das wunderschön verpackt ist: Das ist interessanter und spannendender, als wenn man das ausgepackte Geschenk auf den Tisch knallt. Man muss besondere Ereignisse schaffen, die die Besucher begeistern und die Bereitschaft erhöhen, größere Budgets einzusetzen. Es ist das Gesamterlebnis, das die Gäste fasziniert.

WIE SCHAFFEN SIE GROSSE ERLEBNISSE MIT WENIG FINANZIELLEM AUFWAND?

Es beeindruckt unsere Besucher, wenn wir sie mit kleinen Details überraschen. Dafür müssen wir nicht immer viel Geld in die Hand nehmen: Oft reicht eine kreative und einfache Idee, die Begeisterung und Emotion erzeugt. Es ist wichtig, aus Sicht des Gastes zu denken, dabei ist es wie beim Angeln: Der Wurm muss dem Fisch schmecken, nicht dem Angler.

In diesem Jahr haben wir unser Märchendorf weiter ausgebaut und haben eine thematisch inszenierte Toilette integriert. Wir kombinieren nette Details mit Funktionalität, in einem Bereich, in dem viele kleine Kinder sind – das kommt den Bedürfnissen der Eltern entgegen, und den Kindern gefällt es!

WIE WERDEN GÄSTEBEDÜRFNISSE ANALYSIERT?

Der Europa-Park hat eine Abteilung, die sich intensiv mit Marktforschung befasst. Wir arbeiten seit 1983 mit der gleichen Methode und einem renommierten Forscher in diesem Bereich zusammen, dem Kulturgeografen Prof. Dr. Uwe Fichtner, der allein für den Europa-Park das Besucherprofil untersucht und uns wichtige Planungsgrundlagen liefert. Die Gästebefragungen werden durch weitere Feedback-Möglichkeiten, Sonderbefragungen und andere Quellen, die wir heranziehen, um unser Gästeprofil genau zu analysieren, ergänzt. Diese Methode, gepaart mit einem ausgeprägten Benchmarking, das über die eigene Branche hinausgeht, liefert uns eine gute Basis für die Beurteilung des Gästeverhaltens.

Es ist nicht unser primäres Ziel, einen maximalen wirtschaftlichen Ertrag zu generieren, sondern dass der Gast, der uns heute besucht, ein sehr schönes Erlebnis hat und beim Verlassen des Parks sagt: »Es hat uns gefallen, wir möchten wiederkommen«. Das klingt einfach und banal, aber wenn man genau darüber nachdenkt, ist es eine hochkomplexe Aufgabe: Nicht nur die Gestaltung des Unternehmens und die der einzelnen Attraktionen müssen perfekt sein, sondern auch jeder einzelne Mitarbeiter, der in seiner Rolle als Gastgeber dieses Erlebnis möglich macht. Wenn der Gast nach einem Besuch bei uns sagt: »Mensch, der Eintrittspreis war jetzt kein Schnäppchen, aber jeden Euro wert. Ich habe mehr erhalten als ich bezahlt habe, das hat mir gefallen, da möchte ich wieder hin. Wenn ich nach Hause komme, dann erzähle ich meinen Freunden von diesem tollen Tag!«, dann haben wir unser Ziel erreicht.

Uns interessiert, was den Gast glücklich macht. Wir wollen nicht nur Gästeerwartungen erfüllen, sondern Gästewünsche antizipieren. Wir beobachten Trends, übertragen diese in die eigene Branche und gewinnen so neue Ideen. Es genügt nicht, einfach nur die Nachfrage zu befriedigen.

KANN ERLEBNISINSZENIERUNG RISIKEN BERGEN?

Natürlich liegt man mit einer Idee mal daneben. Wir haben stets ein Auge auf aktuelle Entwicklungen, um auch in Zukunft große Begeisterung zu wecken. Wir müssen die Prozesse kontinuierlich optimieren, damit die Gäste nicht nur zufrieden, sondern begeistert sind.

WELCHEN STELLENWERT NEHMEN AUTHENTIZITÄT, ILLUSION UND IMAGINATION IM RAHMEN DER INSZENIERUNG IM EUROPA-PARK EIN?

Menschen haben den Wunsch, Ereignisse so authentisch wie möglich zu erleben. Sie wünschen sich beispielsweise Originalmaterialien und keine Künstlichkeit in der Künstlichkeit. Der Europa-Park ist eine Phantasiewelt – wir versuchen mit authentischen Elementen das Erlebnis für unsere Gäste besonders eindrucksvoll zu gestalten. Bei uns gewinnt die Mischung zwischen authentischen und phantasievollen Ansätzen. Es ist eine ganze Klaviatur von Dingen, die wir tun, um die Menschen zu begeistern und eine Atmosphäre zu schaffen, in der sich unsere Gäste wohlfühlen.

WIE WICHTIG IST DER STANDORT FÜR DAS KONZEPT?

Der Standort war anfangs sicherlich nicht ideal. 1975 war der Standort eine mutige Entscheidung, wenn man das Einzugsgebiet bedenkt und die Tatsache, dass die europäischen Grenzen nicht so durchlässig waren wie heute. Es sprachen im Wesentlichen drei Kriterien für den Standort:

- **Die Nähe der Produktionsstätte von Mack Rides**
- **Gute Erreichbarkeit**
- **Die Möglichkeit der Erweiterung**

Trotz des anfangs schwierigen Standorts hat sich der Park kontinuierlich entwickelt. Die Verkehrsinfrastruktur verbesserte sich im Laufe der letzten Jahrzehnte und das Einzugsgebiet wuchs stetig. Im Umkreis von 2 Stunden leben heute über 20 Millionen Menschen.

WIE STELLEN SIE DIE UMSETZUNG DER MASSNAHMEN ZUR ERLEBNISINSZENIERUNG SICHER?

Wir sind der festen Überzeugung, dass es wichtig ist, alle Ressourcen zu nutzen. Jede Investition, jeder Schritt, jeder Service trägt zur Gesamtinszenierung bei. Wir müssen die Abläufe für den Gast optimieren, das Serviceangebot optimal aufstellen und auch gestalterisch dafür sorgen, dass die Leute eine tolle Atmosphäre erleben können. Wir haben ein Leitbild entwickelt, dass wir nicht nur kommunizieren und trainieren, sondern vor allem leben: Die Unternehmensleitung lebt diese Werte Tag für Tag und mit großer Ernsthaftigkeit vor.

Die Auswahl der Mitarbeiter ist entscheidend: Nicht diejenigen mit den besten Qualifikationen im theoretischen Bereich machen das Erlebnis aus, sondern Menschen, die Emotionalität und Begeisterung ohne aufgesetzte Freundlichkeit vermitteln können. Man muss die Flamme der Begeisterung nicht nur entfachen, sondern diese kontinuierlich nähren. Das funktioniert nur mit einem motivierten Team, das gemeinsam hinter dieser Zielsetzung steht – konsequent und jeden Tag.

Wir nehmen Gästewünsche ernst. Wir nutzen Informationen aus unserer Marktforschung und bemühen uns, möglichst häufig selbst am Ort des Geschehens zu sein, um Prozesse zu beobachten und zu optimieren. Sicherlich ist auch ein Benchmarking über die Branche hinaus von Vorteil: Zu wissen, wie andere Branchen ihre Gäste begeistern, ist für uns eine wichtige Ideenquelle. Man kann nicht davon ausgehen, dass ein erfolgreiches Konzept auch morgen oder übermorgen noch den gewollten Erfolg bringen wird: Unsere Gesellschaft wandelt sich, die Wünsche der Menschen wandeln sich, und damit auch die Freizeitangebote. Man sollte ein waches Auge auf die Entwicklungen haben, um auch in Zukunft große Begeisterung bei den Gästen zu wecken.

Die Familie Mack, die als Eigentümer im Park täglich präsent ist, konzentriert sich mit großer Konsequenz auf die Entwicklung in Rust. Der geplante weitere Ausbau bietet eine ideale Grundvoraussetzung für den zukünftigen Erfolg des Parks.

Alles was wir tun, geschieht mit dem Herzen und mit großer Begeisterung. Unser Erfolg ist die Summe von sehr intensiver Arbeit, der sich sukzessive entwickelt hat. Um diesen Erfolg in Zukunft sicherzustellen, arbeiten wir kontinuierlich daran, neue Angebote und Attraktionen zu entwickeln, um unsere Besucher zu begeistern.

WAS WÜRDEN SIE IM EUROPA-PARK – IN BEZUG AUF ERLEBNISINSZENIERUNG – ÄNDERN, WENN SIE DAFÜR EIN AUSREICHEND HOHES INVESTITIONSVOLUMEN HÄTTEN?

1. Eine konsequente Weiterführung des Erfolgskonzeptes, d. h. die Schaffung von neuen Attraktionen und Themenbereichen
2. Eine ständige Optimierung der bestehenden Attraktionen, um kein Qualitätsgefälle entstehen zu lassen
3. Ein konsequenter Ausbau des Hotel-Ressorts

AREA 47

Interviewpartner: Hans Neuner
Position: CEO

DAS KONZEPT IN EIGENEN WORTEN ZUSAMMENGEFASST

Die Area 47 ist ein ultimativer Freizeitpark, in dem unsere Gäste Action und Adrenalin der Extraklasse erleben können. Wir bieten Wasserspaß in allen Variationen, mit Rutschen Park, Freestyle Ramp, Blob, Cliffdiving Turm, Surfrutsche, Wakeboardlift, Canyoning- und Rafting-Touren. Wir haben einen 7.000 m^2 großen Badesee, der mit dem Wasser aus einer Gebirgsquelle gespeist wird. Adrenalin-Junkies kommen bei uns voll auf ihre Kosten: In der Area 47 können sie im weltweit höchsten Hochseilgarten ihre Nerven auf die Probe stellen.

Von Ende April bis Anfang Oktober bieten wir unseren Gästen Adrenalin & Action pur. Nächtigen können sie bei uns in eigens angefertigten Holztipis oder Tiroler Holzblockhäusern, die das Outdoor-Erlebnis perfekt machen.

WELCHE ALLEINSTELLUNGSMERKMALE HAT DIE AREA 47?

- **Unvergleichliche Location inmitten natürlicher Ressourcen**
- **25 Jahre Erfahrungsschatz**
- **Sensationelles Abenteuererlebnis**

WER IST DIE ZIELGRUPPE?

Die Area 47 spricht mit ihrem Angebot vor allem das jüngere Publikum an. Trotzdem besuchen uns auch 60- bis 65-Jährige, die den ultimativen Kick suchen: Best Ager sind heute aktiver, abenteuerlustiger und erlebnishungriger geworden.

Die Gesellschaft hat sich entwickelt: Aufgrund der veränderten Anforderungen im Arbeitsleben wollen Menschen vermehrt aus ihrem Alltag ausbrechen und etwas Außergewöhnliches erleben. Die einen pilgern auf dem Jakobsweg und versuchen zu sich selbst zu finden, die anderen

treiben Sport. Insgesamt sind unsere Gäste Naturliebhaber, die ein Abenteuer erleben wollen. Der Sport steht im Vordergrund, aber die Party darf auch nicht zu kurz kommen.

WER IST DIE DIE KONKURRENZ?

Es gibt Betriebe bzw. Anbieter, die sich auf eine spezielle Attraktion spezialisieren, wie zum Beispiel Rafting. In der Konstellation, so wie wir sie geschaffen haben, inklusive Freestyle Sport, Motorcross, Rafting und Canyoning, gibt es weltweit kein vergleichbares Konzept. Unser Hauptpotenzial liegt im Outdoor-Sport: Wir haben zwei Flüsse für Wildwasser-Rafting, Kajak und Kanus, die sechs Monate im Jahr befahrbar sind – das macht die Area 47 einzigartig.

AN WELCHEN STELLEN WIRD GANZ KONKRET MIT INSZENIERTEN ERLEBNISSEN GEARBEITET?

Wir generieren an allen Stellen actiongeladene Erlebnisse, das hat sich mit den Jahren sukzessive entwickelt. 1988 haben wir mit einem Rafting-Betrieb begonnen. Aus zwei Booten wurden bald vier, dann kauften wir einige Mountainbikes. Wir orientierten uns dabei an den Wünschen unserer Gäste. Wir sind mit den Jahren weiter gewachsen, bis wir schließlich 2009 die neue Location gefunden haben, die durch ihre natürliche Umgebung ideal für unser Konzept ist. Wir entschieden uns nach und nach für weitere Attraktionen, die bei unseren Besuchern unbeschreibliche Erlebnisse auslösen.

Wir haben bei der Planung eine Vielzahl an Attraktionen geschaffen. Diese sind vor allem unter dem Thema Abenteuersport inszeniert. Unser Vorteil ist, dass unsere Gäste nicht jedes Jahr nach einer neuen Attraktion verlangen – sie wollen sich in erster Linie sportlich weiterentwickeln. Das bedeutet, dass unsere Gäste verschiedenste Angebote mit unterschiedlichen Schwierigkeitsgraden erleben können.

Die Area 47 hat einen eigenen Veranstaltungsbereich. Hier begrüßen wir unsere Gäste zu diversen Themenabenden. Wir generieren Erlebnisse bei Konzerten, Motocross-Freestyle-Shows, Boxkämpfen und Szenepartys – wir produzieren laufend neue Ideen.

WIE SCHAFFT MAN GROSSE ERLEBNISSE MIT WENIG FINANZIELLEM AUFWAND?

Unsere Gäste können in der Area 47 in Tipis übernachten. Das ist Outdoor-Feeling pur – die Tipis werden besonders häufig nachgefragt. Die Gäste übernachten im Wald, umgeben von einem Naturschutzgebiet, direkt an der Mündung von zwei Flüssen. Unterm Strich, lassen wir unsere Gäste unter freiem Himmel schlafen, ohne großen Zusatzkomfort. Eine einfache Idee, die weder uns noch den Gast viel Geld kostet und dennoch einzigartige Erlebnisse schafft.

SIND IHRE GÄSTE BEREIT, FÜR EIN ERLEBNISKONZEPT MEHR GELD AUSZUGEBEN?

Unsere Preise sind nicht exorbitant hoch – im Gegenteil: Wir wollen das nicht bis zum Äußersten reizen. Generell sind unsere Gäste sicher bereit, mehr Geld auszugeben. Das liegt vor allem daran, dass sie sportaffin sind und in der Area 47 das Angebot bekommen, welches sie erwarten.

WELCHE MASSNAHME IM RAHMEN DER ERLEBNISINSZENIERUNG BRACHTE DEN HÖCHSTEN RETURN ON INVESTMENT FÜR DIE AREA 47?

Mit dem Ausbau der Water Area haben wir unsere Nachfrage verdreifacht. Die Idee hat sich sicherlich rentiert. Dennoch gewinnt bei uns das Gesamtkonzept: Es ist ein Zusammenspiel aller Bereiche. Die Water Area allein könnte die Nachfrage nicht generieren.

WELCHE ROLLE SPIELEN DIE MITARBEITER IN DER AREA 47?

Alle unsere Mitarbeiter, ob Water Guides oder Outdoor Guides, müssen vorab Prüfungen ablegen. Das ist zum einen durch die Gesetzeslage geregelt, und

zum anderen legen wir die Messlatte bezüglich Sicherheit und Qualität in der Area 47 sehr hoch. Unsere Mitarbeiter tragen viel Eigenverantwortung: Sie sind regelrechte Allrounder, müssen die Lage perfekt einschätzen und Gefahrensituationen deeskalieren können.

Als cooles und trendiges Unternehmen ziehen wir genau die Mitarbeiter an, die wir suchen. In der Umgebung ist es etwas Besonderes, wenn man in der Area 47 arbeitet. Wir haben ein gutes Image. Alle unsere Mitarbeiter identifizieren sich mit dem Konzept, und das spüren die Gäste.

WAS WÜRDEN SIE IN DER AREA 47 IN BEZUG AUF ERLEBNISINSZENIERUNG ÄNDERN, WENN SIE DAFÜR EIN AUSREICHEND HOHES INVESTITIONSVOLUMEN HÄTTEN?

An der Grundidee möchten wir nichts verändern, aber unsere Kapazitäten im Logisbereich sind ausgereizt. Wenn es nach unseren Gäste ginge, könnten wir die Betten momentan doppelt und dreifach belegen – vor allem an den Wochenenden. Wenn wir einen Gast ablehnen müssen, verlieren wir potenziellen Umsatz. Es gibt genügend Schlafkapazitäten in den anliegenden Ortschaften, wie Gasthäuser und Pensionen. Dennoch wollen die Gäste lieber bei uns übernachten – das gehört zum ganzheitlichen Erlebnis dazu.

MAIENSÄSSHOTEL GUARDA VAL

Interviewpartner: Christine Abel
Position: Gastgeberin

DAS KONZEPT IN EIGENEN WORTEN ZUSAMMENGEFASST

Das Guarda Val ist ein einzigartiges Maiensässhotel, das sich auf elf bis zu 300 Jahre alte Hütten und Ställe verteilt. Im Weiler Sporz, direkt oberhalb der Lenzerheide auf 1600 Meter über dem Meer, verbindet es die Faszination gewachsener Bündner Alptradition mit einer modernen Auffassung von alpinem Design und Lebensstil.

Es kombiniert gekonnt Luxus, Genuss und personalisierten Service mit Authentizität, Einfachheit und echtem Bergerlebnis. Ein intimes Refugium als Ausgleich zu unserem hektischen Alltag, in dem die kostbarsten Güter unserer westlichen Welt zu finden sind: Natur, Zeit, Ruhe und Besinnung auf sich selbst.

WELCHE ALLEINSTELLUNGSMERKMALE HAT DAS MAIENSÄSSHOTEL GUARDA VAL?

- Einzigartige Lage
- Intaktes Hotel als Teil des Bauerndorfes Maiensäss
- Personalisierte Gästebetreuung

VOM CHECK IN BIS ZUM CHECK OUT – AN WELCHEN STELLEN WIRD GANZ KONKRET MIT INSZENIERTEN ERLEBNISSEN GEARBEITET?

Etwa zwei bis drei Tage vor dem Check-In erfragen wir die Bedürfnisse unserer Gäste mittels eines Telefongesprächs (z. B. Anlass des Aufenthaltes, Erwartungen, Vorlieben bezüglich der Speisen und Getränke, gewünschte Frühstückszeitung etc.). Der Check-In wird in einer »Wohnzimmeratmosphäre« und nicht am Rezeptionspult vollzogen. Der Gast wird sanft auf ein Entspannungs- und Maiensäss-Erlebnis hingewiesen. Nach dem Check-In werden alle Gäste ins Zimmer begleitet und die Präferenzen bezüglich der Kissen und der Nachtwäsche angesprochen.

Wir legen größten Wert auf eine individuelle und namentliche Betreuung unserer Gäste während des gesamten Aufenthaltes durch alle Mitarbeiter. Bei uns sind alle Mitarbeiter Gastgeber des Maiensässkonzeptes. Beim Check-Out fragen wir die Zufriedenheit mit dem Aufenthalt klar ab, damit wir unser Angebot kontinuierlich weiterentwickeln und verbessern können.

WIE SCHAFFEN SIE GROSSE ERLEBNISSE MIT WENIG FINANZIELLEM AUFWAND?

Bei uns erleben die Gäste ständig etwas. Allein die natürliche Umgebung und das authentische Bergdorf sind ein Erlebnis an sich, das uns keinen Aufwand kostet. Selbstverständlich versuchen wir unsere Gäste kontinuierlich zu begeistern. Wir bieten ihnen kostenneutrale Wein- und Käseverkostungen, mit Produkten aus der regionalen Herstellung.

Für unsere Gäste ist es ein schönes Erlebnis, wenn die Mitarbeiter ihnen Örtlichkeiten in der Umgebung empfehlen. Die Erfahrung und Ortskenntnisse der Mitarbeiter wecken in unseren Gästen ein Gefühl der Heimeligkeit, sie fühlen sich durch Experten- und Insiderwissen dem Bergdorf zugehörig. Sich dieses Wissen anzueignen kostet uns nicht viel.

SIND IHRE GÄSTE BEREIT, FÜR EIN ERLEBNISKONZEPT MEHR GELD AUSZUGEBEN?

Wenn ein positives Erlebnis für den Gast geschaffen wird, dann denke ich, ist er auch bereit, für die Leistung mehr Geld zu bezahlen. Wir teasern unsere Gäste in diesem Bezug an: Wenn die Kapazitäten vorhanden sind, dann laden wir unsere Gäste z. B. auf eine kostenlose Wellness-Behandlung ein. Das Resultat sind häufig Nachfolgebuchungen und kostenintensivere Folgebehandlungen. Weiterhin sind bei uns spezielle Leistungen, wie z. B. Kaffee und Kuchen im Zimmerpreis enthalten, ganz nach unserem Motto: »Bei Kleinigkeiten sind wir großzügig!« Auf der Gegenseite sind die Gäste dann bereit, an anderen Stellen in ihr Erlebnis zu investieren.

Wenn ein Erlebnisprodukt authentisch ist und ein emotionaler Bezug zum Konzept hergestellt werden kann, dann sind Gäste meiner Meinung nach bereit, dafür tiefer in die Tasche zu greifen.

WELCHE MASSNAHME IM RAHMEN DER ERLEBNISINSZENIERUNG BRACHTE DEN HÖCHSTEN RETURN ON INVESTMENT FÜR DAS MAIENSÄSSHOTEL GUARDA VAL?

Auf jeden Fall die Investition in unsere Mitarbeiter und den personalisierten Service in allen Bereichen des Hotels. Unser gut ausgearbeitetes und kontinuierlich weiterentwickeltes Customer Relationship Management wird in erster Linie durch steigende Nachfrage, abgeschlossene Buchungen, gute Übernachtungszahlen und schlussendlich durch steigende Umsätze messbar.

KANN ERLEBNISINSZENIERUNG RISIKEN BERGEN?

Erlebnisinszenierung birgt das Risiko inflationärer Erwartungen der Gäste an den Betrieb. Eine Steigerung muss bei jedem weiteren Aufenthalt unserer Gäste spürbar sein. Mundpropaganda erweckt bei Neugästen (Neukunden) bereits bei der Anfrage erhöhte Erwartungen.

WELCHEN STELLENWERT NEHMEN AUTHENTIZITÄT, ILLUSION UND IMAGINATION IM RAHMEN DER INSZENIERUNG IM GUARDA VAL EIN?

Authentizität ist das A und O in allem, was wir unseren Gästen bieten. Angefangen bei den Zimmern, der Kleidung der Mitarbeiter, dem Charme und der Natürlichkeit ohne Alpenkitsch. Unsere Mitarbeiter geben sich natürlich und offen – egal, welchen kulturellen oder sprachlichen Hintergrund sie haben. Wir bieten dem Gast Dienstleistung auf Augenhöhe. Von Illusion und Imagination nehmen wir bewusst Abstand.

WELCHEN STELLENWERT NEHMEN DIE FAKTOREN NATÜRLICHE UMGEBUNG UND SERVICELEISTUNG IM GUARDA VAL EIN?

30 Prozent Hardware, wie natürliche Umgebung und Infrastruktur, 70 Prozent Software, die sich aus Leistung und Herzlichkeit am Gast sowie Empathie zusammensetzt.

WIE WIRD DIE UMSETZUNG DER MASSNAHMEN ZUR ERLEBNISINSZENIERUNG SICHERGESTELLT?

Bei der Rekrutierung der Mitarbeiter versuchen wir herauszufinden, ob der Bewerber der Typ Mensch für die Bündner Bergwelt ist und auch

Leistung am Gast erbringen will. Die Aufgabe im Guarda Val ist es nicht, seinen Job lediglich auszuführen, sondern mit Herzblut ein Teil des Ganzen zu sein. Bei uns ist Beruf gleich Berufung!

Regelmäßige Schulungen durch das Direktionspaar selbst sowie monatliche Schulungen in den einzelnen Abteilungen unterstützen die Umsetzung. Wöchentliche Informationsprogramme und die tägliche Kontrolle sowie tägliche Besprechungen mit allen Abteilungsleitern führen zu einer kontinuierlichen Qualität in der Umsetzung unserer Leistungen. Der Input für die Schulungen erreicht uns häufig aus dem Team, aber auch durch die Auswertung der Gästekommentare. Das Wichtigste zur Umsetzung der Maßnahmen, in Bezug auf die Inszenierung der Gästeerlebnisse, ist das Vorleben durch die leitenden Angestellten und die Hoteldirektion!

WAS WÜRDEN SIE IM MAIENSÄSSHOTEL GUARDA VAL IN BEZUG AUF ERLEBNISINSZENIERUNG ÄNDERN, WENN SIE EIN AUSREICHEND HOHES INVESTITIONSVOLUMEN DAFÜR HÄTTEN?

Unsere persönliche Meinung ist, dass Erlebnisinszenierung ein Teil des Marketingkonzeptes ist und somit ins Jahresbudget aufgenommen wird. So hat jeder Betrieb die Möglichkeit der Erneuerung und Anpassung.

Das Maiensässhotel Guarda Val ist in Privatbesitz. Den Eigentümern ist es ein Anliegen, dass die Erlebnisinszenierung kontinuierlich hinterfragt und erneuert wird. Durch persönliche Gespräche mit den Gästen erfüllt man innerhalb des laufenden Jahres noch offene Bedürfnisse. Diese werden mit den Eigentümern besprochen und entsprechend abgesegnet und umgesetzt.

Wir persönlich arbeiten zurzeit an einem Badebiotop, welches wir bei der nächsten Verwaltungsratssitzung präsentieren und schmackhaft machen werden. Desweiteren ist es notwendig, sukzessive Erneuerungen im Hause durchzuführen, wie z. B. einen Umbau im Restaurant oder Unterhaltsarbeiten am Mobiliar – jeder Gast soll das Gefühl der »Neuheit und Gepflegtheit« seiner Stube erfahren.

ANDERMATT SWISS ALPS

Interviewpartner: Robert Fellermeier
Position: Managing Director

DAS KONZEPT IN EIGENEN WORTEN ZUSAMMENGEFASST

Mit der Planung in Andermatt haben wir bereits 2006 begonnen, seit 2009 bauen wir hier ein integriertes Ferienresort, das im Schweizer Alpenraum aufgrund der Ausprägung und der Größe einmalig ist. Das Resort beinhaltet insgesamt sechs Hotels der 4- und 5-Sternekategorie und 42 Häuser mit insgesamt rund 500 Appartements. Wir schaffen eine Premium-Skidestination, indem wir die Skigebiete Andermatt und Sedrun durch zusätzliche Lifte und Bahnen verbinden. Es wird einen 18-Loch-Golfplatz geben und eine moderne Schwimmhalle. Wir erschaffen eine Ganzjahres-Destination, die alle Gästewünsche von Shopping bis Skisport erfüllt.

Ein positiver Nebeneffekt ist die Entwicklung im Dorf: Hotels wurden renoviert und teilweise neu eröffnet, Restaurants und zahlreiche Ladengeschäfte etablieren sich neu, Wohnungen wurden neu geplant, Gebäude renoviert oder durch Neubauten ersetzt. Vor allem bei den jungen Bewohnern Andermatts löst das Zufriedenheit aus: Sie sehen im Gegensatz zu früher weitreichende Perspektiven für sich selbst in Andermatt. Die Abwanderung der Jugend wird durch das Projekt verringert.

WELCHE ALLEINSTELLUNGSMERKMALE HAT DIE FERIENDESTINATION ANDERMATT SWISS ALPS?

- **Ein integriertes Ferienresort: Alles entsteht aus einer Hand**
- **Sensationelle Lage im Herzen der Schweiz**
- **Unberührte Landschaft und Originalität des Dorfes Andermatt**

WER IST DIE ZIELGRUPPE?

Wir entwickeln ein integriertes Ferienresort im 4- bis 5-Sterne-Bereich – damit definiert sich die Zielgruppe bereits. Es sind zum einen Familien, die Lust haben, aktiv zu sein, sich gesund zu ernähren und gemeinsam die Seele baumeln zu lassen. Zum anderen sprechen wir freizeitorientierte Aktivsportler an, die in ihrem Urlaub Abenteuer und den besonderen Kick suchen. Wintersportler, Mountainbiker, Wanderer – ein schöner Mix aus Gästen, die sich in einem alpinen Feriendorf wohlfühlen.

AN WELCHEN STELLEN WIRD IN ANDERMATT GANZ KONKRET MIT INSZENIERTEN ERLEBNISSEN GEARBEITET?

Andermatt ist bereits heute ein Erlebnis: ein waschechtes Schweizer Bergdorf am Fuße des Gotthardmassivs mit natürlichem, unwiderstehlichem Charme. Der Zusammenschluss der beiden Skigebiete Andermatt und Sedrun wird das Gebiet noch attraktiver machen. Der Free-Ride-Park im Gebiet des Gemsstocks ist bereits heute bei jungen Gästen beliebt und wird auch in Zukunft Freestyler anlocken.

Diese und viele weitere Faktoren tragen dazu bei, dass in Andermatt heute schon eine gute Grundausstattung vorhanden ist und die Inszenierung durch Erweiterung, Ausbau oder Modernisierung des Gegebenen entsteht und eine erfolgreiche Ganzjahres-Destination schafft.

SIND IHRE GÄSTE BEREIT, FÜR EIN ERLEBNISKONZEPT MEHR GELD AUSZUGEBEN?

Gäste sind absolut bereit, für Erlebnisse mehr auszugeben. Aber Erlebnisse sind natürlich ganz individuell und relativ schwer zu strukturieren. Was ist ein Erlebnis? Was ist Qualität? Das ist für jeden etwas Anderes. Für den einen ist es ein klasse Hamburger, hot & spicy mit Zwiebeln und krossen Pommes. Für den anderen ist es ein exquisiter Hummer, den man nicht alle Tage bekommt. Beides kann eine hervorragende Qualität haben und für den Gast ein Erlebnis sein – preislich liegen sie jedoch weit auseinander. Qualität, und oftmals auch Erlebnisse, haben nicht zwingend etwas mit dem Preis zu tun. Erfahrung und Preisbereitschaft liegen immer im Auge des Betrachters.

WIE SCHAFFEN SIE GROSSE ERLEBNISSE MIT WENIG FINANZIELLEM AUFWAND?

Wir müssen Gästewünsche antizipieren. Plant man einen großen Grillabend und bereitet auch für die vegetarischen Gäste Köstlichkeiten vor, dann schafft das Begeisterung. Es sind die kleinen Dinge, die die Gäste überraschen. Das muss nicht immer viel Geld kosten. Momentan tätigen wir große Investitionen, um in Andermatt für unsere Gäste ein Gesamterlebnis entstehen zu lassen. Unsere Hotels werden mit ihrem qualitativ hochwertigen Service stets darauf bedacht sein, Gästewünsche zu antizipieren und mittels eines lückenlosen Customer Relationship Managements die Bedürfnisse der Gäste herauszufinden, um sie so zu überraschen – alles kleine Dinge, die nicht die Welt kosten, aber großen Eindruck hinterlassen.

KANN ERLEBNISINSZENIERUNG RISIKEN BERGEN?

Erlebnisinszenierung sollte nicht als solche daherkommen. Erkennt der Gast die Inszenierung, dann empfindet er kein Erlebnis mehr. Es gibt beispielsweise Feriendörfer in der Schweiz, da treibt die Heidi täglich um 15 Uhr ihre Geißen durch den Ort. So etwas Aufgesetztes würde

bei uns nicht wirken. Eine Inszenierung sollte so natürlich wie möglich sein. Authentizität wird bei uns großgeschrieben. Wir haben einen Vorteil durch die natürliche Umgebung und das authentische Bergdorf.

Auf der anderen Seite darf Inszenierung natürlich gekünstelt und übertrieben sein – wenn es zum Thema passt: Disneyland und der Europa-Park in Rust arbeiten erfolgreich mit Erlebnisinszenierung und verzeichnen große Erfolge. Und selbst die großen Freizeitparks schaffen eine Welt, in der zwar alles künstlich in Szene gesetzt wird – aber die Besucher werden in eine Welt entführt, in der die Inszenierung real erscheint.

WELCHEN STELLENWERT NIMMT ARCHITEKTUR IN BEZUG AUF DIE ERLEBNISINSZENIERUNG IN ANDERMATT EIN?

Wir nehmen lokale Elemente der bestehenden Architektur in die Neubauten auf – selbstverständlich modernisiert aufbereitet. Unsere Häuser und Hotels fügen sich in das allgemeine Dorfbild ein, nichts wirkt künstlich – das Ensemble ist sehr angenehm für den Betrachter.

Wir verwenden in unseren Bauten, soweit wie möglich, lokale Materialien, das heißt aus der Schweiz, wenn vorhanden sogar aus der Region. Wir achten darauf, dass unsere verwendeten Materialien aus erneuerbaren Ressourcen gewonnen werden können. Nachhaltigkeit war uns von Beginn an wichtig.

WELCHE MASSNAHME IM RAHMEN DER ERLEBNISINSZENIERUNG WIRD FÜR ANDERMATT VORAUSSICHTLICH DEN HÖCHSTEN RETURN ON INVESTMENT EINBRINGEN?

Den höchsten Return on Investment werden wir wohl über den Verkauf der Immobilien erwirtschaften. Das hat nur im weiteren Sinne mit Erlebnisinszenierung zu tun. Dennoch erwerben unsere Käufer eine Immobilie in einem Ferienresort, das an und für sich eine natürliche Erlebnisdestination ist, in der wir zusätzlich zahlreiche Erlebnisangebote geschaffen haben.

WAS WÜRDEN SIE IN ANDERMATT IN BEZUG AUF ERLEBNISINSZENIERUNG ÄNDERN, WENN SIE DAFÜR EIN AUSREICHEND HOHES INVESTITIONSVOLUMEN HÄTTEN?

Wir sind momentan parallel sowohl in der Bau-, als auch bereits in der Betriebsphase. Die erste Teilrealisierung des Projektes wird voraussichtlich in 7 bis 10 Jahren vollständig etabliert sein. Wir haben das gesamte Konzept bis ins kleinste Detail geplant. Im Moment sehen wir nichts, was uns fehlen könnte. Wir versuchen die örtliche Bevölkerung zu motivieren, eigene Produktideen zu kreieren, die bei den Gästen Anklang finden. Wir versuchen, die gesamte Umgebung mit einzubeziehen.

Man sollte immer eine gesunde Portion Respekt behalten: Wir wollen ja keinen Zirkuswelt erschaffen, sondern einen Ort, der sich in die Natürlichkeit der Umgebung und der Bewohner integriert. Wir wollen in Andermatt nicht in goldene Wasserhähne investieren – die Softfacts sind wichtiger. Wir möchten in die Herzlichkeit unserer Mitarbeiter investieren: Eine natürliche Gastfreundschaft kann man mit keinem Geld der Welt kaufen.

SZENE 6
DER ERFOLG

Die Praxisbeispiele aus Szene 5 zeigen deutlich, dass jedes Konzept eine individuelle Strategie in Bezug auf Erlebnisinszenierung wählt. Die Begrifflichkeiten des Inszenierungsrepertoires lassen sich in der Theorie per Definition nicht klar voneinander abgrenzen – ebenso kompliziert verhält sich die Umsetzung der Instrumente in der Praxis. Die Etablierung erfolgreicher Erlebnisinszenierung ist ein Prozess stetiger Weiterentwicklung.

»Keine halben Sachen« sollte das Motto für Hoteliers und Gastronomen sein. Ein erlebnisorientiertes Konzept wird derjenige langfristig erfolgreich positionieren, der in Synergien sowie kundenorientiert denkt und handelt, nicht betriebsblind wird und kontinuierlich objektiv die Wünsche und Bedürfnisse seiner Gäste analysiert, emotionalen Gästemehrwert generiert und damit nachhaltige Gefühle und Erlebnisse schafft, die dem Gast eine positive Einstellung zum Konzept vermitteln und ihn nachhaltig binden.

Der Großteil der erfolgreichen Gastgeber misst seinen Erfolg an qualitativen Zielen, in erster Linie an der Gästezufriedenheit bzw. -begeisterung, und an quantitativen Zielen, in letzter Instanz am Return on Investment. Also sollte die Frage beantwortet sein: Was erwirtschaftet der Gastgeber für die Erlebnisinszenierung konkret an Mehrumsatz bzw. -gewinn?

FAKTOREN ERFOLGREICHER ERLEBNISINSZENIERUNG

Jedes Erlebniskonzept sollte eine für das entsprechende Konzept relevante Strategie zur Umsetzung der Maßnahmen finden. Diese Strategie kann sich aus verschiedenen Kombinationen von Erfolgsfaktoren zusammensetzen. Klassische Erfolgsfaktoren der Erlebnisinszenierung, beispielsweise Illusion und Imagination, sind vor allem für Themenparks relevant. Authentizität spielt in der Erlebnishotellerie und -gastronomie eine wichtigere Rolle.

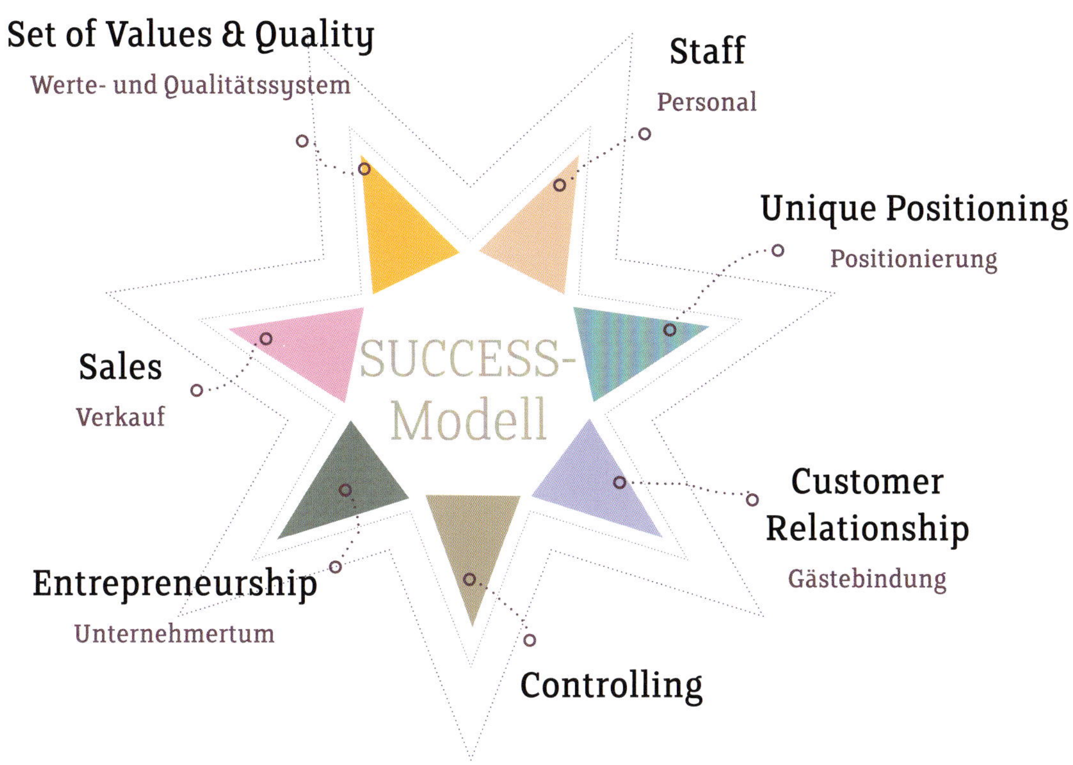

Abbildung 33: **SUCCESS-Modell**

Quelle: Eigene Darstellung in Anlehnung an GRUNER, FREYBERG und LANG 2012, S. 156 f.

SUCCESS-MODELL DER PRIVATHOTELLERIE

Das SUCCESS-Modell basiert auf wissenschaftlichen Erkenntnissen und zahlreichen Expertengesprächen, die Handlungsempfehlungen für eine langfristig erfolgreiche Positionierung am Markt der Privathotellerie, definierten. Diese Orientierungshilfen überschneiden sich teilweise mit den Erfolgsfaktoren für erfolgreiche Erlebnisinszenierung. Häufig sind Erlebniskonzepte Individual-Betriebe, die sich nicht auf die Markenkraft eines Konzerns oder einer Kette stützen können. Die Herausforderungen sind teilweise vergleichbar mit denen der Privathotellerie.

Die Faktoren Staff (bzw. Service), einzigartige Positionierung, Customer Relationship Management, Controlling, Entrepreneurship (bzw. Betreiber) und Qualität werden von Experten der Erlebnisindustrie stets als Erfolgstreiber erwähnt und analysiert.

DIE BASIS: DER STRATEGISCHE FIT

Ein Hospitality Projekt kann nur dann erfolgreich sein, wenn das Zusammenspiel des strategischen Fit passt. Der strategische Fit beschreibt dabei die Harmonie zwischen Standort, Betreiber und Konzept des Projektes. Die allseits bekannte Aussage Conrad Hiltons: »Location, location, location!« als wichtigster Erfolgsfaktor ist überholt. Vor allem bei Erlebniskonzepten spielt der Standort häufig eine untergeordnete Rolle – »Standorte kann man machen«.

Es ist vielmehr die Balance aus Betreiber, Konzeptidee und gewähltem Standort, die den Betrieb zum Erfolg führt: Eine Harmonie der inneren Ebene (Betreiber und Konzept) und der äußeren Umweltfaktoren des Standorts.

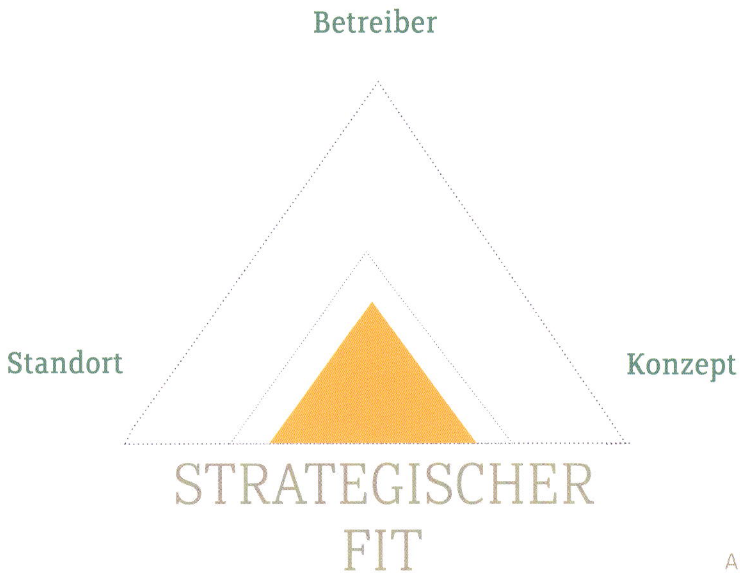

ABBILDUNG 34: **STRATEGISCHER FIT**

Quelle: Eigene Darstellung in Anlehnung an FREYBERG 2012, S. 29

DER STANDORT

Ein guter Standort ist derjenige, an dem hohe Kaufkraft herrscht: ein starkes Einzelhandelsangebot, großes Arbeitsplatzpotenzial und hohes Verkehrsaufkommen – Frequenzlagen in touristischen Destinationen, die Besuchern eine attraktive Freizeitgestaltung versprechen.

Aber nicht nur Dietmar Müller-Elmau erklärt im Expertengespräch, dass eine erstklassige Lage als Erfolgsfaktor nicht länger ausreicht. Ein hervorragendes Konzept kann durchaus an einem schwachen Standort Fuß fassen und negative Effekte kompensieren. Ein Standort kann sich entwickeln: Rust schien bei der Entscheidung der Platzierung des Europa-Parks anfangs nicht ideal. Mit den Jahren entwickelten sich Infrastruktur und Einzugsgebiet – die Lage am Drei-Länder-Eck generiert dem Europa-Park durchgängige Nachfrage, u. a. durch versetzte Ferienzeiten. Im Einzugsgebiet von 2 Stunden wohnen heute 20 Millionen Menschen.

DER GASTGEBER

Die Persönlichkeit des Gastgebers kann eine tragende Rolle bei der Umsetzung der Maßnahmen zur Erlebnisinszenierung darstellen. Er verkörpert förmlich die Inszenierung – ohne ihn bleiben die Besucher aus. Die Gäste möchten ihn sehen, sich mit ihm unterhalten und Teil seiner Welt werden. Häufig handelt es sich hierbei um anerkannte Persönlichkeiten, die sich mit den Jahren am Standort etabliert haben. Reto Mathis von Mathis Food Affairs ist von ganzem Herzen Gastgeber: Er bereitet die Trüffelspezialitäten bei seinen Gästen selbst am Tisch zu. Sie möchten ihn sehen und von ihm gesehen werden. Er ist ein maßgeblicher Erfolgsfaktor für seinen Betrieb, genau wie der verrückte Eismacher in München. Die Gäste, die seine Eiskreationen probieren, möchten auch den verrückten Eismacher in Person sehen, der die abstrusesten Eissorten herstellt.

Der Gast merkt, wenn Betreiber und Konzept nicht funktionieren – eher unwichtig sind

»Nur weil einer Klavier spielen gelernt hat, die Tasten beherrscht und Noten lesen kann, bedeutet das nicht gleichzeitig, dass er ein emotionsgeladenes Klavierkonzert geben kann, das Zuhörer nachhaltig begeistert.«

Dr. Beatrice von Zarges, Geschäftsführerin des Thurnher's Alpenhof in Zürs

oberflächliche Faktoren, z. B. was gerade in oder modern ist. Bedeutender ist die Frage, wer der Hotelier ist, was zu ihm passt, was er authentisch verkörpert, um seinen Gästen ein spannendes Erlebnis zu bieten. Der Betreiber muss up to date sein, den Markt kennen und trendbewusst handeln.

DAS KONZEPT

Die Erlebnisgesellschaft sehnt sich nach Konzepten, die wie authentische Bühnen wirken – Konzepte bei denen Phantasie und Realität verschmelzen. Das Konzept ist in höchstem Maße ausschlaggebend für den Erfolg des Betriebes, der mit Erlebnisinszenierung arbeitet – das Konzept kann Lage und Betreiber teilweise kompensieren.

Nur ein Konzept, das ganzheitlich versteht, welche Werte und Gefühle transportiert werden sollen, kann das Gesamtpaket und damit auch außergewöhnliche Erlebnisse konsequent und auf höchstem Niveau vermitteln.

Der deutsche Hotelentwickler und Berater Winfried D. E. Völcker konstatiert:

»Du musst ein vermittelbares, lokal akzeptiertes Konzept haben, Deine Kunden kennen, genau wissen WAS sie WIE und WANN zu WELCHEM Preis wünschen. Du musst Deinen Laden unbeirrt als unverwechselbare erste Adresse am Platz positionieren, um anders zu sein als die anderen. Du musst 365 Tage 360 Grad Rundum-Qualität bieten. Du brauchst Mitarbeiter, die begeistert mitziehen: an der Front, beim Gast, nicht am PC.«

ANALYSE UND KONTROLLE

Zwei wichtige Instrumente für die zielgerichtete und erfolgreiche Umsetzung eines Erlebniskonzeptes sind Analyse und Kontrolle. Die Verantwortlichen sollten genau wissen, wie es um das Gästeerlebnis bestellt ist. Eine quantitative Analyse reicht meist nicht aus – Besucherzahlen alleine sind keine aussagekräftige Komponente der Erfolgsmessung und -kontrolle.

EXTERNE ANALYSE UND KONTROLLE

Eine kontinuierliche Beobachtung des Marktes ist bei der Positionierung eines Erlebniskonzeptes unerlässlich. Bereits im Vorfeld sollten sich die Verantwortlichen mit der Umsetzbarkeit ihres Konzeptes auseinandersetzen und nicht nur prüfen, ob der Standort von Vorteil für das Konzept ist, sondern vor allem, ob die Nachfrage vor Ort ausreichend generiert werden kann und der Bedarf verlässlich ist. Eine Machbarkeitsstudie analysiert mögliche Risiken und zeigt potenzielle Erfolgsaussichten auf. Wer auf Dauer erfolgreich sein möchte, muss sich mit den regelmäßigen Absatzschwankungen, den Veränderungen von Angebotsstrukturen und der Entwicklung der Gästebedürfnisse auseinandersetzen und die Ergebnisse der Analysen in die Planung einbeziehen.

INTERNE ANALYSE UND KONTROLLE

Ein Servicemonitor, wie ihn die Live-Kommunikations-Agentur Faircontrol für die BMW Welt in München monatlich generiert, übermittelt den Führungskräften und Mitarbeitern auf regelmäßiger Basis ein allumfassendes Feedback ihrer erreichten Leistung. Das fördert die Motivation und erhöht das Qualitätsniveau des Unternehmens.

Der größte Erfolgsindikator bei der Betrachtung von Erlebniswelten ist das Besuchererlebnis. Ziel einer Erlebniswelt sollte es sein, die erlebten Gefühle der Besucher konservierbar zu machen und diese State-of-Minds reproduzierbar zu gestalten. Es ist von Vorteil, zu wissen, wer die Besucher sind, was sie genau erwarten und mit welchem Eindruck bzw. Gefühl sie nach Hause gehen. Die Ergebnisse von Besucheranalysen unterstützen die Ausmerzung von Fehlern und fördern die Entwicklung strategischer Ziele zur Sicherung oder Verbesserung der Positionierung – Hoteliers und Gastronomen sollten ihre Konzepte kontinuierlich an den Erwartungen und Wünschen der Gäste orientieren.

CUSTOMER EXPERIENCE MANAGEMENT

Im Mittelpunkt des Customer Experience Management steht das Besuchererlebnis. Die richtige und allumfassende Analyse des Kundenerlebnisses führt zu einer kundenzentrierten Strategie der Erlebniswelt. Eine reine Analyse der Kundenzufriedenheit mittels oberflächlicher Gästebefragung zielt lediglich auf den Vergleich von Leistung und Erfahrung ab, bezieht jedoch die Erlebnisdimensionen des Gastes während seines Besuches nicht ein.

Customer Relationship Management sammelt Zahlen, Daten und Fakten, die in erster Linie für das finanzielle Controlling relevant sind. Customer Experience Management baut eine nachhaltige Beziehung zum Gast auf und schafft dem Erlebniskonzept damit einen Wettbewerbsvorteil. CEM identifiziert individuelle Erfolgsfaktoren aus Sicht der Gäste und impliziert die passenden Maßnahmen zur strategischen Positionierung.

Abbildung 35: **Customer Relationship Management**

Quelle: Eigene Darstellung in Anlehnung an SCHMITT 2009, S. 699 f. und FAIRCONTROL 2012, S. 22 f.

CRM

- Wann kauft der Gast?
- Was kauft der Gast?
- Wo kauft der Gast?
- Wie kauft der Gast?
- Wie oft kauft der Gast?
- Wie bezahlt der Gast?
- Reklamiert der Gast?
- ...

Customer Relationship Management sammelt Zahlen, Daten und Fakten, die in erster Linie für das finanzielle Controlling relevant sind.

CEM

- In welchen Bereichen sollten die Bemühungen intensiviert werden?
- Welche Maßnahmen der Inszenierung sind essenziell für das Erlebnis?
- Welche Maßnahmen wirken sich auf die Zufriedenheit aus?
- Wie hoch ist das persönliche Involvement des Gastes?
- Wie ist der soziale Austausch vor Ort?
- ...

Customer Experience Management baut eine nachhaltige Beziehung zum Gast auf und identifiziert individuelle Erfolgsfaktoren aus Besuchersicht.

»Man sieht nur mit dem Herzen gut, das Wesentliche ist für die Augen unsichtbar.« Antoine de Saint-Exupéry

Das Stue eröffnete im historischen Bauwerk der ehemaligen dänischen Botschaft in Berlin. Es ist das erste 5-Sterne Boutique Hotel, das Qualität, Herkunft und zeitgenössisches Design gezielt verbindet und damit einen Ort schafft, der ein intimes Gefühl erzeugt. Die Gäste vergleichen das Hotel mit einem luxuriösen Salon von Freunden. Das Wort »Stue« kommt aus dem Dänischen und bedeutet »Wohnzimmer«.

QUALITÄT UND AUTHENTIZITÄT

Experten konstatieren einstimmig: Qualität und Authentizität des Konzeptes sind wichtige Erfolgsfaktoren für eine langfristige Profilierung im Wettbewerb. Erlebnisse müssen authentisch wirken, sonst läuft das Konzept Gefahr, gegenläufige Reaktionen zu wecken. Diese Authentizität muss sich durch den gesamten Betrieb ziehen und von der Leitung vorgelebt werden. Gäste suchen ein erlebnisreiches Umfeld, das eine Verbindung zwischen Thema und Standort herstellt. Viele Erlebniskonzepte, gerade in der Hotellerie, leben von Originalität und damit Authentizität des Standorts, der natürlichen Umgebung oder der Historie des Gebäudes. Dieser rote Faden darf durch aufgesetzte Inszenierungen keinen Bruch erzeugen.

Die Qualität spielt bei der Umsetzung eine wichtige Rolle – vor allem in der Hotellerie und Gastronomie gehen Authentizität und Qualität Hand in Hand. Gäste legen Wert auf regionale Zutaten bei den Speisen sowie auf die Verwendung regionaler Materialien im Gebäude. Für ein außergewöhnliches Qualitätserlebnis sind Gäste bereit, mehr Geld in ihren Aufenthalt zu investieren. Wenn die Qualität stimmt, wird das Freizeitbudget sekundär – da sind sich die Experten einig. Gäste sind bereit, bis zu 40 Prozent mehr Geld für ein spannendes Produkt zu bezahlen, wenn die Gastgeber ihre Sehnsüchte und Bedürfnisse antizipieren und erfüllen. Oberstes Ziel ist die Schaffung positiver Emotionen und Gefühle beim Gast. Emotionen schaffen die Basis für Gästebindung und -loyalisierung: Gerade in Bezug auf Hochpreisprodukte sind Gäste bereit zu investieren, wenn die richtigen Emotionen geweckt werden.

Es sollte ein ausgewogenes Verhältnis zwischen Qualität und Authentizität entstehen: Das Almdorf Seinerzeit liegt in natürlicher Umgebung, ist authentisch und damit urig inszeniert und bietet doch hochwertigen Komfort und Qualität, ohne die Authentizität zu beeinträchtigen. Nicht alle Gäste sind bereit, auf einen gewünschten Komfort zu verzichten, nur damit das Konzept authentischer wirkt (z. B. in einem Gefängnishotel). Im Almdorf Seinerzeit können die Gäste ihr Erlebnis aktiv mitgestalten und bestimmen so ihren persönlichen Erinnerungswert.

SIEHE SEITE 150 FF.

EMOTIONAL LABOUR – EMOTIONSARBEIT UND SERVICEBEREITSCHAFT

Erlebnisse werden – so die Expertenmeinungen in Szene 5 dieses Buches – durch Service erzeugt. Mitarbeiter spielen eine maßgebliche Rolle bei der Zufriedenheit der Gäste und folglich bei der Positionierung im Wettbewerb. Emotional Labour, die Emotionsarbeit der Angestellten, ist ein erfolgskritischer Faktor.

Beteiligt am »Moment of Truth« sind immer mindestens zwei: Gast und Mitarbeiter. Je nach persönlicher Empfindung des Gastes kann der MoT entweder erlebnisverstärkend oder -vernichtend auf den Gast wirken.

Je nach Konzept und Position in der Erlebniswelt wird von Mitarbeitern eine unterschiedliche Ausprägung von emotionaler Arbeit erwartet. So spielt es für den Gast eine essenzielle Rolle, dass der Animateur im Europa-Park seine Rolle auslebt und die Gäste mit authentischer Herzlichkeit empfängt. Im Gegensatz dazu nimmt die Persönlichkeit und das emotionale Involvement des Sous Chef in Reto Mathis »La Marmite« eine sekundäre Rolle ein: Er steckt all seine Emotionen in die Zubereitung der Speisen und schafft somit Erlebnisse, weniger durch seine persönliche Präsenz am Gast – das erledigt der Chef persönlich.

Der Service in der Erlebniswelt darf nicht aufgesetzt wirken: Bedeutungslose »Have-A-Nice-Day«-Floskeln wirken erlebnisvernichtend, wenn sie nicht von Herzen kommen. In allen

Bereichen wird Authentizität großgeschrieben, um die Gästezufriedenheit zu steigern. Auch die DEHOGA teilt diese Meinung: »Im Zeitalter der Globalisierung und der ständig wechselnden Trends haben Tradition, Heimat, Bodenständigkeit und ehrliche Gastfreundschaft wieder Konjunktur.«

ATTRAKTION, IMAGINATION UND ILLUSION

Die Basis-Faktoren für den grundlegenden Erfolg von Erlebnisparks sind Attraktion, Imagination und Illusion. Vor allem klassische Themenparks (z. B. Warner Brother Movie Park in Bottrop Kirchhellen) und Erlebniswelten (z. B. Swarovski Welten in Wattens, Österreich) arbeiten mit den drei genannten Instrumenten. Sie entführen ihre Gäste aus der Realität in eine Phantasiewelt.

ATTRAKTION

Spektakuläre Attraktionen versetzen Gäste ins Staunen. Attraktionen in Freizeitparks simulieren multisensorische Erlebnisse par excellence: Sie machen das Erlebnis unvergleichlich. Beim Gast stellt sich ein Gefühl von Exklusivität und Einmaligkeit ein. Besucher sehnen sich nach dem Überraschungsmoment – dem Kick – den die Attraktion vor allem im Fahrgeschäftebereich vermittelt. Das Erleben von kontrollierter Gefahr und dem Unvorhergesehenen verleiht einen nicht-alltäglichen Kick, der nachhaltig im Gedächtnis abrufbar bleibt. Erlebnishotellerie und -gastronomie arbeiten weniger mit Attraktionen im engeren Sinne.

IMAGINATION

Die glaubhafte Imagination einer Scheinwelt übertrifft häufig die Wirklichkeit und findet bei Besuchern großen Anklang. Besucher fühlen sich in eine Traumwelt versetzt, die bewusst nicht an den Alltag erinnert und mit viel Szenerie und Dramaturgie aufbereitet ist. Disneyland arbeitet mit der Glaubwürdigkeit innerhalb der Geschichten, die in unterschiedlichen Themenbereichen inszeniert werden. Die Themen ziehen sich durch die Architektur bis in die kleinsten Details des Designs, wie z. B. die Straßenschilder der Erlebnisstadt.

Die **Royal Caribbean Cruises Ltd.**, ein amerikanisches Kreuzfahrtunternehmen, schuf eine einmalige Erlebniswelt auf einer unbewohnten Südseeinsel der Bahamas: künstlich geschaffen und authentisch zugleich. Auf der Insel treffen Touristen auf alle Klischees, die sich mit der Südsee assoziieren lassen: weiße Strände, Palmen, glasklares Wasser, Holzhütten und Buchten. Für Taucher hat der Reiseveranstalter sogar ein ausrangiertes Flugzeug versenkt, um die Imagination perfekt zu machen: gestrandet auf einer einsamen Insel. Die Royal Caribbean integrierte sogar »echte« Einheimische in das Konzept. Die Benutzung der Insel ist exklusiv für die Kreuzfahrtgäste der Linie.

Experten sprechen hierbei von einer sogenannten **staged authenticity**, die einige Vorteile gegenüber dem Original bietet: Die kopierte Inszenierung ist reproduzierbar, plan- und kalkulierbar und vor allem sicher. Eine Reproduktion, die das Original nicht abnutzt, sondern im Gegenteil sogar schützt: Die Besucherströme wandern von der natürlichen Attraktion ab und bevorzugen die künstliche Kopie. Wichtig ist das Original-Gefühl, das die künstliche Inszenierung erzeugen sollte, um erfolgreich zu sein.

ILLUSION

Hand in Hand mit der Imagination geht die Illusion, ein wichtiger Erfolgsfaktor für die klassische Erlebnisinszenierung von Themenparks und Erlebniswelten. Die gesellschaftliche Sehnsucht nach Eskapismus geht der Illusion voraus: Menschen sehnen sich danach, für einen bestimmten Zeitraum in eine Traumwelt zu fliehen, die fernab der Realität liegt. Der Kulissenzauber sollte so realistisch wie möglich inszeniert sein, darf die Wirklichkeit sogar stilistisch überzeichnen: Eine inszenierte Traumwelt kann faszinierender wirken als das Original.

Die Swarovski-Kristallwelten in Wattens ziehen ihre Besucher in einen regelrechten Bann – die sinnlichen Kristallkreationen sind thematisch perfekt in Szene gesetzt und harmonieren mit dem Ambiente. Der Multimedia-Künstler André Heller schuf den Entwurf der Kristallwelten: Das Zusammenspiel farbiger Lichtspiele, Erlebnisarchitektur und musikalischer Klänge schafft Raum für Illusionen der Extraklasse.

EXZELLENTE UMSETZUNG UND PERFEKTION

Bei der Inszenierung emotionaler Erlebnisse gilt das Null-Fehler-Prinzip. Nichts ist fataler als ein Bruch der Authentizität. Die Perfektion sollte sich bis in das kleinste Detail der Inszenierung ziehen und genauso durchgängig sein wie die Thematisierung des Konzeptes. Die Erwartungshaltung der Gäste ist durch erhöhte Reisefrequenzen und das partizipationsbasierte Web 2.0 gestiegen: Gerade der Konsum von Erlebniskonzepten steigert die Erwartung an Inszenierung und Qualität.

»Entführt mich in ein anderes Leben, aber holt mich zum Abendessen zurück!«[32]

Der letzte Eindruck ist nicht zu vernachlässigen. Ein Beispiel: Eine Familie verbringt den ganzen Tag in einem Freizeitpark. Sie haben tolle Attraktionen und Inszenierungen erlebt, die Zeit ist wie im Flug vergangen. Der Park schließt, und auf dem Weg zum Ausgang bemerken sie unmotivierte Mitarbeiter – längst ohne Kostümierung – die schon mit dem Schlüssel klimpern. Ein unangenehmes Gefühl gepaart mit Enttäuschung kann sich einstellen, das nachhaltig im Gedächtnis verankert bleibt: Es dauert wenige Sekunden, ein positives Erlebnis zu zerstören.

Das Fort Fun Abenteuerland in Bestwig im Sauerland arbeitet seit 1999 mit einer Regenversicherung, die man für 1,– € am Eingang erwerben kann. Sollte es dann mehr als 4 mm pro Quadratmeter regnen, bekommt der Besitzer einer Regenversicherung am Ausgang einen »Regen Scheck«: Ein Gutschein für einen Gratis-Eintritt bei einem Wiederholungsbesuch. So kann der Park in letzter Sekunde positive Gefühle bei den Besuchern erzeugen - der Überraschungseffekt wirkt verstärkt.

DAS STAGE-MODELL

Erfolgreiche Erlebnisinszenierung entsteht aus dem Zusammenspiel mehrerer Erfolgsfaktoren. Jedes Erlebniskonzept muss einen für sich relevanten Mix aus Erfolgsfaktoren finden, die konzeptabhängig am besten passen.

Zusammenfassend lassen sich im STAGE-Modell die wichtigsten Erfolgsfaktoren in Bezug auf Erlebnisinszenierung darstellen, die jeder erlebnisorientierte Hotelier und Gastronom berücksichtigen sollte, um seine Positionierung auf dem Markt langfristig zu sichern und sich gegenüber der Konkurrenz durchzusetzen.

Abbildung 36: **STAGE-Modell**

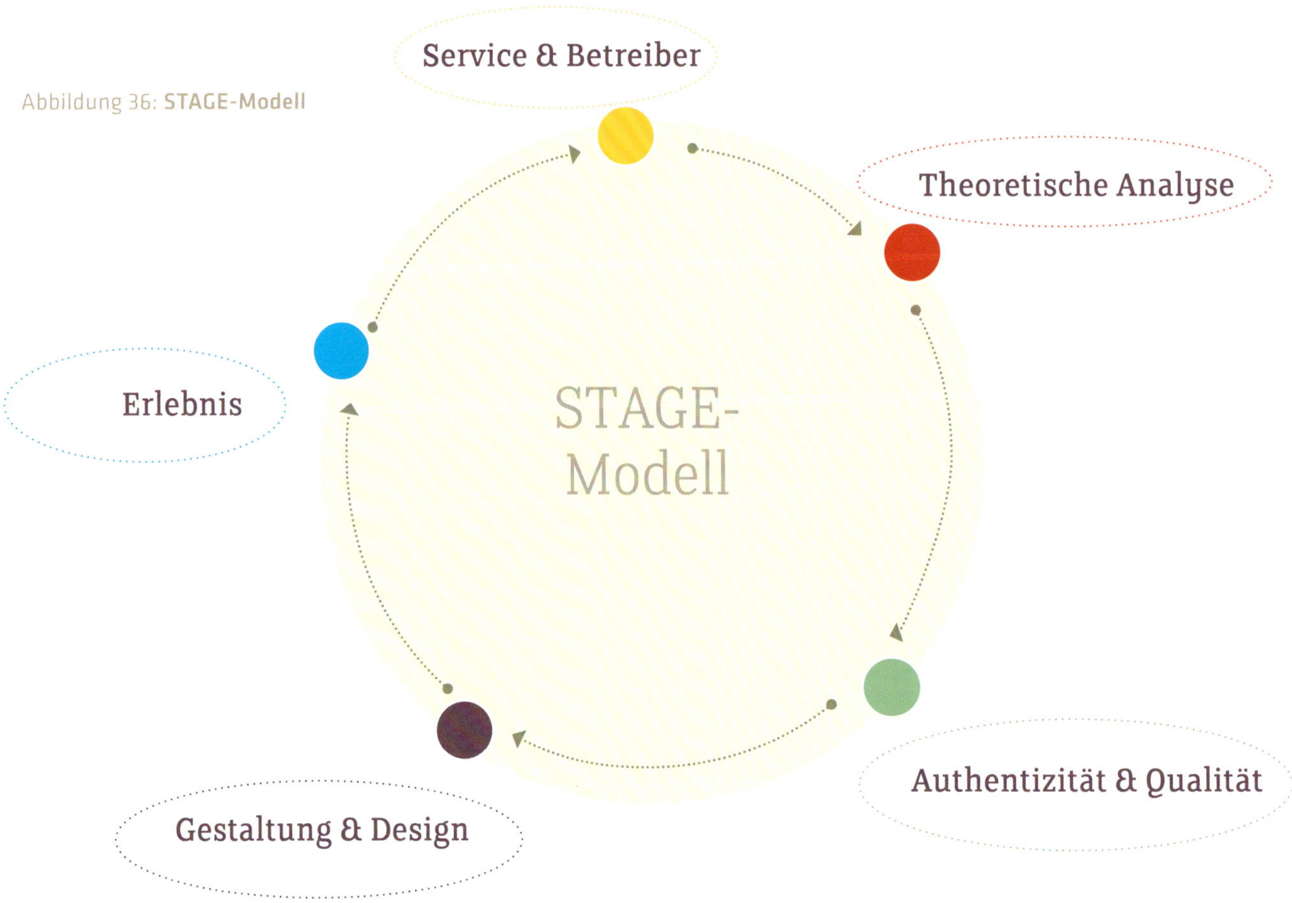

STAGE-Modell

Service & Betreiber
Sei als Gastgeber präsent & motiviere Deine Mitarbeiter!
Schlüsselbegriffe: Gastgeberpersönlichkeit, Gästeorientierung, Mitarbeiterführung & -motivation, authentische Herzlichkeit, Schulungen, Leitbilder und -motive, Animation & Moderation

Theoretische Analyse
Informiere Dich genau über den Markt & Deine Gäste!
Schlüsselbegriffe: Erfolgsmessung, -steuerung & -kontrolle, CRM & CEM, Controlling, zielgerichtetes Fragendesign, Beobachtungen, Objektivität, Trendliteratur, Meilensteine, Konkurrenzanalysen

Erlebnis
Setze Dein Konzept perfekt um & mache jeden Moment zu einem Erlebnis!
Schlüsselbegriffe: Thematisierung & Story Telling, Exzellente Planung & Umsetzung, Erlebnisinhalte, Erlebnissetting, Dramaturgie, Inszenierungsinstrumente, Kreativität

Authentizität & Qualität
Leite Dein Konzept authentisch & halte die Qualität auf höchstem Niveau!
Schlüsselbegriffe: Ehrlichkeit, Offenheit, Regionalität, Transparenz, Persönlichkeit, Qualitätssysteme, Harmonie, Emotionalisierung der Angebote, Vertrauen, Selbstverständlichkeit, Empathie

Gestaltung & Design
Gestalte Dein Konzept erlebnisorientiert & Deiner Zielgruppe entsprechend!
Schlüsselbegriffe: Erlebnisarchitektur & -setting, multisensorische Ansprache, Regionale Materialien, Funktionalität

Betriebsblindheit gefährdet Erlebnisinszenierung – Weihnachtsstern und Kabelsalat als Krankheitssymptome

Kaum ein Hotelier oder Gastronom ist vor ihr sicher: Betriebsblindheit ist die größte »Krankheit«, die den Drang nach Veränderung und Erlebnissen befallen kann. Man hat sich faktisch an das vermeintlich Schöne gewöhnt oder erinnert sich daran, wie viel Arbeit die Gestaltung des Restaurants vor 20 Jahren gemacht hat, und möchte sich dies nicht noch einmal antun, zumal es auch mit hohen Kosten verbunden war. Ein in die Jahre gekommener Stammgast erfreut sich mitunter am Glanz vergangener Zeiten und einem Dekorationssammelsurium, aber was ist mit dem neuen Gast? Findet dieser den Salon genauso schön und zeitgemäß?

Vielfach sind es die kleinen Dinge, an die man sich als Gastgeber gewöhnt hat. Zwei kleine Beispiele der Betriebsblindheit mögen das belegen:

Zum einen die Pflanze Poinsettia (bekannt auch als Weihnachtsstern): Sie schmückt mit ihren roten oder weißen Hochblättern zur Adventszeit so manche Restaurantstube oder Hotellobby. Im Januar entledigt sie sich ihrer Blätter und wird als Stielgebilde unansehnlich. Trotzdem werden vom geneigten Beobachter in mancher Ecke halbwelke Exemplare auch zu anderen Jahreszeiten gesichtet, deren Entsorgung man im Frühjahr verpasst zu haben scheint. Oftmals aber auch bewusst belassen hat, in der Hoffnung, dass sie am kommenden Weihnachtsfest wieder in voller Blüte stehen. Was sie nicht tun! Meist ist es im Übrigen nicht der eine Weihnachtsstern, sondern eine Fülle an Pflanzen in ästhetisch fragwürdigen Töpfen, die so manches Fensterbrett bevölkern. Ein die Atmosphäre unterstützendes Blumen- und Pflanzenkonzept sieht anders aus.

Zum anderen die Kabelsalate: Sie finden in so manchem Haus ihre Bewunderer. In Zimmern und öffentlichen Bereichen stolpert der Gast über nicht verdeckte W-Lan-, TV-, oder Beamerkabel, Steckdosenleisten und andere Technik. Für das Auge sind sie meist keine Freude.

CHECKLISTE ZU SZENE 6: HINTERFRAGEN SIE SICH!

Fragen als Umsetzungsunterstützung zur Szene 6: Erfolg

Zentrale Fragen für eine erfolgreiche Umsetzung	Für meinen Betrieb nicht relevant, Gedanke wird nicht weiter verfolgt.	Relevant, der Frage wurde bereits im eigenen Betrieb nachgegangen.	Relevant, der Frage wird im eigenen Betrieb nachgegangen.
Berücksichtigen Sie bei der Überprüfung Ihrer Unternehmensstrategie das SUCCESS-Modell der Privathotellerie?			
Wie gewährleisten Sie, dass sich Ihre Mitarbeiter im »Augenblick der Wahrheit« (MoT) richtig verhalten?			
Überprüfen Sie regelmäßig den monetären Return on Investment von Maßnahmen, die der Erlebnisinszenierung dienen?			
Haben Sie Ihr Unternehmenskonzept unter Berücksichtigung des STAGE-Modells analysiert?			
Können Sie aus den Sachverhalten der aufgeführten Praxisbeispiele etwas gewinnen?			

Fazit

»Der Tourismus, der größte Arbeitgeber der Welt, kann im 21. Jahrhundert fast alles ertragen – Kriege, Krisen, Katastrophen – nur eines nicht: Langeweile.«[33]

Beliebte Reiseziele und Destinationen werden immer austauschbarer, je ähnlicher sie sich werden. Die Antwort der Gäste und Besucher schlägt sich in den Buchungszahlen nieder, es findet eine Verschiebung statt: Individualität, Exklusivität und Authentizität treten bei der Kaufentscheidung in den Vordergrund.

Erlebnisorientierte Konzepte haben den Zenit ihres Lebenszyklus noch nicht erreicht – inszenierte Traumwelten erleben bei den Nachfragern Konjunktur. Die Expertengespräche in Szene 5 des Buchs zeigen deutlich, dass eine thematische Ausrichtung auf die Kreation von Erlebnissen einen wertschaffenden Nutzen hat: Erlebnisorientierung fördert nicht nur ein verbessertes Arbeitgeberimage (z. B. Area 47), sondern zeigt auch neue Möglichkeiten der nachhaltigen Gästeloyalisierung über emotionale Bindung auf (z. B. BMW). Innovative Erlebniskonzepte, die ein Auge auf die gesellschaftlichen Entwicklungen und Trends haben, genau wissen, wer ihre Zielgruppe ist, und sie gezielt ansprechen, ihr Konzept authentisch umsetzen und dabei nie die Qualität vernachlässigen, können langfristig ihre Existenz auf dem dynamischen Markt sichern.

Ökonomisch gesehen ist die Kombination von Dienstleistung und Erlebnissen derzeit die Erfolgsformel Nr. 1. Erlebniskonzepte erreichen Auslastungen, Besucherzahlen und Wiederholungsbuchungen, von denen konventionelle Konzepte nur träumen können.

Ein spannendes Segment wird zukünftig die erlebnisinszenierte Umsetzung der touristischen Infrastruktur sein. Nach den Kreuzfahrtunternehmen, die gezielt ihre Reisen mit den Instrumenten der Erlebnisinszenierung aufbereiten und thematisch untermalen, orientieren sich nach und nach auch Fluglinien, Stadtrundfahrten, Bahnen und Busreiseveranstalter an der neuen Möglichkeit der Positionierung und der damit verbundenen Gästegewinnung. Das sogenannte Transportainment verbindet Komfort mit erlebnissteigernden Mitteln, die sich auf die Zeitintervalle vor, während und nach der Reise fokussieren.

»Papa-hast-du-mir-was-mit-gebracht«-Korb schafft eine Win-Win-Win Situation

Die Idee des »Papa-hast-du-mir-was-mitgebracht«-Korbs, der an der Rezeption des Mindness Hotel steht (siehe Interview mit Herrn Reutemann), wurde mittlerweile in abgewandelter Form auch in anderen, vornehmlich Business-Hotels erfolgreich umgesetzt. Und das hat seinen guten Grund! Es wird eine Win-Win-Win Situation geschaffen. Warum? Zum einen wird der Geschäftsreisende daran erinnert, seinem Nachwuchs etwas mitzubringen, und ist dann zu Hause bei der Familie der »Star« bzw. der treusorgende Familienvater. Zum anderen spart er sich die Zeit, ein Mitbringsel in der Stadt zu suchen oder es teuer last minute in einem Bahnhofsladen zu erwerben. Last but not least ist auch der Hotelier glücklich, da er eine Umsatzquelle geschaffen hat, die den Gast begeistert bzw. zu einer Problemlösung beiträgt.

Am Ende müssen Konzeptentwickler die Erlebnisorientierung der Gesellschaft berücksichtigen – hier kann ein langfristiger, nachhaltiger und durchgängiger Trend konstatiert werden. Die Gespräche mit den Experten der Branche haben gezeigt, dass mit Hilfe ganz konkreter Handlungsempfehlungen auch mit wenig Geld große Erlebnisse für Gäste geschaffen werden können – wichtigste Basis sind hierbei Kreativität und Authentizität – zwei Erfolgsfaktoren, die mit Geld nicht zu erwerben sind.

»Der Worte sind genug gewechselt, Lasst mich auch endlich Taten sehn!«

Johann Wolfgang von Goethe

ABKÜRZUNGSVERZEICHNIS

&	=	und
A & F	=	Abercrombie & Fitch
a. M.	=	am Main
Abb.	=	Abbildung
Abk.	=	Abkürzung
AG	=	Aktiengesellschaft
bzw.	=	beziehungsweise
CEM	=	Customer Experience Management
CRM	=	Customer Relationship Management
DINKS	=	Double Income No Kids
EBIT	=	Earnings Before Interests and Taxes
engl.	=	englisch
etc.	=	et cetera
f.	=	folgende
ff.	=	fortfolgende
FK	=	Fakultät
franz.	=	französisch
GmbH	=	Gesellschaft mit beschränkter Haftung
griech.	=	griechisch
Hrsg.	=	Herausgeber
HS	=	Hochschule
MoT	=	Moment of Truth
o. J.	=	ohne Jahr
o. V.	=	ohne Verfasser
S.	=	Seite
u. a.	=	unter anderem
UMC	=	Use Mixed Center
USP	=	Unique Selling Proposition
vgl.	=	Vergleiche
z. B.	=	zum Beispiel

FUSSNOTEN

1: OPASCHOWSKI 2000, S. 47
2: MIKUNDA 2005, S. 122
3: www.apple.com
4: GRÖTSCH 2006, S. 5
5: VÖLCKER 2013, S. 21
6: wissen.woxikon.de/dramaturgie
7: STEINECKE 2000, S. 19
8: Renault Captur Werbung 2013
9: OPASCHOWSKI 2000, S. 49
10: Eine detailliertere Erklärung zu Definition, Entwicklung und Merkmalen künstlicher Erlebniswelten wird in Szene 4 dieser Arbeit dargestellt.
11: VÖLCKER 2013b, S. 21
12: NIERHAUS 2012, S. 36 ff.
13: www.wipfelglück.de
14: www.mikaelgenberg.com
15: www.iglu-village.at
16: VÖLCKER 2013b, S. 15
17: MIKUNDA 2004, S. 32
18: MORASCH 2000, S. 225
19: KAHLS 2009, S. 25 f.
20: SCHULZE 1997, S. 450
21: SCHULZE 1997, S. 37
22: SCHULZE 2000, S. 14
23: BANKSY 2010, gleichnamiger Filmtitel (USA): Exit through the gift shop
24: Michael Wünsch, Hoteldirektor The Goldman und 25hours Hotel by Levi's, 2012 bei einem Gastvortrag an der HS München, FK 14 zum Thema Erlebnisinszenierung von Hospitality Leistungen
25: OPASCHOWSKI 2008, S. 153 ff.
26: GRÖPPEL-KLEIN 2012, S. 39
27: DETECON 2012, S. 6
28: HORX 2011, S. 94
29: BMW Story of Joy Commercial
30: PATTERSON, HODGSON und SHI 2007, S. 2
31: SCHNEIDER 2006, S. 99
32: POPCORN 1992, S. 47
33: OPASCHOWSKI 2010, S. 5

LITERATURVERZEICHNIS

BÜCHER

BACHMAIR, BEN (2009): Medienwissen für Pädagogen. Medienbildung in riskanten Erlebniswelten. Wiesbaden: VS Verlag für Sozialwissenschaften.

BAUMBACH, INA (2007): Was erwartet der Gast von morgen? Trends in Tourismus und Freizeitgestaltung und wie man sie rechtzeitig erkennt. Heidelberg: Redline Wirtschaft, Redline GmbH.

BERNAUER, DOMENIK; HESSE, GERO; LAIK, STEFFEN und SCHMITZ, BERND (2011): Social Media im Personalmarketing – Erfolgreich in Netzwerken kommunizieren. Köln: Luchterhand.

BIEGER, THOMAS und LAESSER, CHRISTIAN (2003): Attraktionspunkte. Multioptionale Erlebniswelten für wettbewerbsfähige Standorte. Bern: Paul Haupt Verlag.

BRITTNER, ANJA (2002): Zur Natürlichkeit künstlicher Ferienwelten. Eine Untersuchung zur Bedeutung, Wahrnehmung und Bewertung von ausgewählten Ferienparks in Deutschland. Trier: Geographische Gesellschaft.

BRUNNER-SPERDIN, ALEXANDRA (2008): Erlebnisprodukte in Hotellerie und Tourismus. Erfolgreiche Inszenierung und Qualitätsmessung. Berlin: Erich Schmidt Verlag GmbH & Co.

ENGELS, FABIAN (2010): Die Spezialisierung auf Themen als wertschaffende Strategie der Lindner Hotels AG. Krems: Donau-Universität Krems.

FREYBERG, BURKHARD VON; GRUNER, AXEL und LANG, MARINA (2012): ErfolgReich in der Privathotellerie. Impulse für Profilierung und Profit. Stuttgart: Matthaes Verlag GmbH.

FREYER, WALTER (2006): Tourismus. Einführung in die Fremdenverkehrsökonomie. 8. Auflage. München: Oldenbourg Wissenschaftsverlag GmbH.

GATTERER, HARRY und RÜTZLER, HANNI (2012): Hotel der Zukunft. Die wichtigsten Trendfelder für die Hotellerie. Stuttgart: Matthaes Verlag.

GORONZY, FREDERIC (2006): Spiel und Geschichten in Erlebniswelten. Ein theoriegeleiteter Ansatz und eine empirische Untersuchung zur Angebotsgestaltung von Freizeitparks. Tourismus Beiträge zu Wissenschaft und Praxis. Band 6. Berlin: LIT Verlag.

HORX, MATTHIAS (2002): Die acht Sphären der Zukunft. Ein Wegweiser in die Kultur des 21. Jahrhunderts. Wien: Signum.

HORX, MATTHIAS (2009): Top-Trends 2009/2010. Soziokulturelle Schlüsseltrends für die Märkte von morgen. Bonn: VNR Verlag für die Deutsche Wirtschaft.

HORX, MATTHIAS (2011): Das Megatrend-Prinzip. Wie die Welt von morgen entsteht. München: Deutsche Verlags-Anstalt.

IFMO Institut für Mobilitätsforschung (2004): Erlebniswelten und Tourismus. Berlin: Springer Verlag.

KAHLS, STEFANIE (2009): Stadtstrände. Südseefeeling in deutschen Großstädten. Hamburg: Diplomica Verlag GmbH.

KAGELMANN, HANS JÜRGEN; BACHLEITNER, REINHARD und RIEDER, MAX (2004): Erlebniswelten. Zum Erlebnisboom in der Postmoderne. München: Profil Verlag GmbH.

LOHBERG, ROLF (1998): Freizeitparks in Deutschland. Was sie bieten. Was sie kosten. Was es in ihrer Umgebung zu sehen gibt. Stuttgart: Deutscher Sparkassen Verlag GmbH.

MIKUNDA, CHRISTIAN (2005): Der verbotene Ort. Frankfurt a. M.: Redline Wirtschaft, Redline GmbH.

MÜLLER, WOLFGANG (2001): Erlebnismarkt und Menschenbild. Rahmenbedingungen von Erlebnismärkten und Konsequenzen für die Führungskultur in Unternehmen. Norderstedt: Libri Books.

OPASCHOWSKI, HORST W. (2008): Deutschland 2030. Wie wir in Zukunft leben. Gütersloh: Gütersloher Verlagshaus.

OPASCHOWSKI, HORST W. (2009): Wohlstand neu denken. Wie die nächste Generation leben wird. Gütersloh: Gütersloher Verlags-Haus.

PARMENT, ANDERS (2009): Die Generation Y – Mitarbeiter der Zukunft. Wiesbaden: Gabler GWV Fachverlage GmbH.

PECHLANER, HARALD; BIEGER, THOMAS und WEIERMAIER, KLAUS (2006): Attraktionsmanagement. Führung und Steuerung von Attraktionspunkten. Wien: Linde Verlag.

POPCORN, FAITH (1992): Der Popcorn Report: Trends für die Zukunft. München: Heyne Verlag.

RITZER, GEORG (1997): Die McDonaldisierung der Gesellschaft. Frankfurt a. M.: Fischer Verlags GmbH.

REUBER, PAUL und SCHNELL, PETER (2006): Postmoderne Freizeitstile und Freizeiträume. Neue Angebote im Tourismus. Berlin: Erich Schmidt Verlag GmbH & Co.

ROMEIß-STRACKE, FELIZITAS (2003): Abschied von der Spaßgesellschaft. Freizeit und Tourismus im 21. Jahrhundert. Mit bissigen Randbemerkungen von Karl Born. Amberg: Büro Wilhelm Verlag.

ROSSMANN, DOMENIK (2013): Freizeitparks und strategisches Marketing. 2. Auflage. München: Ulysses Management.

SAINT EXUPÉRY, ANTOINE DE (1946): Der kleine Prinz. Düsseldorf: Karl Rauch Verlag.

SCHISCHKOFF, GEORGI (1991): Philosophisches Wörterbuch. 22. Auflage. Stuttgart; Kröner.

SCHULZE, GERHARD (1997): Die Erlebnisgesellschaft: Kultursoziologie der Gegenwart. Frankfurt a. M.: Campus Verlag.

SCHULZE, GERHARD (2000): Kulissen des Glücks. Streifzüge durch die Eventkultur. 2. Auflage. Frankfurt a. M.: Campus Verlag.

STEINECKE, ALBRECHT (2000): Erlebnis- und Konsumwelten. München: Oldenbourg Wissenschaftsverlag GmbH.

STEINECKE, ALBRECHT (2009): Themenwelten im Tourismus. Marktstrukturen, Marketing Management, Trends. München: Oldenbourg Wissenschaftsverlag GmbH.

STOLPMANN, MARKUS (2009): Wie setzen wir uns wirkungsvoll in Szene? Durch die richtige Inszenierung zu Aufmerksamkeit und Profilierung in Hotellerie, Gastronomie und Tourismus. München: Redline Wirtschaft Verlag.

THEINER, BARBARA und STEINHAUSER, CAROLIN (2006): Neue Erlebnisse im Tourismus. Eine Analyse des Innovationsverhaltens von Anbietern und Nachfragern bei der touristischen Produktentwicklung. Illustriert am Beispiel »Alpine Wellness«. Marburg: Tectum Verlag.

TUCHOLKA, ANNE und WEESE, STEFFANIE (2006): Future Development of Theme Parks with the help of a comparison between Sea World, Orlando and Ocean Park, Hong Kong. Norderstedt: Grin Verlag.

WACHTER, MARKUS (2001): Künstliche Freizeitwelten. Touristisches Phänomen und kulturelle Herausforderung. Europäische Hochschulschriften Reihe 4. Geographie. Band 20. Frankfurt a. M.: Peter Lang GmbH.

WALDER, BIBIANA (2007): Tourismus-Management von Innovationen. Marburg: Tectum Verlag.

WEIERMAIR, KLAUS und BRUNNER-SPERDIN, ALEXANDRA (2006): Erlebnisinszenierung im Tourismus. Erfolgreich mit emotionalen Produkten und Dienstleistungen. Berlin: Erich Schmidt Verlag GmbH & Co.

WEINBERG, PETER (1992): Erlebnismarketing. München: Vahlen Verlag.

WÖHLER, KARLHEINZ (2005): Erlebniswelten. Herstellung und Nutzung touristischer Welten. Tourismus. Beiträge zu Wissenschaft und Praxis. Band 5. Münster: LIT Verlag.

BEITRÄGE IN SAMMELBÄNDEN

BRITTNER, ANJA (2000): Die »Hundertwasser-Therme Rogner-Bad Blumau« in der Steiermark (Österreich). In: STEINECKE, ALBRECHT (Hrsg.). Erlebnis- und Konsumwelten. München: Oldenbourg Wissenschaftsverlag GmbH, S. 172–185.

BRUNNER-SPERDIN, ALEXANDRA (2006): Das Phänomen des »Flow«-Erlebens, Emotionen und Kundenzufriedenheit. In: WEIERMAIR, KLAUS und BRUNNER-SPERDIN, ALEXANDRA (Hrsg.). Erlebnisinszenierung im Tourismus. Erfolgreich mit emotionalen Produkten und Dienstleistungen. Berlin: Erich Schmidt Verlag GmbH & Co, S. 23–34.

DIEHL, SANDRA und TERLUTTER, RALF (2009): Aufbau von Erlebniswelten durch Kommunikation. In: BRUHN, MANFRED; ESCH, FRANZ-RUDOLF und LANGER, TOBIAS (Hrsg.). Handbuch Kommunikation. Wiesbaden: Gabler Verlag, S. 591–612.

DOGTEROM, ROBERT JAN (2000): Die thematische Inszenierung eines touristischen Großprojektes: Der Ferienpark »Heide-Metropole« Soltau. In: STEINECKE, ALBRECHT (Hrsg.). Erlebnis- und Konsumwelten. München: Oldenbourg Wissenschaftsverlag GmbH, S. 145–156.

DONKOR, CHARLES (2009): Generation Y – Die neue Herausforderung für Führungskräfte. In: VOIGT, CONNIE (Hrsg.): Interkulturell führen. Diversity 2.0 als Wettbewerbsvorteil. Offenbach: Gabal.

FRANCK, JOCHEN (2000): Erlebnis- und Konsumwelten: Entertainment Center und kombinierte Freizeit-Einkaufs-Center. In: STEINECKE, ALBRECHT (Hrsg.). Erlebnis- und Konsumwelten. München: Oldenbourg Wissenschaftsverlag GmbH, S. 28–43.

FREYBERG, BURKHARD VON (2010): Zur Bedeutung der Projektentwicklung in der Hotellerie. In: FREYBERG, BURKHARD VON (Hrsg.): Hospitality Development. Hotelprojekte erfolgreich planen und umsetzten. Berlin: Erich Schmidt Verlag, S. 27–33.

GRÖPPEL-KLEIN, ANDREA (2012): 30 Jahre »Erlebnismarketing« und »Erlebnisgesellschaft« – Die Entwicklung des Phänomens »Erlebnisorientierung« und State-of-the-Art der Forschung. In: BRUHN, MANFRED und HADWICH, KARSTEN (Hrsg.). Customer Experience. Forum Dienstleistungsmanagement. Wiesbaden: Gabler Verlag, S. 37–60.

GRÖTSCH, KURT (2006): Aha – Ein Erlebnis! Über Erlebnisinszenierung und Emotionsmanagement. In: WEIERMAIR, KLAUS und BRUNNER-SPERDIN, ALEXANDRA (Hrsg.). Erlebnisinszenierung im Tourismus. Erfolgreich mit emotionalen Produkten und Dienstleistungen. Berlin: Erich Schmidt Verlag GmbH & Co, S. 49–79.

HÄNTSCHEL, JÖRG (2001): Das Paradies in der Wüste: Las Vegas. In: BITTNER, REGINA (Hrsg.). Urbane Paradiese. Zur Kulturgeschichte modernen Vergnügens. Frankfurt a. M.: Campus Verlag, S. 297–302.

HENNINGS, GERD (2000): Erlebnis- und Konsumwelten: Steuerungsfaktoren – Akteure – Planung. In: STEINECKE, ALBRECHT. Erlebnis- und Konsumwelten. München: Oldenbourg Wissenschaftsverlag GmbH, S. 55–65.

HITZLER, RONALD (2000): »Ein bisschen Spaß muss ein!«. Zur Konstruktion kultureller Erlebniswelten. In: GEBHARD, WINFRIED; HITZLER, RONALD und PFADENHAUER, MICHAELA (Hrsg.). Events: Soziologie des Außergewöhnlichen. Opladen: Leske+Budrich, S. 401–412.

HOLZHAUSER, NICOLE (2011): »Wir verkaufen ein Erlebnis«. Eventisierung als Gestaltungselement des Strukturwandels am Beispiel eines Automobilunternehmens. In: BETZ, GREGOR; HITZLER, RONALD und PFADENHAUER, MICHAELA (Hrsg.). Urbane Events. Wiesbaden: VS Verlag für Sozialwissenschaften, S. 105–122.

KAGELMANN, HANS JÜRGEN (2004): Themenparks. In: KAGELMANN, HANS JÜRGEN und BACHLEITNER, REINHARD (Hrsg.). Erlebniswelten. Zum Erleisboom in der Postmoderne. München: Profil Verlag, S. 66–75.

KOLLER, MONIKA (2005): Erlebniswelten als innovatives Instrument des Kulturmarketing. In: HOLZMÜLLER, HARTMUT H. und SCHUH, ARNOLD (Hrsg.). Innovationen im sektoralen Marketing. Heidelberg: Physica Verlag, S. 365–381.

KREFT, MICHAEL (2000): Europa-Park: Von der Unternehmervision zum Marktführer. In: STEINECKE, ALBRECHT (Hrsg.). Erlebnis- und Konsumwelten. München: Oldenbourg Wissenschaftsverlag GmbH, S. 133–144.

KRONENBERG, CHRISTOPHER (2006): Inszenierungen im alpinen Tourismus. In: WEIERMAIR, KLAUS und BRUNNER-SPERDIN, ALEXANDRA (Hrsg.). Erlebnisinszenierung im Tourismus. Erfolgreich mit emotionalen Produkten und Dienstleistungen. Berlin: Erich Schmidt Verlag GmbH & Co, S. 196–220.

KRÖSBACHER, CLAUDIA und RUDDY, JOSPEH (2006): Authenticity and the Use of Multimedia in Cultural Tourist Attractions – A Contradiction? In: WEIERMAIR, KLAUS und BRUNNER-SPERDIN, ALEXANDRA (Hrsg.). Erlebnisinszenierung im Tourismus. Erfolgreich mit emotionalen Produkten und Dienstleistungen. Berlin: Erich Schmidt Verlag GmbH & Co, S. 195–210.

LOBIN, DANIELA und MAINDOK, HERLINDE (2007): Künstliche Erlebniswelten: Die Bedeutung der Disneyization für Skihallen. In: BUBER, RENATE und HOLZMÜLLER, HARTMUT H. (Hrsg.). Qualitative Marktforschung. Konzepte – Methoden – Analysen. Wiesbaden: Gabler Verlag, S. 929–950.

MARKGRAF, HENDRIK (2011): Der deutsche Markt heute und morgen. In: DOERNER, RALPH-WALTER und NIEMEYER, MATTHIAS (Hrsg.). Kompendium der Hotelimmobilie. Wiesbaden: Immobilienzeitung Verlagsgesellschaft, 2011, S. 37–50.

MEINICKE, BIANCA (2000): Audi-Unternehmensauftritt am Standort Ingolstadt. In: STEINECKE, ALBRECHT (Hrsg.). Erlebnis- und Konsumwelten. München: Oldenbourg Wissenschaftsverlag GmbH, S. 200–210.

MERKLE, WOLFGANG und KREUTZER, RALF (2008): Emotion, Leidenschaft und Begeisterung – Ein (noch immer) unterschätzter Erfolgsfaktor im Marketing. In: MERKLE, WOLFGANZ und KREUTZER, RALF (Hrsg.): Die neue Macht des Marketing. Wie Sie Ihr Unternehmen mit Emotion, Innovation und Präzision profilieren können. Wiesbaden: GWV Fachverlage GmbH, S. 21–48.

MORASCH, LUDWIG (2000): PlayCastle: Europas erstes Infotainment Center – eine entgrenzte Freizeitwelt. In: STEINECKE, ALBRECHT (Hrsg.). Erlebnis- und

Konsumwelten. München: Oldenbourg Wissenschaftsverlag GmbH, S. 224–237.

OPASCHOWSKI, HORST W. (2000): Kathedralen und Ikonen des 21. Jahrhunderts: Zur Faszination von Erlebniswelten. In: STEINECKE, ALBRECHT (Hrsg.). Erlebnis- und Konsumwelten. München: Oldenbourg Wissenschaftsverlag GmbH, S. 44–54.

PIKEEMAAT, BIRGIT und PETERS, MIKE (2006): Market Information. A Key Success Factor in the New Product Development Process in Tourism? In: WEIERMAIR, KLAUS und BRUNNER-SPERDIN, ALEXANDRA (Hrsg.). Erlebnisinszenierung im Tourismus. Erfolgreich mit emotionalen Produkten und Dienstleistungen. Berlin: Erich Schmidt Verlag GmbH & Co, S. 81–96.

PROBST, PETRA (2000): Freizeit- und Erlebniswelten: Entwicklung, Trends und Perspektiven. In: STEINECKE, ALBRECHT (Hrsg.). Erlebnis- und Konsumwelten. München: Oldenbourg Wissenschaftsverlag GmbH, S. 104–118.

QUACK, HEINZ-DIETER (2000): CentrO Oberhausen. In: STEINECKE, ALBRECHT (Hrsg.). Erlebnis- und Konsumwelten. München: Oldenbourg Wissenschaftsverlag GmbH, S. 186–199.

ROMEIß-STRACKE, FELIZITAS (2006): Ist optimale Inszenierung möglich? In: WEIERMAIR, KLAUS und BRUNNER-SPERDIN, ALEXANDRA (Hrsg.). Erlebnisinszenierung im Tourismus. Erfolgreich mit emotionalen Produkten und Dienstleistungen. Berlin: Erich Schmidt Verlag GmbH & Co, S. 35–45.

SCHLESINGER, TORSTEN (2010): Zum Phänomen kollektiver Emotionen im Kontext sportbezogener Marketing-Events. In: ZANGER, CORNELIA (Hrsg.). Stand und Perspektiven der Eventforschung. Wiesbaden: Gabler Verlag, S. 133–150.

SCHMITT, BERD (2009): Customer Experience Management. In: BRUHN, MANFRED; ESCH, FRANZ-RUDOLF und LANGER, TOBIAS (Hrsg.). Handbuch Kommunikation. Wiesbaden: Gabler Verlag, S. 697–712.

SCHNEIDER, MARIA (2006): Erlebnisarchitektur im Tourismus. In: WEIERMAIR, KLAUS und BRUNNER-SPERDIN, ALEXANDRA (Hrsg.). Erlebnisinszenierung im Tourismus. Erfolgreich mit emotionalen Produkten und Dienstleistungen. Berlin: Erich Schmidt Verlag GmbH & Co, S. 97–106.

SCHUCKERT, MARKUS und MÜLLER, SABINE (2006): Erlebnisorientierung im touristischen Transport am Beispiel des Personalluftverkehrs. In: WEIERMAIR, KLAUS und BRUNNER-SPERDIN, ALEXANDRA (Hrsg.). Erlebnisinszenierung im Tourismus. Erfolgreich mit emotionalen Produkten und Dienstleistungen. Berlin: Erich Schmidt Verlag GmbH & Co, S. 153–166.

WALDER, BIBIANA und BRUNNER-SPERDIN, ALEXANDRA (2006): Die Einbindung der Kunden bei der Entwicklung touristischer Erlebnisprodukte. In: WEIERMAIR, KLAUS und BRUNNER-SPERDIN, ALEXANDRA (Hrsg.). Erlebnisinszenierung im Tourismus. Erfolgreich mit emotionalen Produkten und Dienstleistungen. Berlin: Erich Schmidt Verlag GmbH & Co, S. 107–118.

WEIERMAIR, KLAUS (2006): Von der Dienstleistung zum Erlebnis. In: WEIERMAIR, KLAUS und BRUNNER-SPERDIN, ALEXANDRA (Hrsg.). Erlebnisinszenierung im Tourismus. Erfolgreich mit emotionalen Produkten und Dienstleistungen. Berlin: Erich Schmidt Verlag GmbH & Co, S. 13–22.

WISSENSCHAFTLICHE ARTIKEL, PROSPEKTE UND VORTRÄGE

ALBERS, MARKUS (2012): Einchecken und wohlfühlen. Experteninterview mit Claus Sendlinger, Design Hotels AG. In: brand eins: Wirtschaftsmagazin. Heft: 08/2012. Hamburg: brand eins Medien AG, S. 116–119.

ALBERTI, SVENJA (2012): Editorial. In: Hotel Design: Das Design-Magazin der Allgemeinen Hotel- und Gastronomie-Zeitung. Heft 01/2012. Stuttgart: Matthaes Verlag GmbH, S. 1.

AUGUSTIN, CHRISTOPH (2013): Luxus ist ... In: Hotel Bau: Fachzeitschrift für Hotelimmobilien-Entwicklung. Heft 02/2013. Merching: Forum Zeitschriften und Spezialmedien GmbH, S. 39.

BONIN, ALBRECHT VON (2013): Was der Kampf um Talente für Hotelentwickler und Planer bedeutet. In: Hotel Bau: Fachzeitschrift für Hotelimmobilien-Entwicklung. Heft 02/2013. Merching: Forum Zeitschriften und Spezialmedien GmbH, S. 16–19.

BÖTTCHER, DIRK (2012): »Ötzi hat die Karibik nicht vermisst!«. Experteninterview mit Horst W. Opaschowski. In: brand eins: Wirtschaftsmagazin. Heft: 08/2012. Hamburg: brand eins Medien AG, S. 122–125.

GATTERER, HARRY (2012): Auf Identitätssuche. In: Hotel Design: Das Design-Magazin der Allgemeinen Hotel- und Gastronomie-Zeitung. Heft 01/2012. Stuttgart: Matthaes Verlag GmbH, S. 32–35.

GATTERER, HENRY; BRAUN, JESSICA und KIRIG, ANJA (2009): Hotel der Zukunft. Die wichtigsten Chancenmärkte der österreichischen Hotellerie. Kelkheim: Zukunftsinstitut GmbH.

GERHARD, STEPHAN (2012): Planung für die ferne Zukunft. In: Hotel Design: Das Design-Magazin der Allgemeinen Hotel- und Gastronomie-Zeitung. Heft 01/2012. Stuttgart: Matthaes Verlag GmbH, S. 78–80.

GRÄSCHE, CONSTANZE (2012): Freizeit in Zahlen. In: brand eins: Wirtschaftsmagazin. Heft: 08/2012. Hamburg: brand eins Medien AG, S. 81.

GRUNER, AXEL (2012): Beherbergungs- und Spa-Management. Operatives und strategisches Management von Beherbergungsbetrieben & Spa-Einrichtungen. Vortrag im Wintersemester 2012/13. Hochschule München: Fakultät für Tourismus.

GRUNER, AXEL und BENHACINE, DJAMAL (2008a): Erlebniswelten. Vortrag im PBLV im Sommersemester 2008. Hochschule München: Fakultät für Tourismus.

GRUNER, AXEL und BENHACINE, DJAMAL (2008b): Erlebniswelten. Vortrag im PBLV im Sommersemester 2008, Hochschule München: Fakultät für Tourismus.

HOFFMANN, SANDRA (2013): Der Dänen Erbe. In: Hotel Bau: Fachzeitschrift für Hotelimmobilien-Entwicklung. Heft 02/2013. Merching: Forum Zeitschriften und Spezialmedien GmbH, S. 34–37.

KWIDZINSKI, RAPHAELA (2013): Themengastronomie: Party-Grieche rockt Stuttgart. In: Allgemeine Hotel- und Gastronomie-Zeitung, Ausgabe 2013, Nr. 03.

MARCONI, CARLA (2013): Aus Düften wird ein Drink. In: Allgemeine Hotel- und Gastronomie-Zeitung, Ausgabe 2013, Nr. 03.

NIERHAUS, PIERRE (2012): Vernetzter Lifestyle. In: Hotel Design: Das Design-Magazin der Allgemeinen Hotel- und Gastronomie-Zeitung. Heft 01/2012. Stuttgart: Matthaes Verlag GmbH, S. 36–39.

NINEMEIER, JACK und PERDUE, JOE (2005): Hospitality Operations. Careers in the Worlds greatest Industry. Prentice Hall: Pearson.

o. V. (2012a): 20 Millionen Euro: Facelift für den Aqua Dome. In: Hotel und Technik: Das Magazin für Hoteliers, Planer und Investoren. Heft 06/2012. Fellbach: AT-Fachverlag GmbH, S. 12–15.

o. V. (2012b): Design erzählt Geschichten. In: Hotel Design: Das Design-Magazin der Allgemeinen Hotel- und Gastronomie-Zeitung. Heft 01/2012. Stuttgart: Matthaes Verlag GmbH, S. 26–31.

o. V. (2012c): Design und Ökologie. In: Hotel Design: Das Design-Magazin der Allgemeinen Hotel- und Gastronomie-Zeitung. Heft 01/2012. Stuttgart: Matthaes Verlag GmbH, S. 49.

o. V. (2012d): Glamour an der Goldküste. In: Hotel Design: Das Design-Magazin der Allgemeinen Hotel- und Gastronomie-Zeitung. Heft 01/2012. Stuttgart: Matthaes Verlag GmbH, S. 20–21.

o. V. (2012e): Im Bamboo regiert die Technik. In: Allgemeine Hotel- und Gastronomie-Zeitung, Ausgabe 2012, Nr. 47.

o. V. (2012f): Modernes Seemannsheim. In: Hotel Design: Das Design-Magazin der Allgemeinen Hotel- und Gastronomie-Zeitung. Heft 01/2012. Stuttgart: Matthaes Verlag GmbH, S. 16–18.

o. V. (2012g): Zukunft mit Herkunft. In: Hotel Design: Das Design-Magazin der Allgemeinen Hotel- und Gastronomie-Zeitung. Heft 01/2012. Stuttgart: Matthaes Verlag GmbH, S. 40–43.

OLDENBURG, SUSANNE VON (2013): Willkommen in Schmuckparadies. In: Alcina: Schöner fühlen in Deutschland, Österreich, Schweiz. Starnberg: Pschorr Verlag, S. 44–45.

OPASCHOWSKI, HORST W. (2012): Wohin geht die Reise? Die Zukunft des Tourismus. In: Diercke. Das Weltatlas-Magazin. Heft 02/2010. München: Westermann.

PATTERSON, ANTHONY; HODGSON, JULIA und SHI, JIWEI (2007): Cronicles of «Customer Experience". Research Paper Series. Heft 38/2007. Liverpool: University of Liverpool Management School.

REISIGL, JÜRN JAKOB (2012): Alpentourismus aus Leidenschaft: Passivhaus für Aktive. In: Hotelbau: Fachzeitschrift für Hotelimmobilien-Entwicklung. Heft 06/2012. Merching: Forum Zeitschriften und Spezialmedien GmbH, S. 34–41.

RÖSSEL, JÖRG (2003): Die Erlebnisgesellschaft zwischen Zeitdiagnose und Sozialstrukturanalyse. In: Österreichische Zeitschrift für Soziologie: Vierteljahresschrift der Österreichischen Gesellschaft für Soziologie, Heft 03/2003, S. 82–101.

SCHERER, MAXI (2013): Schräge Treppe: Spreewald Thermenhotel, Burg. In: Hotel Bau: Fachzeitschrift für Hotelimmobilien-Entwicklung. Heft 02/2013. Merching: Forum Zeitschriften und Spezialmedien GmbH, S. 49–53.

SCHERRIEB, H. R. (1997): Der Gast im Mittelpunkt der Unternehmenspolitik. In: Amusement Technologie & Management, S. 25–30.

STEIHNHAGE, OLAF (2012): Design oder Sein. In: Hotel Design: Das Design-Magazin der Allgemeinen Hotel- und Gastronomie-Zeitung. Heft 01/2012. Stuttgart: Matthaes Verlag GmbH, S. 60–63.

VÖLCKER, WINFRIED D. E. (2011): Lage, Lage, Lage? – Warum wir uns ungern von falschen Ansichten trennen. In: Hotel Bau: Fachzeitschrift für Hotelimmobilien-Entwicklung. Heft 06/2011. Merching: Forum Zeitschriften und Spezialmedien GmbH, S. 23.

VÖLCKER, WINFRIED D. E. (2013a): Marketing for a Full House: 1. Akt: Erlöstreiber Food-&-Beverage-Operations – Profit or Loss? In: Hotel Bau: Fachzeitschrift für Hotelimmobilien-Entwicklung. Heft 02/2013. Merching: Forum Zeitschriften und Spezialmedien GmbH, S. 15.

VÖLCKER, WINFRIED D. E. (2013b): Ein frohes Neues! Und, bleibt alles beim Alten? In: Hotel Bau: Fachzeitschrift für Hotelimmobilien-Entwicklung. Heft 01/2013. Merching: Forum Zeitschriften und Spezialmedien GmbH, S. 15.

ELEKTRONISCHE MEDIEN

Allianz Arena Locator (2009): Erlebnisse, die bewegen. Locator GmbH. Aufgerufen am 05.04.2013, unter: www.locator-gmbh.de

ALLIANZ ARENA München Stadion GmbH (o. J.): Allgemeine Informationen zur Allianz Arena. Aufgerufen am 22.10.2012, unter: www.allianz-arena.de

BERLIN FOOD STORIES (2012): Pret A Diner – The Pop Up Restaurant Experience. Aufgerufen am 24.04.2013, unter: www.berlinfoodstories.com

BMW (2010): Story of Joy Commercial. Aufgerufen am 19.05.2013, unter: www.youtube.de

BMW Driving Experience (o. J.): Europas höchstgelegenes Gourmet-Restaurant. Aufgerufen am 17.01.2013, unter: www.bmw-xdrive-guide.com

DASE, CHRISTIANE (2011): Schlangestehen für Abercrombie & Fitch. Aufgerufen am 30.09.2012, unter: www.derwesten.de

DEGEN, BERNHARD (2012): Gaumenfreuden in Graubünden. In: Falstaff, Heft 08/2011. Aufgerufen am 17.01.2013, unter: www.falstaff.de

DEHOGA Bundesverband (2012): DEHOGA-Branchenbericht Winter 2011/12. Lage, Erwartungen, Trends. Aufgerufen am 03.06.2013, unter: www.dehoga-bundesverband.de

DER HANDEL (2011): Das Erlebnis Abercrombie & Fitch kommt nach Deutschland. In: Der Handel – Das Wirtschaftsmagazin für Handelsmanagement. Deutscher Fachverlag GmbH. Aufgerufen am 30.09.2012, unter: www.derhandel.de

DETECON (2012): Customer Experience Management in der Telekommunikationsbranche. Marktstudie und Handlungsempfehlungen zur optimalen Gestaltung von Kundenerlebnissen. Bonn: Detecon International GmbH. Aufgerufen am 20.05.2013, unter: www.crm-finder.ch

DIREKT PLUS (2011): Marken, Werte und Produkte mit allen Sinnen. Das Online Portal der Deutschen Post für Entscheider im Dialogmarketing. Aufgerufen am 20.05.2013, unter: www.direktplus.de

ERNST, EVA ELISABETH (2010): Arena One GmbH – Gastlichkeit als Erlebnis. Wirtschaft. Das IHK-Magazin für München und Oberbayern. Ausgabe: 06/2010. Aufgerufen am 22.10.2012, unter: www.muenchen.ihk.d.

FAIRCONTROL (2012): Erfolgsorientierte Steuerung von Markenwelten. BMW Welt. Workshop 05/2012. München. Abgerufen am 20.05.2013, unter: www.faircontrol.de

FORSTNER, BARBARA (2012): Tischler zimmert sich mit Plumpsklo einen Markt. In: Wirtschafts Blatt vom 16.01.2012. WirtschaftsBlatt Medien GmbH 2012. Aufgerufen am 19.04.2013, unter: www.wirtschaftsblatt.at

FREUND, MAIKE und MÜLLER, HANS CHRISTIAN (2013): Tiefe Kluften zwischen arm und reich. Bericht vom 21.03.2013. Handelsblatt GmbH. Aufgerufen am 26.04.2013, unter: www.handelsblatt.com

Gerber, Louis (2007): Trader Vic's – Das polynesische Restaurant im Hotel Bayerischer Hof in München. Aufgerufen am 16.7.2013, unter: www.cosmopolis.ch/lebensart/muenchen/trader_vic_s_0000000096.htm

HARMS, INGEBORG (2009): Designer Phillipe Starck. Der Mann der nie in der Realität ankommen wollte. Ausgabe vom 19.10.2009. Frankfurter Allgemeine. Feuilleton. Aufgerufen am 26.04.2013, unter: www.m.faz.net

KIRCHGEORG, MANFRED (o. J.): Definition: Erlebnismarketing. In: Gabler Wirtschaftslexikon. Das Wissen der Experten. Aufgerufen am 19.05.2013, unter: www.wirtschaftslexikon.gabler.de

LAS VEGAS CONVENTION AND VISITORS AUTHORITY (2013): 2012 Las Vegas Year-to-Date Executive Summary. Aufgerufen am 26.04.2013, unter: www.lvcva.com

MIKUNDA, CHRISTIAN (2004) im Experteninterview von THUNIG, CHRISTIAN: Wissen: Brandlands »Brandlands sind das letzte Marketing-Tool!«. In: Absatzwirtschaft Nr. 03 vom 01.03.2004, S. 32. Aufgerufen am 15.01.2013, unter: www.absatzwirtschaft.de

ONLINE BIBLIOGRAFISCHES INSTITUT GmbH (2013): Requisit. Aufgerufen am: 27.03.2013, unter: www.duden.de

PETERMANN, THOMAS und WENNRICH, CHRISTINE (1999): Entwicklung und Folgen des Tourismus. Bericht zum Abschluss der Phase II. TAB Arbeitsbericht Nr. 59, Berlin. Aufgerufen am 19.04.2013, unter: www.tab-beimbundestag.de

RENAULT (2013): Renault Captur Werbung zur Premiere am 08.06.2013. Aufgerufen am 03.06.2013, unter: www.youtube.com

SISTENICH, FRANK (2008): SOFITEL entwickelt eigene Duftlinie. Traveller Style International. Aufgerufen am 24.05.2013, unter: www.reisen-mit-style.com

STAMPFLI-MARZAROLI, SILVIA (2003): Künstliche Erlebniswelten und Events. Der Beitrag Georg Simmels an das Verständnis des (post-)modernen Freizeit- und Konsumerlebnisses. Zürich: Soziologisches Institut der Universität Zürich. Aufgerufen am 05.04.2013, unter: www.socio.ch

STYLERANKING (2011): Abercrombie & Fitch in Paris: Shirtless guys mit Karohemd. Aufgerufen am 30.09.2012, unter: www.styleranking.de

SÜDDEUTSCHE.DE (2010): Wein geht durch die Ohren. Aufgerufen am 19.05.2013, unter: www.sueddeutsche.de

THUNIG, CHRISTIAN (2004): Wissen: Brandlands. Marken-Erlebnis – warum sich Themenparks rechnen. In: Absatzwirtschaft Nr. 03 vom 01.03.2004, S. 26. Aufgerufen am 15.01.2013, unter: www.absatzwirtschaft.de

WILMS, MARKUS (2006): Freizeitpark Deutschland. Aufgerufen am 05.04.2013, unter: www.politik-poker.de

WIRTSCHAFTSLEXIKON (2013): Erlebnismarketing. Aufgerufen am 19.05.2013, unter www.wirtschaftslexikon.co

WOXIKON (2013): Dramaturgie. Eisbär Media GmbH. Aufgerufen am 14.04.2013, unter: www.wissen.woxikon.de

WULF, JAN-PETER (2011): Interview: Klaus Peter Kofler zum Pop-up-Restaurant Pret A Diner in Berlin. Aufgerufen am 24.04.2013, unter: www.nomyblog.de

DIE AUTOREN

1. **Prof. Dr. Axel Gruner** (geb. 1964), gelernter Koch, staatl. gepr. Hotelbetriebswirt und Dipl.-Betriebswirt hat seit November 2004 eine Professur für Hospitality Management an der Hochschule München, Fakultät für Tourismus inne.

Er verfügt über langjährige operative Erfahrung in der internationalen Hotellerie u. a. Maritim Golf- & Sporthotel, Timmendorfer Strand; Hotel Europe, Killarney (Irland); Hyatt Regency Grand Cayman (British West Indies); Brenners Parkhotel, Baden-Baden; Hotel Océano, Teneriffa (Spanien) sowie als Unternehmensberater, Coach, Trainer, Dozent und Aufsichtsratsvorsitzender des Rhön Park Hotel Resorts. Mit seinem Unternehmen [tourism consulting & training] hat er sich auf die Begleitung von Erneuerungs- bzw. Innovationsprozessen erlebnisorientierter Dienstleistungen spezialisiert.

Axel Gruner ist u. a. (Mit-)Herausgeber und Autor der Bücher »Management-Lexikon Hotellerie & Gastronomie« (2008), »Management-Ausbildung in der Hotellerie« (2010), »Erfolg-Reich in der Privathotellerie« (2012) und »Hotelmanagement« (2013).

Das betriebswirtschaftliche Studium absolvierte er an der Universität für Wirtschaft und Politik Hamburg sowie der Universidad de Alicante (Spanien). Die Promotion zum Dr. rer. soc. oec. erfolgte in Kooperation mit der Steigenberger Hotels AG sowie der Choice Hotels Germany GmbH am Zentrum für Tourismus und Dienstleistungswirtschaft der Leopold-Franzens-Universität Innsbruck (Österreich) mit einer umfassenden Arbeit über die Markenloyalität in der Hotellerie.

2.

Prof. Dr. Burkhard von Freyberg (geb. 1973) ist geschäftsführender Gesellschafter des auf die Individualhotellerie spezialisierten Beratungsunternehmens Zarges von Freyberg Hotel Consulting.

Neben einem hotelleriespezifischen Lehrauftrag an der Dualen Hochschule Baden-Württemberg in Ravensburg hat er seit März 2009 eine Professur für Hospitality Management an der Fakultät für Tourismus der Hochschule München inne.

Vor der Gründung des eigenen Unternehmens war er unter anderem mehrere Jahre Seniorberater bei der Treugast Solutions Group. Burkhard von Freyberg studierte Betriebswirtschaft an der Ludwig-Maximilians-Universität (München), Universität Regensburg und an der Harvard University (Boston). Davor absolvierte er eine Hotelfachlehre im Hotel Bayerischer Hof in München und arbeitete im elterlichen Gastronomiebetrieb. Er ist u. a. Herausgeber der Bücher »Hospitality Development« (2010), »Hospitality Controlling« (2014) und »Hospitality Consulting« (2012) sowie Autor des Buches »ErfolgReich in der Privathotellerie« (2012).

3.

Katharina Phebey (geb. 1985) ist stellvertretende Betriebsleiterin im Premium-Filmtheater »Gloria Palast« am Karlsplatz in München.

Das Studium »International Tourism Management« an der Hochschule Bremen und an der Universidad Técnica Federico Santa María in Valparaíso (Chile) schloss sie mit dem Bachelor of Arts ab. Nach ihrer Tätigkeit bei der internationalen Eventagentur Staff Eventos in Madrid, begann Katharina Phebey das Masterstudium »Hospitality Management« an der Hochschule München, in dessen Verlauf sie sich wissenschaftlich mit dem Thema Erlebnisinszenierung befasste und das sie im Sommer 2013 mit dem Master of Arts abschloss.

Armin Fischer, DREIMETA (Autor des Beitrags »Inszenierungsbeispiele aus Konzeptbüros: Hotellerie«)

DREIMETA wurde 2003 von Armin Fischer gegründet. Das Team aus Kreativen arbeitet sowohl für internationale Projekte als auch für lokale oder regionale Aufgaben. Ziel von DREIMETA ist es, Räume mit Identität und Charakter zu schaffen. Ihr Credo: die Emotionalisierung des Raumes – Innenarchitektur, die Geschichten erzählt und die Sinne berührt. Ihr höchster Anspruch ist hierbei die Funktionalität der Konzepte.

DREIMETA gehört zu der neuen Generation von Designbüros, die ihr Netzwerk interdisziplinär aufstellen und je nach Bedarf Spezialisten einer Nische hinzuziehen.

Das Besondere an DREIMETA ist die mutige Interpretation der durch intensivste Zusammenarbeit herausgearbeiteten Identität und Philosophie des Kunden.

Hauptkunden: Kuoni Travels, Fortune Hotels (Kai Hollmann), Helvetic Tours, 25hours Hotel Company.

Julian Siebach, SIEBACH & FRIENDS (geb. 1977), (mit Nina-Antonia Siebach Autor des Beitrags »Inszenierungsbeispiele aus Konzeptbüros: Gastronomie«) ist Inhaber und Geschäftsführer von SIEBACH & FRIENDS Gesellschaft für Markenwelten mbH & Co. KG. Sein Unternehmen fungiert als Partner für strategische Beratung, Planung, Steuerung und Gestaltung dreidimensionaler Marken-inszenierungen und begleitet seit über zehn Jahren etliche renommierte und internationale Unternehmen.

Das Büro war in den vergangenen Jahren für zahlreiche Hospitality, Gastronomie- und Architekturkonzepte verantwortlich. Julian Siebach ist überdies als Dozent für Erlebniskommunikation und Markenbildung an mehreren Bildungsträgern tätig. Nach einem Studium der Betriebswirtschaftslehre an der FH Pforzheim und einem Zusatzstudium zum Marketingwirt an der BAW München, liegt es ihm sehr am Herzen, den Nachwuchs zu fördern und seine Erfahrung an diejenigen weiterzugeben, die einen erfolgreichen Weg beschreiten wollen.

Bei seiner Arbeit schätzt Julian Siebach die klassischen Werte eines verantwortungsvollen Unternehmertums und lebt die Philosophie eines Familienbetriebs: Seit 6 Jahren arbeitet er mit seiner Frau Katrin Siebach zusammen, die seit 2009 die Kreativabteilung der Firma leitet. Seine Schwester Nina-Antonia Siebach unterstützt das Unternehmen als PR & Marketing-Referentin. Die Drei sind im Team und mit ihren Mitarbeitern zusammen ein perfekt eingespieltes Team.

BILDNACHWEIS

© CR License, LLC, S. 93 | © Starwood Hotels & Resorts Worldwide, Inc., S. 119 | © Aktiv-Hotel Schweiger, S. 89 | © Almdorf SEINERZEIT, S. 104, 138, 150 & 151 | © ANADEL(fotolia.com), S. 214 | © Anastasia Bobrova (fotolia.com), S. 89 | © Andermatt Swiss Alps, S. 196, 197, 198 & 199 | © Andreas Bendig, S. 227 | © AQUA DOME – Tirol Therme Längenfeld GmbH & Co KG, S. 44 | © araraadt (fotolia.com), S. 62 | © Area 47, S. 188, 189, 190 & 191 | © Arena One GmbH, S. 176, 177, 178 & 180 | © Armin Fischer, S. 228 | © atm2003 (fotolia.com), S. 104 | © Autostadt GmbH; Landmann, Lars, S. 41 | © Barbara Vopelka, S. 153 | © Bare 61 GbR, S. 116 | © blindekuh, S. 169 | © BMW Welt, S. 41, 172, 173, 174 & 175 | © Brüdigam und Kunz GbR, S. 8, 19 & 67 | © Prof. Dr. Burkhard von Freyberg, S. 34, 36 & 116 | © Carla Marconi, S. 127 | © Castle Inn, S. 128 & 133 | © Centro DANNEMANN, S. 183 | © Christoph Hoffmann, S. 139, 140, 141 & 142 | © Conrad Maldives Rangali Island, S. 39 & 132 | © DaddyLongLegs 2013, S. 132 & 135 | © Das Stue Hotel Berlin Tiergarten, S. 208 | © Der verrückte Eismacher, S. 156 & 158 | © Dietmar Müller-Elmau, S. 143 | © Dreimeta, Armin Fischer, S. 49, 54 & 55 | Eckerle Herrenmoden München oder Eckerle GmbH & Co. KG München, S. 114 | © Elnur (fotolia.com), S. 82 | © Europa-Park, S. 29, 184 & 185 | © Explorer Hotel Oberstdorf, S. 101, 102 & 104 | © falcn (fotolia.com), S. 14 | © Feinkost Käfer, S. 111 | © FORT FUN Abenteuerland, S. 212 | © gaazsi (fotolia.com), S. 109 | © Gerhard Seybert (fotolia.com), S. 18 | © Gloria Palast, S. 104, 162 & 163 | © GOLI ± BOSI - DESIGN HOSTEL, S. 128, 131 & 133 | © Herbert Seckler, Geschäftsführer Sansibar, S. 160 | © Hotel Bachmair Weissach, S. 11 & 206 | © Hotel Bayerischer Hof, S. 87 | © Hotel Daniel Vienna, S. 27 | © Hotel Hochschober, S. 92 | © Hotel Jungbrunn »Das Alpine Lifestyle Hotel«, S. 15, 23, 63, 74, 92 & 106 | © Hundertwasser Architekturprojekt, S. 90 & 126 | © Image Courtesy of Design Hotels™, S. 101 & 104 | © Katharina Phebey, S. 226 | © KOFLER & KOMPANIE GmbH, S. 39 & 120 | © Lanserhof GmbH; hiepler, brunier S. 94 & 123; Marcel Schaar S. 105 | © Literaturhotel Franzosenhohl GmbH & Co. KG, Carsten Griesbach, S. 14 | © Maiensässhotel Guarda Val, Christine Abel S. 138, 192, 193, 194 & 195 | © majesticca (fotolia.com), S. 89 | © Mandarin Oriental Munich, S. 114 & 124 | © Mathis Food Affairs, S. 166 & 167 | © MC_PP (fotolia.com), S. 214 | © Michael Kreft von Byern, Beauftragter der Geschäftsführung Europa-Park, Rust, S. 185 | © Mihalis A. (fotolia.com), S. 73 | © Mindness Hotel Bischofsschloss, S. 146, 147, 148, 149 & 217 | © Moustyk (fotolia.com), S. 108 | © Musik & Lifestyle Hotel nhow Berlin, S. 29 & 31 | © Nico Sukup, Cavos Taverna, S. 38 | © Nuri Yilmazer/Red Bull Content Pool, S. 111 | © Rhönschaf-Hotel »Krone«, S. 32 | © Rhön-Park-Hotel GmbH & Co. KG, S. 27 & 109 | © Patricia Pippert, S. 181 | © Perseomedusa (fotolia.com), S. 120 | © Peter Atkins (fotolia.com), S. 17 | © Prof. Dr. Axel Gruner, S. 21, 35, 37 & 226 | © Qbic Hotel, S. 32, 128 & 133 | © Ramiro Vaca/Wipfelglück, S. 30 & 78 | © Reto Mathis, S. 165 | © Robert Fellermeier, Managing Director Andermatt Swiss Alps, S. 196 | © Robert Kneschke (fotolia.com), S. 79 | © »Romantik Hotel« Schloss Rheinfels GmbH & Co. KG, S. 33 & 95 | © Royal Caribbean Cruises Ltd., S. 210 | © S. Engels (fotolia.com), S. 120 | © Sansibar Sylt, S. 138, 159 & 161 | © Schloss Elmau GmbH & Co. KG, S. 143 & 144 | © Schloss Elmau GmbH & Co KG, S. 145 | © SIEBACH & FRIENDS Gesellschaft für Markenwelten mbH & Co. KG, S. 60 & 229 | © Sigtrix (fotolia.com), S. 103 | © sissi CAFE UND BAR Rottach-Egern, S. 68, 69, 70, 71 & 72 | © Sofitel WW, S. 124, 128, 136 & 215 | © Sofitel Vienna Stephansdom, S. 153, 154 & 155 | © Spreewald Therme GmbH, S. 44 | © Starbucks Coffee Deutschland GmbH, S. 112 | © Starwood Hotels & Resorts Worldwide, Inc., S. 119 | © Stephan Lemke, S. 3, 24, 34, 37, 56, 57, 59, 62, 65, 213 & 229 | © Steve Herud, S. 50, 51, 53 & 138 | © STOCK resort (Zillertal, Tirol), S. 100 | © Swarovski AG, S. 200, 206 & 211 | © The Mandala Hotel GmbH, S. 93 & 202 | © Therme Erding, S. 120 | © Thurnher´s Alpenhof, S. 98 & 104 | © Tobit.Software, S. 130 | © Tryfonov (fotolia.com), S. 104 | © tsarnes (fotolia.com), S. 17 | © Unclesam (fotolia.com), S. 27 | © UtterInn – Mikael Genberg, S. 30 | © Walter Liebold, S. 162 | © WavebreakMediaMicro (fotolia.com), S. 79 | © Weitzer Hotels, S. 16, 32, 206 & 213 | © Wildis Streng (fotolia.com), S. 14

Haftungsausschluss: Alle Angaben des Buches sind sorgfältig erwogen und geprüft; dennoch kann eine Garantie für die inhaltliche Richtigkeit der Informationen oder deren rechtliche Zulässigkeit nicht übernommen werden. Eine Haftung der Autoren bzw. des Verlags und dessen Beauftragte für Personen-, Sach- und Vermögensschäden, die aus der Verwendung der Informationen entstehen, ist ausgeschlossen.

Impressum

ISBN 978-3-87515-084-1

Lektorat	Dr. Ulrike Strerath-Bolz, usb bücherbüro, Friedberg/Bayern
Gestaltung und Producing	die Basis GbR – Ideenwerk. Kommunikation. Design, Wiesbaden
Bildbearbeitung	RGD, Digitale Medientechnik GmbH, Langen
Umschlaggestaltung	Büroecco Kommunikationsdesign GmbH, Augsburg
Umschlagfoto	Steve Herud, Berlin

Printed in Germany